imaginist

想象另一种可能

理
想
国

imaginist

喜

一个秦吏和他的世界

鲁西奇 著

北京日报出版社

目　录

序...001

斯　人...005

　　一、七尺之躯.............................006

　　二、安陆城.............................018

　　三、一宇二内.............................028

　　四、五口之家.............................043

　　五、爱或不宁.............................052

　　六、生子.............................059

　　七、毋羔乎？.............................069

　　八、不终而死.............................085

黔 首 105

　一、傅 105

　二、喜的名字 113

　三、秦人 129

　四、吏卒 145

　五、黔首 161

　六、徒隶 174

　七、秦人的身份与社会结构 186

　八、邻里 190

为 吏 199

　一、县廷长吏 202

　二、列曹与诸官 215

　三、尉官与狱官 230

　四、乡史与令史 237

　五、治狱 248

　六、卒史与属 261

　七、为吏之道 271

注 释 285

本书所涉帝王诸侯年表

诸侯帝王	年号年数	起讫（公元）	备注
西周共王	元年至二十年	前 927—前 908	
东周赧王	元年至五十九年	前 314—前 256	
鲁桓公	元年至十八年	前 711—前 694	
鲁僖公	元年至三十三年	前 659—前 627	
秦献公	元年至二十三年	前 384—前 362	
秦孝公	元年至二十四年	前 361—前 338	
秦惠文王	元年至十二年 元年至十四年	前 337—前 325 前 324—前 311	前 324 更元
秦昭王（秦昭襄王）	元年至五十六年	前 306—前 251	
秦孝文王	元年	前 250	
秦庄襄王（庄王）	元年至三年	前 249—前 247	
秦王政（始皇帝）	元年至三十七年	前 246—前 210	秦王政二十六年后称始皇帝
秦二世	元年至三年	前 209—前 207	
魏襄王	元年至二十三年	前 317—前 296	
魏昭王	元年至十九年	前 295—前 277	
赵肃侯	元年至二十四年	前 349—前 326	
赵武灵王	元年至二十七年	前 325—前 299	
赵惠文王	元年至三十三年	前 298—前 266	
韩宣惠王（韩威侯）	元年至二十一年	前 332—前 312	前 325 年称王
楚怀王	元年至三十年	前 328—前 299	
汉元帝	永光元年至五年	前 43—前 39	

详参万国鼎编，万斯年、陈梦家补订：《中国历史纪年表》，北京：中华书局，1978 年。

图 目

《睡虎地秦墓十一号墓（喜墓）棺内骨殖与遗物出土情况平面图》，引自《云梦睡虎地秦墓》，北京：文物出版社，1981年，第13页，图一五。

《秦始皇陵兵马俑一号坑出土御手俑线描图》，引自《秦始皇陵兵马俑坑一号坑发掘报告（1974—1984）》，北京：文物出版社，1988年，第59页。

《秦始皇陵兵马俑的镳（络头）》，引自袁仲一《秦始皇陵兵马俑研究》，北京：文物出版社，1990年，第283页。

《云梦古城与占墓葬分布示意图》，据黄盛璋《云梦秦墓出土的两封家信与历史地理问题》（《历史地理论集》，北京：人民出版社，1982年，第551页）所附示意图清绘。

《睡虎地秦简〈日书〉甲种〈直室门〉附图》，据《睡虎地秦墓竹简》（北京：文物出版社，1990年）第198页附图清绘。

《睡虎地四号秦墓所出六号、十一号木牍正面》，引自陈伟主编《秦简牍合集》（壹），武汉：武汉大学出版社，2014年，第885页。

《里耶秦简8-145》，引自郑曙斌、张春龙、宋少华、黄朴华编《湖南出土简牍选编》，长沙：岳麓书社，2013年，第29页。

《岳麓书院藏秦简"多小未能与谋案"》，引自朱汉民、陈松长主编《岳麓书院藏秦简》（叁），上海：上海辞书出版社，2013年。

《秦始皇陵所出"中级军吏俑"》，秦始皇帝陵博物院张天柱先生摄。

《秦始皇陵所出"立射俑"》，秦始皇帝陵博物院张天柱先生摄。

《秦始皇陵所出"跪射俑"》，引自秦始皇兵马俑博物馆编《秦始皇帝陵》，北京：文物出版社，2009年，第174页。

《秦始皇陵所出"百戏俑"》，秦始皇帝陵博物院张天柱先生摄。

《秦始皇陵所出"文官俑"》，秦始皇帝陵博物院张天柱先生摄。

《里耶秦简 9-633“迁陵吏志”》，引自湖南省考古研究所编《里耶秦简》（贰），北京：文物出版社，2017 年，第 84 页。

《秦时安陆、鄢、江陵间的水陆交通示意图》，冯博文制图。

《睡虎地秦墓十一号墓所出〈为吏之道〉》，引自陈伟主编《秦简牍合集》（壹），武汉：武汉大学出版社，2014 年，第 763 页。

序

喜是睡虎地十一号秦墓的主人。

十多年前，我开始关注喜，注意收集、阅读与他相关的材料和研究，并断断续续地写下一些札记和论文。我一直想以他为主题写点什么，说了好多年，却迟迟没有动笔。直到2019年，住在多摩，才有闲暇把这些札记、小论文串连写来，试图写成一本小书。

喜生活在中国历史上最为伟大的时代，秦始皇时代。他比秦始皇嬴政大三岁，死于始皇帝完成统一中国大业之后四年，比秦始皇早死七年。他和秦始皇是同代人。

我没有试图叙述喜的一生，所以，这本小书，不是喜的历史。喜几乎没有自己的历史，或者说，他个人的历史，几乎没有什么意义。他短短四十六年的生命史，在历史的长河中，只是一瞬间，又是如此平凡，几乎没有叙述的价值。我们每一个人都是如此。对于我们个人来说几乎是全部人生价值的生命历程，总是被漫长的历史时间压缩成几乎可以忽略的一瞬间，从而使我们经常怀疑人生的意义，甚至怀疑我们的存在本身。所以，我无意于给喜立传，或者写一部喜的个人史，或生命史。

我只是把零星的材料串联起来，试图"拼接"出一个作为人的喜，并在那个遥远而陌生的世界里找到喜；然后，想象自己站在喜的位置上，借着他的眼睛，去看他所处的世界，并描述那个世界的图像，抽象出其结构，使它不那么遥远而陌生。我希望奉献给读者的，是在秦始皇统一中国这一历史进程中的一个卑微个体生命的若干面相，是伟大时代中以个人（喜）为中心的几幅剪影，是在总体格局相对稳定，而微观环境却在不断变动的历史结构中好不容易才可以发现的几处个体微粒。作为一个历史学者，我非常清楚这样做的困难与风险：我很可能描述了一个喜根本就不认识的世界，喜也很可能否认我所写的这个人是他自己。

喜当然曾经真实地生活在这个世界上，正如我们每一个人都真实地生活在自己所处时代一样。可是，我们今天能够知道并描述喜，却是源于喜的墓得到科学发现与系统研究。而与喜一样真实生存过的无数人，在我们的认识里，却可能没有一丝踪影。我们也将和那些无数人一样，不曾在历史上留存。但我们确然在这个世界上存在过。历史学者的使命之一，就在于"在历史中发现人",唯有如此,才能证明我们自己在历史中的存在,并给自己的生存赋予意义。

所以,这本小书,就试图在一个宏大的历史结构中寻觅喜曾经存在过的踪迹,揭示这些踪迹在历史过程中的客观性,以及在历史认识中的偶然性及其意义。我希望通过喜,给我们自己找寻在历史长河中的存在感和"意义"。

世界,因为人的存在才会有意义。如果我们不存在,世界的繁华与消歇,对于我们(不存在的我们)又会有怎样的意义呢?所以,世界是每个人的,从每个人的角度出发去看,才形成自己的世界。在这个意义上,公元前三世纪下半叶的世界,不是秦始皇一个人的世界,而是无数人的世界。那个走向统一的中国历史进程,也只是历史进程的一个部分而已。既然有成千上万的人,那就有成千上万的世界。要将历史的"世界""还原"为无数的人的世界,而不是某一个人或某些人的世界。

在完全投入地写作这本小书的一年里,我经常穿梭于秦始皇时代与当今世界间的时空隧道中,往往会弄不明白自己身处何世。《晏子春秋》记载了这样一个故事:

> 晏子使于鲁,比其返也,景公使国人起大台之役,岁寒不已,冻馁之者乡有焉,国人望晏子。晏子至,已复事,公延坐,饮酒乐,晏子曰:"君若赐臣,臣请歌之。"歌曰:

"庶民之言曰：'冻水洗，我若之何！太上靡散，我若之何！'"歌终，喟然叹而流涕。公就止之曰："夫子曷为至此？殆为大台之役夫！寡人将速罢之。"晏子再拜。（吴则虞：《晏子春秋集释》卷二《内谏篇》，"景公冬起大台之役晏子谏第五"，北京：中华书局，1982年，第111页；晏子所歌之句读，据逯钦立辑校：《先秦汉魏晋南北朝诗》卷一，北京：中华书局，1983年，第11页。）

　　读到这里的时候，我就想：如果可以选择的话，喜是愿意做秦王政、秦始皇的"黔首"呢，还是更愿意做齐景公时代齐的"国人"？

　　当然，这不是喜的问题，是我的问题；也许，它也是或应当是很多人的问题。

　　可是，"天地不仁，以万物为刍狗；圣人不仁，以百姓为刍狗"。"冻水洗，我若之何！太上靡散，我若之何！"

　　幸好还有喜。所以，有了喜的时代。

　　幸好还有喜。所以，有了喜的世界。

> 2019年11月21日，于多摩永山
> 2020年8月4日，于厦门不见天
> 2022年2月5日，于厦门不见天

斯 人

　　喜出生在秦昭王四十五年十二月甲午（十九日）鸡鸣之时，[1]比秦王政（秦始皇）大三岁。两年后（秦昭王四十七年十一月），他有了一个弟弟，敢；[2]又过了九年，秦昭王五十六年，他又添了一个弟弟，遬（速）。[3]二十七岁时（秦王政十一年），喜生下了儿子获；[4]七年后，秦王政十八年，他生下了另一个儿子，恢；[5]又过了九年，秦始皇二十七年，他有了一个女儿，取名穿耳。[6]喜的父亲死于秦王政十六年七月十一日，[7]母亲死于四年之后，秦王政二十年七月一日。[8]十年之后，秦始皇三十年，喜自己也死了，终年四十六岁。[9]

　　这就是喜作为一个"自然人"的一生。

　　喜很可能是中国历史上较早拥有"个人意识"的普通人之一：他给自己撰写了一份年谱，并将之与关于"国家大事"的记载编在一起，形成后来被称为《编年记》或《叶书》的文献。

这些简文和喜生前阅读使用过的诸多文书都被放在他的墓葬里，虽然我们不能确定这样做是出于当时的习俗，还是喜在生前的刻意安排，但至少可以相信，喜是了解这些文书并同意将之随葬于墓中的。他在向地下的神明证明自己的身份吗，还是相信这些文献终有一天会被后人看到？无论如何，他很可能是一个有着清醒自觉意识的人，想方设法把自己在这个世界上生存过的痕迹留存下来，试图向幽冥的过去和晦暗的未来证明自己的存在。

喜也许是中国历史上最幸运的人之一：他的墓历经两千多年，完整地保存了下来，并且得到了尽可能科学的发掘，墓葬资料也得到整理与相当充分的研究。[10] 喜向后人或世界证明了自己的存在，我们也因此而得以"复原"或想象他的形貌、家庭、情感，以及死亡，并讲述他的故事。

一、七尺之躯

喜的身材似乎较高，可能是一个大个子。

喜墓中的木棺长 2 米，棺木厚度在 10—15 厘米之间。喜的遗体被放置在棺中，仰身曲肢，两条小腿明显弯曲。根据墓葬报告整理组绘制的棺内骨殖与棺壁、随葬品间的比例推断，喜的身高应当不会低于 1.7 米。[11]

睡虎地秦墓所出的木棺，长度都在 2 米左右；其中，第八、

0　5　10　　　20厘米

睡虎地秦墓十一号墓（喜墓）棺内骨殖与遗物出土情况平面图

九、十、十一号墓（喜墓）的木棺均正好是 2 米，说明 2 米长的木棺，很可能在一段时间里是一种标准规格。[12] 同一墓地七号墓（M7）的木棺长 2.12 米，内壁长 1.78 米，比喜的木棺大一些。此棺中的人体骨架也基本保存完好，却是仰身直肢，左手平放于身侧，右手屈放于胸前。九号墓的年代与十一号墓大致相同，木棺长度也是 2 米，其中的人骨虽然已经腐朽，但根据腐朽痕迹，仍可辨认出是仰身直肢葬。[13] 这说明曲肢葬并非当时流行或要求的葬式。喜的两腿被弯曲置放，很可能是身体较长、木棺显得较短的缘故。如果木棺有相对标准的长度（2 米），那么可以合理地推测，较之当时的普通人，喜的身高可能要高一些。

那么，喜究竟长得怎么样呢？

项羽生于秦王政十五年，比喜小三十岁。项氏世世为楚将，所以，项羽生下来，就是一个武士。《史记·项羽本纪》说项羽身"长八尺余，力能扛鼎，才气过人，虽吴中子弟皆已惮籍矣"。[14] 项羽身高八尺余，若以秦尺 23.1 厘米计算，[15] 则不会低于 1.85 米。

刘邦出生在秦昭王五十一年，比秦王政小三岁，比喜小六岁。三人可算是同代人。《史记·高祖本纪》说他"隆准而龙颜，美须髯"，也就是高鼻子、宽额头，还有一部漂亮的胡子。张守节《正义》引《河图》，说刘邦"斗胸，龟背，龙股，长七尺八寸"。[16] 七尺八寸，也超过 1.8 米。

　　秦楚汉之际另一个参与"逐鹿"的英雄韩王信（不是有名的韩信）出自韩国王族，"长八尺五寸"，[17] 约 1.96 米，比项羽要高不少。他被刘邦、张良看中，立为韩王，除了其王族的身份，可能身高也是原因之一。

　　刘邦最重要的谋士郦食其出身贫寒，"家贫落魄"，虽然"好读书"，却"无以为衣食业"，只能在社区做一个保安（"里监门吏"，至多是保安负责人）。他虽然很穷，却是一个高个子，六十多岁时，还"长八尺"，和项羽差不多高。他的模样，想必是高而瘦，戴儒冠，着儒服，每每指点江山，品评天下人物，县里的人当然把他看作"狂生"。[18]

　　刘邦的另一个属下张苍也是高个子。张苍是陈留郡阳武县人，秦时在县里做御史，负责记录县廷的议事，并抄写相关律令、文书（"主柱下方书"）。他投奔刘邦之后，以"客"的身份随从大军进攻南阳，却犯了罪，被判处斩。他已经被带上了刑场，解开上衣，按倒在一种施刑的器械上。恰巧大将王陵走过来，看见他"身长大，肥白如瓠"，"怪其美士"，马上跑过去向刘邦求情，把他救了下来。据说，张苍的父亲身高不满五尺（不到 1.2 米），几乎是侏儒；可张苍却"长八尺余"，应当和项羽差不多高。[19]

　　项羽、刘邦、韩王信、张苍等，身高都在八尺左右，因为比较高，才被特别记录下来。而普通成年男子的身材，大约也不会低于七尺（约 1.62 米）。《列子·黄帝篇》给"人"

做了个界定，谓"七尺之骸，手足之异，戴发含齿，倚而趣
者，谓之人"。意思是说，作为人，要有七尺高的身体，手、
脚在形状与功能上都要有所区分，把头发堆放在头上（与"披
发"相对而言），牙齿基本含在嘴唇里（与"露齿"相对而言），
倾着身体向前行走。[20]《荀子·劝学》说："小人之学也，入
乎耳，出乎口。口耳之间，则四寸耳，曷足以美七尺之躯哉！"[21]
在这里，七尺被看作成年男性的基本身高。《史记·滑稽列传》
说齐国的淳于髡"长不满七尺，滑稽多辩，数使诸侯，未尝
屈辱"，[22]显然认为以淳于髡"不满七尺"的身高出使列国，
还能不辱使命，是非常不容易的。《周礼·地官司徒》说乡大
夫负责登记家户、人丁数量，确定其中可供任使的人丁，"国
中自七尺以及六十，野自六尺以及六十有五，皆征之"。也就
是说"国人"自身高七尺以上、年龄六十岁以下，"野人"自
身高六尺以上、年龄六十五岁以下，都要应征从役。显然，
七尺被看作"国人"应役（主要是军役）的基本身高，而六
尺则被作为"野人"应役（主要是运输之役）的基本身高。[23]
《吕氏春秋·上农》里说："凡民自七尺以上，属诸三官：农
攻粟，工攻器，贾攻货。"百姓要长到七尺以上，才被分配
到农、工、商三种管理机构中，分别去耕种农田、制作器物
或贩运贸易。[24]显然，七尺被看作"民"的基本身高。

　　然而，身高七尺五寸（约 1.73 米）的人可能就不多见了。
《太公六韬》谈到选拔车士和骑士，都要求四十岁以下、七尺

五寸以上，并要求车士能够拉得动八石的弩，骑士则应当"壮
健捷疾，超绝伦等"。[25] 车士与骑士都是军中精锐，选拔标
准自然较高，也反过来说明大部分步兵的身高应当不足七尺
五寸。

　　所以，大部分成年男性的身高，应当是在七尺至七尺五
寸之间（1.62—1.73 米）。

　　喜墓随葬的简牍中，有一部分文书题为"封诊式"，即
审理各种案件的要求和公文记录格式。[26] 其中有一个案例题
为"贼死"，说到在某一个亭的辖区内某处，发现一位被杀死
的无名男子。他正当壮年，皮肤白皙，"长七尺一寸，发长二
尺"，"结发"（当理解为"头发纠结在一起"，并非梳成发髻），
上身着单布短衣（"襦"），下身穿单布裙（"帬"），脚穿黑色的、
秦式麻鞋（"緱秦綦履"[27]）。这名男子身份不详（"不知何男
子"），亦不知为何人所杀，应当是一位普通百姓。[28]

　　里耶秦简 8-439+8-519+8-537 所记是秦王政二十五年九
月五日，一支紧急部队（"将奔命"）的指挥官（"校长"）周
的报告。他首先引录敦（屯）长买、什长嘉的报告，说有一
位名叫缭可、来自右里、身份为士伍的兵卒，行军到零阳庑
溪桥一带时逃亡，不知生死。然后，他描述了缭可的一些基
本特征，说他年纪大约二十五岁，身高约六尺八寸（约 1.57
米），枣红色脸膛，头发很浓密，还没有长胡须。他穿着一件
络袍，一件络单胡衣；带着两支装配完备的弩，四根丝弦，

二百支箭，一口长剑；还随身背着至少一石米。[29]

　　里耶简 8-894 记录了来自赵国故都邯郸韩审里的吴骚的身体特征，说他皮肤是黄晳色（应当是比较白净的黄色），椭圆形面孔，长七尺三寸（不到 1.69 米）。报告说吴骚年纪大约六十三四岁，行为端正，并无突出缺陷。当报告提出时，吴骚可能久已脱籍，所以报告称他为"故邯郸韩审里大男子"，并说不知道他是生是死、居于何处，更不知道他的穿着。[30]

　　简 8-534 所记逃亡（或失踪）人应当是叫"□言"，年龄与吴骚相仿，大约六十四岁。报告说他白晳色，头发与胡须都非常茂盛（"恶发须"），身高大约七尺三寸。他应当和吴骚一样，已逃亡或失踪多年，也不知道其存亡生死，以及如果活着，又在哪里。[31]

　　简 8-998 应当是由舍人令佐取负责登录的迁陵县狱佐、士伍谢的个人情况：谢是胸忍县成都里人，年二十八岁，长七尺二寸，白晳色。[32]

　　简 9-757 记录了一位从城父县成里来到迁陵县"更戍"的士伍产，说他三十一岁，长七尺四寸（约 1.71 米），皮肤黝黑。另一位同样来自城父的更戍卒贺（属西平里），二十九岁，长七尺五寸（约 1.73 米）。[33]这两项记录，都应当是在秦始皇三十四年做出的。

　　此外，里耶秦简 8-1853 还记录了一个人，长七尺四寸。虽然不知其年岁，但大致可断定是成年丁壮。简 8-1863+8-

0　10　20厘米

秦始皇陵兵马俑一号坑出土御手俑线描图

1866+9-1733 所记一个戴簪子的大男子□，圆脸、恶发，高七尺八寸（约 1.8 米）。简 9-259 所记的另一个人，三十九岁，皮肤为苍色（当是如秋草般的颜色，黄中泛青），头发又密又长，很好看；他身高七尺八寸（约 1.8 米），身着赤褐色的布衣（褚布）。[34]

上述十人，大抵皆为普通民众，年龄从二十五岁到六十四岁不等（不知年龄者除外），都是成年人。他们的平均身高，是七尺三寸七（约 1.7 米）。[35]虽然只有十个案例资料，但他们的信息资料都是因非常偶然的原因得以记录、保留并为今人所见到的，所以，这十个样本的平均身高值很可能反映了秦代普通成年男子的普遍身高。

喜的身材，可能比这个平均值略高一些，应当在七尺四五寸，即 1.71—1.73 米之间。他的皮肤很可能是皙色（白皙或黄皙色），但也不排除是赤色、黑色或苍色的可能。他很可能有一头浓密的长发（他用竹笄绾着头发），以及好看的胡须。他很可能非常看重自己的容貌，并注意修饰。[36]他有时候上身穿着袍子，下身着胡衣（裤子）；有时上身穿着短衣，下身着裙（这应当是夏天穿的衣服），脚穿一种秦式鞋子（秦綦履）。

当然，喜穿的衣服，应当比缭可等普通士卒要好一些，也会随着季节的变化而变化。在喜墓所出的简牍《封诊式》中，有一份"盗马"爰书，说市南街亭在某一里搜捕盗贼，甲捆着男子丙，牵着一匹马，拿着一件丹黄色的"复衣"（应当是两层或两层以上的衣服，或者是里面絮了绵的衣服）和一双鞋子，前来报案，说丙偷了马和衣物，被抓住了。那件复衣，里子是用帛做的，在领子、袖子的边缘都作了装饰（"帛里莽，缘领褎"），显然是一件较为高级的衣服。[37]以喜的家庭和任职情况，应当穿得起这样的衣服。

"穴盗"爰书描述了一件士伍乙穿的复衣，简文称为复結衣，应当是一种长绵袍。简文描述说：乙在这年的二月做了这件衣服，用料五十尺（约合 11.55 米，一般幅宽二尺二寸，约合 0.51 米），用帛作里子，里面装了五斤（约合 1.265 千克）丝絮，用五尺（约合 1.155 米）缯绕衣服的领口、袖口、裾边，直到后下摆。爰书特别引用丁的证词，说确实见过乙的这件衣服，衣领、袖口等处绕的缯，都还是新的。[38]天气寒冷的时候，喜也许会穿这样一件复結衣。

贫穷百姓和徒隶穿的冬衣，叫作褐衣。喜墓所出简牍《金布律》记载了官府发放给隶徒的褐衣的制作标准：一件大褐衣，用粗麻（"枲"）十八斤（约合 4.55 千克），值六十钱；一件中褐衣，用粗麻十四斤（约合 3.54 千克），值四十六钱；一件小褐衣，用粗麻十一斤（约合 2.78 千克），值三十六钱。褐衣全部以粗麻做材料，应当是面子与里子都用粗麻线纺成的布，而内里用粗麻线填充。与褐衣相配套的，也是用粗麻布做成的一种包头巾（"幐"），标准是用粗麻三斤（约合 0.76

千克）。[39] 喜当然不会穿这样的衣服。

《金布律》说发放给徒隶的冬季服装里包括一个帻布（包头巾），说明当时人冬天是要在头上戴头巾、帽子之类的。整理小组引《尚书大传》"下刑墨帻"，说古时成年男子有冠，覆盖头巾是一种刑辱。或未必是。《说文》："冠，絭也，所以絭发，弁冕之总名也。从冖，从元。元亦声。冠有法制，从寸。"[40] 冠与冕大约都是在正式场合戴的，有很强的装饰性和标识性。喜墓所出简牍《日书》乙种"梦"条说甲、乙梦见穿着黑色的裘皮衣服、戴着"冠"，非常高兴 ["被黑裘衣寇（冠），喜"]，[41] 说明"衣冠"乃地位高贵的一种表示。"初冠"条又说，大凡举行初冠礼，一定要选在五月的庚午日，方能吉祥，[42] 说明"冠"是一种相当正式的仪式。"杂忌"中则说到甲子与乙丑日，可以嫁女、娶妇、冠带及祭祀，[43] 也说明着冠系带是一件郑重的事情，平日里并不如此齐整地打扮。《释名》说："冠，贯也，所以贯韬发也。"按照毕沅的说法，"贯"字本当作"毌"，意为穿物持之。贯发，也就是用某物穿过头发，将之束缚起来。[44] 帻，则是一种头巾。[45]《说文》释冃（帽），说是"小儿蛮夷头衣也。从冂，二其饰也"。[46] 帻与帽，都是包在头上的，与将头发束起来的冠不同。按照扬雄的说法，秦、晋方言中的"络头"，南楚江湘之间所说的"帞头"，河北赵魏地区所称的"幧头"，都是用来盖在头上的。在络头上缝上带子，可以打结系住，就是帻巾，有的地方，又称为

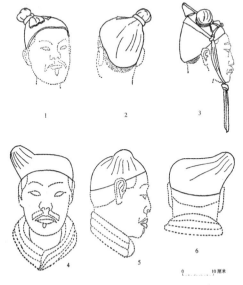

秦始皇陵兵马俑的帩（络头）

"承露"。[47] 着帩和戴帽，可能主要与气候、保暖有关。

喜的墓里没有发现冠的踪迹，在其头部发现了笄。《释名》："笄，系也，所以系冠，使不坠也。"[48] 那么，喜生前，至少在正式的场合，应当是着冠的。但他平日里或至少在天冷时所着的"头衣"，也可能是与帩相类似的帻或络头。

喜穿的衣服，应当是自己家做的。做衣服是一件大事情。喜墓出土的简牍《日书》甲种中，专门列有"衣良日""衣"等目，说明何时可以制衣、何时制衣有何益处，以及何时不宜制衣、其时制衣有何不祥。如丁丑日裁衣，可以"媚人"；十月十日乙酉、十一月丁酉日裁衣，则"终身衣丝"；十月丁酉裁衣，不到一年，就能穿上丝质的衣服（"不卒岁必衣丝"）；而六月己亥则不可以做新衣，如果违反，"必死"；五月、六月，则不可以做复衣（夹衣与绵衣）。[49]又说：不要在楚历九月己未穿新衣服，如果穿，也会死；[50]在秀日，着冠、佩带，则都是大吉。[51]做衣服、穿衣服与人的命运甚至是生死联系在一起，所以不可能不重视。喜也一定会比较重视自己的穿衣和服饰。

二、安陆城

喜的家就在安陆城里。

《编年记》（《叶书》）里有四次记载了安陆：第一次是秦昭王二十九年，"攻安陆"。[52]就在这一年，秦军在大将白起的指挥下，攻下楚国的都城郢都（在今湖北荆州），烧毁夷陵（在今湖北宜昌），遂东至竟陵（在今湖北钟祥）。楚国将都城东迁至陈（在今河南淮阳）。[53]结合《编年记》的记载，可知秦军占领安陆就在同一年。这一年里发生了秦军攻占楚国都城这样的大事，《编年记》却并未记录，而独独记下了秦军攻安陆之事，说明安陆与喜一家有着十分重要的关联，或者其时喜的父、祖已居住在安陆，或者是在秦军占领这一地区之后，喜的父、祖随秦军进入安陆，并定居下来。

《编年纪》关于安陆的中间两次记载，都与喜个人有关：一是"今上"（秦王政）四年，喜（二十岁）被任为安陆的乡史。这是喜获得担任"史"的资格之后出任的第一个"史"职。二是六年，喜被任为安陆令史，显然是从乡史任上晋升为令史的。在这之后，喜离开安陆，至鄢（在今湖北宜城）担任令史之职（秦王政七年），并负责审理鄢的法律案件（"治狱鄢"，秦王政十二年）。[54] 显然，安陆是喜走上为吏之途的起点，应当就是他长期生活的地方。

《编年纪》关于安陆的最后一次记载，是在秦始皇二十八年，说"今（上）"经过安陆。[55] 这一年，秦始皇出巡东南郡县，先到泰山、梁父山封禅，然后沿着渤海海岸，经成山、之罘，转到琅邪台，又西南行，经彭城，南渡淮河，经过衡山、南郡，复由武关，回到咸阳。[56] 按照《编年记》的说法，秦始皇经由南郡回关中的路上，是经过安陆的。根据《史记》的记载，秦始皇还经过了衡山、湘山、南郡、武关，都是安陆周边地区更为重要的地方，而《编年记》并未予以记载，也反映出《编年记》的作者喜正是住在安陆。

喜墓出土的六件陶器上，都有"安陆市亭"的方形戳印，字体为秦篆。同一墓地其他秦墓所出陶器，有的也戳着同样的方印。[57] 这些比较粗重的陶质器皿，当然是在本地制造的。这也说明，包括喜在内的睡虎地秦墓的墓主人，生前应当大都是居住在安陆或者在安陆活动的。

《编年记》说秦昭王二十九年，秦军"攻安陆"，那么，在秦人据有之前，安陆就是有城的。安陆城当为楚人所建，是楚城。包山楚简中即见有安陆，领有下隋里，当是相当于邑或县的一级政区。[58] 包山楚墓的墓主人邵忙是楚国的左尹，下葬于公元前 316 年，安陆成为统有里的一级政区（邑或县），应当是在此之前。据上引《编年记》，知喜在秦王政四年即被任为安陆县的史。那么，迟至秦王政四年，秦已经设置安陆县。北京大学藏秦简《水陆里程简册》所记水陆道路，除以南郡首府江陵为中心外，还有两个次一级的中心，即销县与安陆。简册详细记载了安陆到周边各地的道路里程：到邻湖亭七十五里，到阆丘亭九十六里，到落卅五里，到吴阳亭八十一里，到博望亭六十二里，到三屋洛五十六里，到街亭九十八里，到当洛亭十八里，到义城九十里，到望凌亭十九里，安陆到宜秋亭九十五里，安陆到阿亭卅八里，到枞亭五十七里，到溳湖亭六十里，到害刑亭八十四里。[59] 显然，安陆不仅是这一地区的交通中心，也应当是其行政中心。邻湖亭、阆丘亭、落、吴阳亭、博望亭、三屋洛、街亭、当洛亭、义城、望凌亭、宜秋亭、阿亭、枞亭、溳湖亭、害刑亭等，即是安陆下属的邮传中心，也可能是不同层级的行政与治安中心。[60]

楚安陆（邑）、秦安陆县的治所，就在今云梦县城关镇，也大致没有疑问。1958 年，在今云梦县城关发现了一

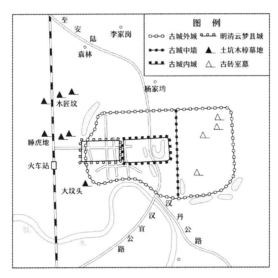

云梦古城与古墓葬分布示意图

座古城（楚王城）。1986—1992 年间，对这一古城遗址进行了四次发掘，大致理清了这座古城的基本面貌。[61] 黄盛璋先生曾认为云梦古城的西城（黄先生称为"西外城"）建得比较早，应当是秦占领安陆后营建或改建的；东城（"东外城"）则是西汉初年扩建的。发掘报告则指出，古城（大城）的南城垣（包括西城与东城的东城垣）的建筑年代早于中城垣。南垣是与整个大城的建筑同时建造的，其时代不会早于战国中期，最晚也不过战国晚期；而中城垣则是西汉初年增筑的。换言之，云梦古城的整个大城应当是战国中晚期建设的，到西汉初年，在大城的中间偏东位置，增筑了一道城垣（中城垣），才把这座大城分隔成两部分（西城与东城）。

因此，喜当年所居住的安陆城，就应当是云梦古城的大城（而不是如黄盛璋先生所说，只是云梦古城的西城）。这座城东临曲阳湖，南接涢水，汉丹铁路从城址的西边经过。城址的总面积约 1.9 平方公里，比 20 世纪中后期的云梦县城关镇要大许多。夯土城墙总长约 9700 米，东西长约 1900 米（近四里），南北长约 1000 米（二里），城外有宽 40 余米的护城河环绕。只有北城门可以辨认。直到 20 世纪八九十年代，残存的城垣高度仍在 2—4 米之间。两千多年前，城垣应当是很高的。[62]

纪南城是战国时期楚国的都城，著名的郢都，是迄今所发现的我国南方地区最大的古城。其东西长 4450 米（九里），南北宽 3588 米（七里），城垣周长 15506 米，面积约 16 平方公里。至少有七座城门。残存的土筑城垣一般高出周围地面 3.9—8.0 米。[63]安陆城当然不能与之相比。

宜城楚皇城遗址平面约呈矩形，城周有比较完整的城垣，全为土筑，南北长 1840 米，东西宽 1720 米，面积 3.2 平方公里。外城城垣共有六座城门。现存城墙底宽 24—30 米、高 2—4 米不等。[64]楚皇城应当是楚国迁都纪南城之前的都城，著名的鄢都，也比安陆城大很多。秦军据有楚鄢都之后，于其地置鄢县，属南郡。[65]喜就曾到鄢县担任令史，并负责审理刑狱。

秦时鄀县治所虽然仍在楚郢都旧址、后来的楚皇城遗址，但其所使用的城内面积，却很可能只是现今楚皇城遗址内的"金城"（面积0.38平方公里）。

在喜生活的时代，楚郢都已被秦军破坏，之后就废弃了。秦把新设立的南郡治所，先是放在纪南城东南的郢城（秦、西汉时郢县治），后来又迁到新建的江陵城。[66]据勘察，郢城城址呈不规则的长方形，东西长1283.5米（南垣）到1453.5米（北垣），南北宽1267米（西垣）到1400米（东垣），总面积约2.3平方公里。城垣现高3—6米，基宽15—20米，面宽7—10米。四面各建有城门，城外有护城河环绕，宽30—40米。[67]在楚郢都受到彻底破坏之后，郢城虽然远比故郢都小，但仍然是这一地区最大的城池（即使秦鄀县仍保持楚鄀都的规模，也没有郢城大）。

位于襄阳市西北十余里的邓城遗址，据石泉先生所考，乃西周至春秋邓国都城、春秋战国楚邓县、汉代邓县。[68]《水经注·淯水》说邓县"故邓侯吾离之国也，楚文王灭之，秦以为县"。[69]北京大学藏《水陆里程简册》记自杨口溯汉水而上，过鄀县路卢津之后，七十里到邓县的新邓津，再二十里到育（淯口，淯水入汉之口），十四里到邓县的攀渚。[70]说明邓在秦时亦置有县，其地显然即在今邓城遗址。据武汉大学历史系师生1973年春的实地访查，古城墙基还很完整，城址略呈方形，东、南、西、北城墙分别长约600米、825米、675米、800

米，面积约 0.5 平方公里。现存城墙高 3—5 米，东南角为最高点，高出周围地面约 6 米。城垣四面中央各有一缺口，当为城门所在；城外护城河已淤为水田，但痕迹尚可辨，其中东、西两面可断定为利用自然沟壑而设。[71]

在鄀县与邓县之间，有一个邔县。《水经注》说它为故楚邑，秦以为县，在汉水左（西）岸，称为骑城，"周回二里余，高一丈六尺"。[72]邔县城垣周长方二里余（不到 1000 米），是个很小的城。

与同时代同一地区的南郡治所郢城（郢城遗址）、鄀县（楚皇城遗址及其内的金城遗址）、邓县（邓城遗址）以及邔县（骑城）等城垣的规模相比，安陆城在长江中游地区算是一座比较大的城，它比南郡首府郢城小，但比邓县、邔县的县城大得多，也可能比鄀县城要大一些。所以，喜当是生活在中国南方一座中等规模的城市里。

在秦据楚国腹心地带鄢郢地区之后，在南郡的东北方向上，大概即以今鄂豫皖交界的大别山区为界，以东就是重心东移之后的楚国疆域。因此，安陆很可能是秦控制南郡东部地区的中心。在睡虎地秦墓中，七号墓的墓主人来自魏国故地曲阳，身份是士伍，应当是从魏国故地征发前来安陆戍守的戍卒。《史记·春申君列传》记楚顷襄王东迁陈郢之后，春申君黄歇上书楚昭王，说秦若继续进攻已迁至淮水中游地区的楚国，如果不能假道韩、魏，就势必要进攻"随水右壤"。

"随水右壤，此皆广川大水，山林溪谷，不食之地也。"[73]随水，又作隋水，见于《水经注》卷三一《涢水》篇，是涢水东北面的一条支流，或即今蔡家河；但也可能就是指涢水，盖涢水流域最大的古国即随国（即曾国），水或以国名，称为随水。随水右壤，是站在楚国鄢郢故地的角度而言的，当即指今随州、安陆以东的大别山区。春申君的说法，可能正是当时秦军的战略计划。盖秦军占领楚国鄢郢腹心地带之后，曾试图从鄢郢经竟陵、安陆东出，穿过大别山区，进攻楚国的后路。在这种策略下，安陆就成为秦军东出、进攻楚国的前线基地之一。根据四号墓所出木牍黑夫、惊给哥哥中与母亲的信，在秦王政二十四年，户籍与住地均在安陆的黑夫与惊，都应征前往淮阳"直佐"，参加对已东迁的楚国的战争（见下文）。在秦王政二十三年至二十五年间的灭楚之役中，安陆很可能是秦在南郡征集的军队前往淮阳前线的一个基地。

据北京大学藏《水陆里程简册》，安陆处在由江陵向东到沙羡的一条东西向干道上。根据辛德勇先生的复原，由江陵东行，二百零四里到竞（竟）陵（在今湖北钟祥），再二百五十里到安陆，然后二百三十七里到夏汭（在今湖北武汉市汉阳区），渡江，三里，到沙羡（在今湖北武汉市武昌区）。[74]据此，当年秦军拔郢都后，"东至竟陵"，"攻安陆"，也当是沿着这条路向东进攻的。岳麓书院藏秦简《三十四年质日》记有"丁巳，腾之安陆"，"己卯，腾道安陆来"，[75]也说明从南郡治所（郢城）与江陵到安陆间的道路，乃当时南郡东部地区重要的交通干道。

睡虎地九号墓所出漆器圆盒（M9:10）的外底及盖内、盖顶，针刻"中"和"咸亭上"字样。同墓所出双耳长盒（M9:51）的盖顶与外底两端也烙印有"咸亭□""□亭□""亭"等文字。凤形勺（M9:41）的凤尾上有烙印的"咸□"。喜墓所出的漆器圆奁（M11:3）的盖外与外底也有"咸亭包""咸□""亭上""告"的烙印文字。六号墓所出耳杯（M6:9）在耳下烙印"咸市"。[76] 整理小组早已指出："咸市""咸亭"都应当是指咸阳的市与亭，这些漆器应当是咸阳的漆器作坊生产的。只是整理小组认为这些东西从咸阳"远销到千里之外的南郡安陆县（今云梦县），反映它是商品性很强的生产"，[77] 却未必正确。这些精美而轻便的漆器，更可能是从咸阳来的人们带到安陆的。无论如何，安陆并不是一个偏僻闭塞的小城，它和都城咸阳之间有着频繁而密切的人员与物资交流。

喜和他的家人，就住在这样一座安陆城里。

喜墓及同墓地十四号墓等所出陶器上或留有"安陆市亭"的方形戳印。 这里的市亭，一般理解为管理手工业作坊与商业场所的机构。可是，秦时咸阳似乎只有一个亭，称为咸阳亭或咸亭，而其下又辖有若干里。[78] 因此，咸阳亭或咸亭，很可能更像是咸阳的市政管理机构。[79] 那么，"安陆市亭"至少是管理安陆"市"的机构。换言之，安陆城内有专门的"市"。

喜墓所出漆圆盒（M11:1）在盖顶、盖肩、外底和器身外壁等处有"告""亭上""素""包"烙印文字和"安里皇"等针刻文字。[80] 漆器上的烙印文字应当是在制造时烙上的，所记是制作者的情况；针刻文字则是后来用针刺刻而成，反映的当是器物所有者或使用者的情况。[81] 所以，"安里"可能是漆器使用者的居地（"皇"则是所有者或使用者的名字）。一件漆耳杯（M11:23）的外底，针刻有"平安里市"字样，"平安里"或者就是"安里"的全称。同墓所出漆圆奁（M11:3）上针刻"钱里大女子"，以及五号墓所出漆卮（M5:14）外壁针刻的"路里"，十三号墓所出漆器耳杯（M13:22）外底上针刻的"左里漆界"，小圆奁外底针刻的"闾里"，七号墓所出圆奁（M7:9）外底针刻的"女里伏"、盖顶针刻的"里伏"等，[82] 都可能是这些器物的所有者或使用者刻下的。如果以上推测大致不误，那么，在喜的时代，安陆城内有一个市（安陆市），还有若干可供居住的里，如安里（平安里）、路里、钱里、闾里等。

里应当是城邑中相对封闭的区域，四周可能由土垣或篱栅环绕起来，并各开有门。喜墓所出简牍文书《法律答问》里提到，如果失火之后，火势控制不住，烧了里门，要罚一盾；如果烧到了城门，则要罚一甲。[83] 有的里与里之间有一道土垣分开，而有的里与里之间则隔着街巷。[84]

市也和里一样，是有土垣环绕的区域。在上文提到的"盗马"爰书中，见有一个"市南街亭"，应当是在市的南边，或者说，市在一条街的北面。喜墓所出简牍文书《秦律十八种》的《司空律》特别规定，城旦、舂外出服徭役的，不准进入市场或者在市场的门（"阓"）外停留住宿；必须经过市里的，也要绕行，不能直接穿过市中。[85] 显然，市是一个规定的街区，有门，也应当有土垣或篱笆环绕。

因此，秦代城邑的内部，也分划成若干的里或市，每个里（或市）都有土垣或篱笆围绕着，里与里（或市）之间是街巷，也有的里连在一起，中间有土垣相隔。

喜的一家，就住在安陆城内的一个里（可能就是安里）中。

三、一宇二内

那么，喜的家会是怎样的呢？著名的"封守"爰书与"穴盗"爰书给我们提供了一些线索。

睡虎地秦墓竹简《封诊式》"封守"爰书是查封受控犯人家产的司法文书样本，它假设某乡乡守按照县丞的指令，查封某里士伍甲的"家室、妻、子、臣妾、衣器、畜产"。爰书记录了查封的情况，说：

> 甲室、人：一宇二内，各有户，内室皆瓦盖，木大具，门桑十木。妻曰某，亡，不会封。子大女子某，未

有夫。子小男子某，高六尺五寸。臣某，妾小女子某。牡犬一。[86]

文书样式假设士伍甲的妻子已亡，有一双儿女（女儿已成年，未出嫁；儿子未成年，是小男子，然已身高六尺五寸，基本具备成人的能力），臣、妾（家内奴婢）各一人。按照秦律，住在主人家中的臣、妾也属于"室人""家人"的范畴，视同家庭成员（见下文），故士伍甲一家共有六口人（在其妻子"亡"之前）。此六口之家，有一间堂屋，两间内室（"一宇二内"），分别有门进入；房屋均用瓦盖顶，以大木构成屋架（"木大具"）；大门是用十根桑木做成的（"门桑十木"）。《封诊式》所收诸种司法案例及相关文书，都属于范本。"封守"爰书假设的士伍甲之家人财产情况乃秦时中等庶人之家较为普遍的情况，所以，"一宇二内"实可视为秦时庶人之家普遍的居住房屋。

这里有几个问题需要讨论。

首先是关于"宇"。睡虎地秦墓竹简整理小组将"宇"释为"堂"，认为堂即厅堂，"一宇二内"是有一间厅堂、两间内室，共三间房；《秦简牍合集》的编校者则将"宇"释为宅基，[87]"一宇二内"就是在一个宅基地上有两间房屋。那么，甲的"家室"究竟是三间房屋呢（一间堂屋，两间内室），还是只有两间房？

关键在于对"宇"的解释。《说文》释"宇"，谓"屋边也"。[88]《淮南子·氾论训》"上栋下宇"句下高诱注云："宇，屋之垂。"[89]则"宇"的本义乃指屋檐、屋边。所谓"四垂为宇"，即房屋覆顶四周向屋墙外延伸出来、用于遮挡雨水的那部分。《诗经·豳风·七月》："七月在野，八月在宇，九月在户，十月蟋蟀入我床下。"其中的"在宇"就是指立在屋檐下（"在户"是进入屋内）。[90]在房屋的正中间部分，将屋墙向内缩、屋檐向外伸，就形成"宇"，以备阴雨时立于"宇"下。而有"宇"的部分，一般在房屋的正中间，亦即"堂"（厅堂）的外面；所以，"宇"乃构成"堂"前遮蔽风雨的地带。又因为"堂"正面的屋墙向里缩进，门又开在正中间，堂内较为明亮，而两边的内室则较为昏暗，所以"一堂二内"又称为"一明二暗"。因此，所谓"一宇二内""一堂二内""一明二暗"，都是指一间居中的堂屋，两边各有一间内室，共同构成由三间组成的房屋。

《秦简牍合集》（壹）的编校者引三条材料，以说明"宇"当指宅基。[91]其中，《为吏之道》简19"勿令为户，勿鼠（予）田宇"以及《日书》甲种《室忌》简103"以用垣宇，闭货贝"的"宇"，乃是用其引申义，就是指家室房屋，释为宅基，并不妥恰。《日书》甲种《凡宇》简23"宇中有谷，不吉"的"宇"，仍当释为"屋檐下"或"厅堂"为妥，意为厅堂里或屋檐下堆放谷物，不吉。至于将"宇相直者不为'院'"解释为"宇之间的垣不为院",则更加不妥,盖环绕房屋的垣正是"院"(见下文)。

　　"宇"("堂")是一座住宅的核心,所以,建筑颇有讲究。睡虎地秦墓竹简《日书》甲种《相宅》首列"宇"的营建。它说"宇"不宜过高,也不宜过低:过高会使主人地位高贵,却很清贫;过低,则会使主人虽然富有资财,身体却会残疾("凡宇,最邦之高,贵、贫;宇,最邦之下,富而癃")。反过来说,贵族官僚之家的"宇"大多较高,而富商大贾家的"宇"则相对较低。《相宅》又说:"宇四旁高,中央下,富。宇四旁下,中央高,贫。"所谓"四旁",当指宇的四个角;"中央",当指宇的前面正中,门的上方。宇有"四旁",说明有的"宇"("堂")与两侧的"内"并不相连。《相宅》又说"宇多于西南之西,富。宇多于西北之北,绝后。宇多于东北之北,安。宇多于东北,出逐。宇多于东南,富,女子为正。"宇多,当是指屋檐在正常的长度上,又向外延伸。所谓"宇多于西南之西",就是"宇"的西南角,再向前(西)延伸一截出去。这样的"宇",也应当是独立的。但"宇"即使相对独立,也不应在四周修有通道,更不能靠近大树("道周环宇,不吉。祠木临宇,不吉。")。[92]

　　相对独立的"宇"(与二"内"不相连的"宇""堂")可能建有附属的"庑"与"屏"。睡虎地秦墓竹简《日书》甲种《相宅》说如果"庑居东方,乡(向)井,日出炙其榦(榦),

其后必肉食。"这里的"庑"在"宇"的东侧，其南面一点是"井"；
"韩（榦）"，是井栏。位于宇（堂）东侧（偏南）的"庑"与
"宇"相连，前面是井，阳光照在井栏上，这样的人家，日后
是会富贵的。《相宅》又说"屏"应当放在"宇"的后面，不
能放在"宇"的前面。[93] 这里的"屏"，就是厕所。一般人家，
未必在"宇（堂）"前建有"庑"，但在"宇"的后面隐僻处，
是会有"屏"的。

其次是关于"内"。"一宇二内"的"二内"（以及"一
明二暗"的"二暗"），应当分处于"宇"的两侧，又有"大
内"与"小内"之别。睡虎地秦简《日书》甲种《帝》说在"室
日"里不可以建筑房屋，"筑大内，大人死"。[94] 那么，"大内"，
就是"大人"（家中主人夫妇）所居的内室。"大内"一般位
于宇（堂）的东侧。睡虎地秦简《日书》甲种说"内"居正
东和东北，均吉；居于南面、西北面，都会"不畜"或"无子"。
这应当是就只有一个内室的情况而言的。[95]

在睡虎地秦简《封诊式》所录"经死"爰书中，某县令
史受命前往某里调查士伍丙在自己家中吊死的情况。根据令
史的报告，丙的妻子、女儿与他住在一起，也参加了勘查。
丙的尸体悬挂在"其室东内中北廦权，南向"。"东内"，当即
"大内"，是丙与妻子居住的卧室。"廦"，即壁，墙壁。"权"，
应当是用于支撑房屋的基本架构的一部分，这里当是指北面
墙壁上面的横梁。令史的报告描述说：丙的头离权还有二尺，

脚离地约为二寸。[96] 如果以丙身高约七尺三寸计算，他所居住的"东内"北墙约高九尺五寸，合 2.2 米左右。报告又说"权"的长度为三尺，西去"堪"二尺。"堪"，整理小组引《说文》谓为"地突"，又释为"地面的土台"，不甚妥恰。地突，实即烟囱。所以，这里的"堪"，就是卧室里用于烤火的火炉及其上的烟囱。这个"堪"应当位于东内的正中间。所以，"东内"的东西长度大约为一丈，也就是 2.31 米左右。假设这间内室是正方形，那么，其面积正是一平方丈，在 5.34 平方米左右。

"经死"爰书称丙所居为"东内"，顾名思义，丙家还应当有"西内"。西内，当即"小内"。小内，应当是儿女住的卧室。睡虎地秦简《日书》甲种《相宅》说："取妇为小内。内居西南，妇不媚于君。""妇"，指儿媳妇；这个"内"，位于宇（堂）的西侧偏南。《相宅》又说："当祠室、依道为小内，不宜子。"[97]"祠室"，即祭祀室屋之神（与门神、户神同类）。室内可能有一处固定的地方，很可能是在室"中"，亦即宇（堂）的正中间，用来祭祀室神。[98] 这句话的意思是说："小内"不应当正对着祭祀室神的地方（也就是堂的正中间），也不应当位于过道的旁边。显然，这都是为了维护"小内"的隐蔽性。比较而言，"大内"就没有这些要求。这也反过来说明，"大内"应当是父母的卧室，而"小内"则是儿子儿媳的卧室。"经死"爰书中所见的丙家，女儿还没有出嫁，应当是居于"西内"（或"小内"）的。所以，"大内"乃"大人"之"内"（卧室），"小内"乃"小辈"之"内"（卧室）。

第三是关于"盖"与"木大具"。乡某的报告说，乙的房屋"内室皆瓦盖"。在今见秦简牍中，"盖"大抵指房屋的覆顶，而"屋"则包括覆顶与支撑覆顶的架木、屋梁。睡虎地秦简《日书》乙种《室忌》说春季庚辛、夏季壬癸、秋季甲乙、冬季丙丁日，均不宜"作事、复（覆）内、暴屋。以此日暴屋，屋以此日为盖,(屋)屋不坏折,主人必大伤"。[99]整理小组引《广雅·释诂》，释"暴"为"举也"，认为暴屋，就是树立屋架，应可从。那么，"作屋"就包括"暴"（树立屋架）和"盖"（覆顶）两个步骤，前者多用大木，后者则多用瓦或茅。"封守"爰书中说甲家室屋"木大具"。整理小组引《淮南子·原道》注，释"具"为"备"，认为"木大具"意为"房屋的木料齐备"，但也同时指出："'具'读为'暴屋'的'暴'"。结合上引《日书·室忌》，我们认为仍当释为"暴"为妥，则"木大具"意为用大木架起屋顶。

最后是关于"户"与"门"。在"封守"爰书中，乡某的报告说甲家的一宇二内，各有"户"，也就是"宇"（堂）和两个"内"各自有门可以进入，亦即三间房有三个门。上引《日书》甲种《相宅》说"小内"（西内）"当祠室（中）、依道"。如果"小内"可以正对着"堂"的中心，那么，它是与"堂"相连的（二者之间或者只有一道篱笆或帘子相隔），没有单独的"户"，是从堂中进入小内的。如果小内"依道"，它应当

有独立的"户"，其"户"傍着"道"。同样，"大内"也可能
与"堂"相通联，而没有自己独立的"户"。换言之，一宇二
内可能只有一个"户"，即在"宇"（堂）的正中开一个"户"，
两个内室均经过"宇"（堂）进入；也可能有两个"户"（一
个"内"有"户"，另一个"内"无"户"），或者三个"户"（即
"各有户"）。在三个"户"的情况下，"宇"（堂）与两个"内"
之间在内部或各不相通，相对独立。

　　"封守"爰书说甲家"门桑十木"。整理小组认为"门桑
十木"的"木"应为"朱"字之误，本当作"门桑十朱"，所
以把"门桑十木"解释为"门前有桑树十株"。《秦简牍合集》
的编校者引用吉仕梅、陈伟武的意见，指出"木"字不误，
却并未能给出合理的解释。我们同意"木"字不误的意见，
并进而认为："门桑"，不当理解为门前的桑木，而当理解为"桑
门"，即用桑木做成的门；"门桑十木"，就是用十根桑木做成
的门。

　　用桑木做门户，见于《战国策·秦策》"苏秦始将连横
说秦惠王"章，其中说到苏秦出身贫穷，不过是"穷巷掘门、
桑户棬枢之士"。掘，通"窟"。掘门，就是在垣墙上挖个洞，
当作门。桑户，是用桑条做成的门；棬枢，是用弯曲的枝条
卷在一起做成的门枢。[100] 值得注意的是，"掘门"是对着巷
子的尽头（"穷巷"）的，而"桑户"则在门的里边。换言之，
"门"是院子的门，"户"是房屋的门。《战国策·秦策》所说

苏秦的院子门是在垣墙上挖了个洞，房屋的门则是用桑条编的，用绳子系在荆条卷成的门枢上。"封守"爰书所报告的士伍甲的家室，院子的门是用十根桑木做的，三间房屋（"一宇二内"）各有自己的门（称为"户"）。

门上也可能有"盖"（覆顶），但比较少。《日书》甲种《直室门》说："辟门，成之即之盖，廿岁必富，大吉，廿岁更。"[101] 在所绘的图上，辟门是诸多门中的一种。这个门，建好了之后立即给加上一个盖（覆顶），将会大吉。反过来说，大部分的门，应当是没有盖（覆顶）的。

《日书》甲种《相宅》说"门"最好与"宇"南北相对（"门欲当宇隋"）。其所说的"门"是院子的门，它最好与"宇"的门（"户"）在南北中轴线上。《相宅》又说："小宫大门，贫。大宫小门，女子喜宫斲（斗）。"[102] "宫"，即"室"，这里应当是指院子内所有的居住空间；"门"（无论"小宫"的"大门"，还是"大宫"的"小门"），则都是"宫"（院子）的门。

《日书》甲种《门》说入月七日及冬未、春戌、夏丑、秋辰的四徼日（季节轮替之日），"不可初穿门，为户、牖、伐木，坏垣，起垣，彻屋及杀，大凶。"[103] "门"与"户""牖"（窗子）并列，也说明"门"是院子的大门。"穿门"，就是在土垣上挖个门洞。

《日书》甲种《四向门》对一年中各个月可以开哪个方向的门及如何造门，均有规定。例如：七、八、九三个月可以开向北的门，在丙午、丁酉、丙申三个日子里建造围墙（"垣之"），用红色皮毛的牲畜祭祀［"其生（牲）赤"］；正月、二月、三月可以开向南的门，在癸酉、壬辰、壬午日"垣之"，"其生（牲）黑"。[104] 这里的"垣"显然是院子的围墙，而"门"是开在"垣"上的。

弄清楚以上四点之后，我们对于"封守"爰书所说"一宇二内"的住宅格局就有了较为清楚的认识：房屋外面有土垣围绕，构成院子；正面（一般为南面）的院垣（院墙）中间开一道门，用桑木做成门板，作为院门。院子里居中或靠北建有三间房屋，分别开有门。正中间称为"宇"（堂），较为高大宽阔明亮，门前的屋檐向前伸出，以遮蔽风雨；宇门与院门相对，联成整个住宅的南北中轴线。"宇"（堂）的两侧各有一间内室，东间称为"大内"或"东内"，是家中主人夫妇的卧室；西间称为"小内"或"西内"，是儿女小辈的寝处。房屋一般使用较为粗大的木头架起基本架构，屋顶用瓦覆顶。在"封守"爰书中，甲的身份是士伍，尚未获得军功爵，是较为普通的编户齐民（"庶民""黔首"），所以，此种"一宇二内"的居住形式，可以看作秦时普通编户较为普遍的居住方式。

地位稍高、较为富裕的人家，居住条件要好一些，格局也要复杂一些。在睡虎地秦简《封诊式》"穴盗"爰书中，某里的士伍乙报告说：前一天晚上，他把一件复结衣放在"房内中，闭其户"；自己与妻子丙夜里睡在"堂上"。翌日晨，"启户取衣"，发现已经有人打了地道进入过"房内"。找遍了"内中"，也没有发现自己的复结衣。根据令史某勘查现场的报告：乙家的"房内"在"大内"的东侧，与"大内"相邻，在南面开有门（"户"），这个"内"的后面有一个"小堂"。"内"的中央有一孔新的地穴，凿穴挖出的土都堆在"小堂"上。"内"的北边就是"垣"，高七尺，垣的北边是巷子。北垣与小堂的北墙相距一丈，东垣与"内"的东墙相隔五步。"内"里放着一张竹床，在"内"的东北部，离东墙、北墙各有四尺，高一尺。乙把衣服就放在床的中间。[105] 据此，乙的住宅，在"堂"的东边，依次是"大内""内"，在"内"的北侧，还有一个"小堂"。一般说来，堂的两侧应当是对称的。那么，乙家应当是有一个"堂"（宇），两个"大内"，两个"内"，以及两个"小堂"。如果"小堂"只是"内"的附属建筑，那么，乙家的居室格局基本上可以看作"一堂四内"，亦即五间房；如果将"小堂"视作独立的房间，则乙家的居室共有七间房。乙放衣服的床置于"内"的东北部，离东、北墙各有四尺。假设床的西南角正在"内"的中心，以床长八尺、宽六尺计算，"内"的东西长当有二十四尺（约5.54米），南北宽当有二十尺（约4.62米），面积约26平方米。"大内"和"堂"应当比这间"内"要大些，再加上"小堂"，乙家的室内面积可能在150平方米左右。乙家院子的围墙有七尺，即一人高；院内应当还有其他的附属建筑，确然是一栋较大的宅第。

睡虎地秦简《日书》甲种在《直室门》一目下列举了北门、南门和东门以及仓门、辟门、大伍门等各种各样的门，并画了一幅图表示这些门的位置和相互间的关系。[106] 刘乐贤先生说：直室门，就是设置家室住宅的门；图中标有"困""豕""大屚""羊"等，都说明这里所说的门，乃住宅的门。[107] 由简114—126 共同拼接而成的图上，可以清晰地看出：这些门，都开在"垣"上，也就是院子四周的围墙上。

《日书》甲种《直室门》说仓门"富，井居西南，困居北乡（向）廥，廥毋绝县（悬）肉"。又说："获门，其主必富。八岁更，左井右困，困北乡（向）廥。"在所附绘图上，"仓门"

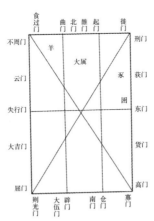

睡虎地秦简《日书》甲种《直室门》附图

在"南门"的东侧，"获门"则在"东门"的北侧。大概"仓门"与"获门"在功能上相似，并不并存。"囷"与"廥"都被释为仓库，大概是形状不同或储存不同东西的仓库（"囷"被认为是圆形的谷仓；"廥"里要经常悬挂着肉，说明它可能是用来储存食物的地方，更可能就是厨房）。可能"囷"与"廥"都在院内的东半部分，"囷"靠南一点，"廥"靠北一点。院内的西半部分，与"囷"相对的，是"井"（在院子的西南部）。绘图居于北部正中部分的"大屚"（释作"殿"），正是院落的中心，当即主屋。那么，"大屚"左侧偏前一点标出的"豕"，右侧偏后一点标出的"羊"，当分别是猪舍和羊圈。

当然，大屚（宇、内）、囷、廥、井、圈等设施，在院子内的具体位置，会有很大不同。睡虎地秦简《日书》甲种《相宅》以"宇"为中心，分别说明院落内外各种设施与"宇"之间的相对位置。它说"圈"（据《直室门》中的绘图，应当是羊圈）放在"宇"的西南方或正北方，都是可以的；放在"宇"的西北方，最利于牲畜孳育繁衍（"宜子与"），这与《直室门》图上所示"羊"的位置是相合的；把羊圈放在"宇"的正东方或东南方，都不好。"圂"（猪圈）如果放在"宇"的西北方向的角上（在羊圈北），适宜猪的生长，但会不利于人；放在"宇"的东北和正南，都不好；所以，"圂"最好放在"宇"的正北边（与"屏"在一起）。这说明，猪圈（圂）的位置其实有不同的选择。"囷"（圆仓）放在"宇"西南方向或东北方向的角落里，都是好的，但不能放在"宇"的东北和东南方向的角上，这与《直室门》图上标出的"困"的位置（在"宇"的东南方向上）并不一致，反映出"困"在院子中的位置并不固定。如果在院子里凿井，最好放在"宇"的东南方，在"宇"的正门与右内室（"大内"）的窗户之间的位置上，绝不能放在"宇"的西南方或西北方。[108]

　　有的人家，在主屋之外，可能还建有东、西厢房。睡虎地秦简《日书》甲种《帝》说在"室日"里不可以建筑房屋："筑大内，大人死。筑右序，长子妇死。筑左序，中子妇死。筑外垣，孙子死。筑北垣，牛羊死。"[109]"大内"，是"大人"（家中主人夫妇）所居，在"堂"的东边（已见上文）。"右序""左序"与"大内"相并列，当是指东、西序，亦即东西厢房，而不会是指东、西有两道短墙。"筑北垣，牛羊死"，显然是因为牛羊圈靠近北垣的缘故（见上文）。那么，"筑外垣，孙子死"，则当理解为孙子经常在靠近外垣的地方活动的缘故。显然，"外垣"是在"垣"之外，很可能是在院子的南垣之外，又加筑了一道垣，从而在南门外形成了两道垣，这就是后来发展成为"厅"的部分。在南垣外再加筑一道垣，构成"厅"，就使整个住宅表现为两进，有两道门：入大门，进入"厅"；进第一道门，进入"院"；院门正对着"宇"（堂）门，堂的两侧各有一间、两间或三间房，则主屋分别为"一宇二内"（三间）、"一宇四内"（五间）或"一宇六内"（七间）；院的东西两侧各有东、西序（东西厢房），院子内又分布着"困"（谷仓）、"廥"（食物仓库，厨房）、"圈"（牛羊圈）、"圂"（猪圈）、"井"、"屏"（厕所）等。这应当是较为富贵的人家的住宅。

社会经济地位不同的庶民，居住条件当然不同。岳麓书院藏秦简《狱状》所录"齱盗杀安、宜等案"说：秦王政二十年十一月，士伍安、□姜宜以及一位不知名女子被发现死在"内中"。破案后，凶手齱交代说：在准备作案时，他曾"佗（施）行出高门，视可盗者"；作案当天，他"莫（暮）食时到安等舍，□寄□其内中。有顷，安等皆卧，出，齱伐刑杀安等"。[110] 士伍安的舍有"高门"，齱在傍晚即潜入安的舍里，说明安的舍是一所宅院，"内"居院中，是卧室。此案发生在栎阳，此种宅院在秦时的关中地区当非个例。

在"得之强与弃妻奸案"中，秦二世元年，夌被得之遗弃后自己居住，得之又去找她，强行把她拉到"里门宿"，试图强奸她，为颠撞破，未能得逞。[111]"里门"应是"里室"（内室）的门，是联通"内"与"堂"之间的门，则"堂"的门当即"外门"。夌家的住屋，很可能是"一外一里"（一个外间，一个里间，亦即"一堂一内"）。而得之与夌在"堂"与"内"之间"里门"处拉扯，被经过附近的颠见到，则夌家或并没有围垣，或者院墙仅由篱笆构成。据《汉书·地理志》，此案发生地当阳属南郡。然则，长江中游地区小户人家的居住格局，又有所不同。

那么，喜及其一家，有可能住在怎样的院子里呢？他的身份地位与经济状况，应当比"封守"爰书里的士伍甲要高、好一些。他家居住的房屋，可能不止于"一宇二内"，很可能会与"穴盗"爰书里的士伍乙所住的那样，是"一宇四内"。

如果是这样，我们可以想象：喜的家在安陆城内的某一个里（有可能叫"安里"或"平安里"）中，有一个由土垣围绕起来的院落里，围垣高约七尺（大致相当于一个成年男性的身高）。在院落南墙的正中间，开着门，正对着里中的街巷。院内正中靠北坐落着一栋"一宇四内"共五间的房屋，正中那间略高一些，前面有廊，是用来会客、家庭聚会、祭祀的堂(宇)。堂的东西两侧各有两间内室(卧房)。院子东半部分，靠北一点，有厨（很可能是厨房），厨的南面、与它对门的，是囷（圆仓）；在厨与囷之间，或厨的西边一点，可能有一口井，井上做了护栏（井栏）。作为县吏之家，又是在安陆城内，喜家应当没有羊舍猪圈，但在房屋的后面，有一处厕所。

四、五口之家

喜过世的那年，大儿子获满二十岁，二儿子恢十三岁，女儿穿耳只有四岁。儿女们当然有他们的母亲，所以，喜的家庭，至少应当是一个五口之家。

《编年记》（或《叶书》）里没有任何关于喜的妻子或妾

的记载，喜的墓葬里也完全没有其配偶的踪迹。可是，在喜
墓所出的漆器的外底等处，见有针刻的"士五军"（M11：
19、M11：9、M11：18）、"安里皇"（M11：1）、"钱里大女
子"（M11：3）、"大女子娭"（M11：51、M11：28、M11：
11）、"大女子臧"（M11：29、M11：35）、"大女子"（M11：
22、M11：17、M11：46）、"小女子"（M11：2、M11：21、
M11：7、M11：49、M11：24）等字样。[112] 这些人，应当是
这些漆器的所有者或使用者。他们把自己所有或使用的生活
用具（耳杯、圆奁、盂）随葬于喜的墓中，应当是与喜有着
密切关系的人，很可能是其家人或亲友。特别是刻有"钱里
大女子"字样的是一件圆奁，刻有"大女子臧"字样的是一
件盂和一只耳杯，这两件漆器的主人或使用人与喜的关系可
能非同一般。刻有"大女子娭"的漆器都是耳杯，形式各异，
其主人或使用人也可能与喜较为亲近。刻有"小女子"的五
件漆器也都是耳杯。将自己日常使用的器物随葬在喜墓中的
大女子臧和娭，以及小女子某，很可能是喜的家人，或者就
是他的妻与妾。

在"封守"爰书中，士伍甲的妻子某已亡。他有一个女
儿，身份是大女子，尚未出嫁（"未有夫"）；一个儿子，身份
是小男子，高六尺五寸（约 1.50 米）；一个妾，身份是小女
子。他还有一个家内奴隶，"臣某"。[113] 如上所述，《封诊式》
乃司法案例与文书的格式，"封守"爰书乃查封家人财产的标

准文本。显然，在当时司法当局的观念里，士伍甲是应当有一个妾的，特别是在其妻子已亡的情况下。

里耶曾经出土了 24 枚户籍简，都属于南阳里，其中较为完整者有 10 枚，颇可见出当时一些家庭的基本结构。[114]

（1）简 K27 是户人蛮强一家的户籍。蛮强是伍长，是荆人（楚人），爵是不更。[115]他的妻子叫嗛，儿子的名字恰好残缺，身份是小上造；女儿是小女子，叫驼。他们家有一个臣，叫聚。

（2）简 K1/25/50 是户人黄得一家的户籍。黄得也是伍长，爵也是不更。他的妻子也名叫嗛。他们有三个儿子（身份都是小上造）、三个女儿（身份都是小女）。

（3）简 K43 是一个联合式家庭的户籍。户人（户主）大□的身份也是不更，妻子叫嬢，有两个儿子，都是小上造。大□的弟弟庆（身份是不更）及其妻子规，和他们住在一起，并在一个户头下。

（4）简 K31/37 是户人李獾（也是荆人，不更）一家的户籍。李獾和妻子至少有两个儿子，都是小上造（简文残缺，不能断定他们有没有别的孩子）。

（5）简 K33 所记录的家庭很简单：户人□疾（不更），和他的妻子婂。他们没有子女（至少户籍上没有登记）。

（6）简 K17 是户人黄□（不更）一家的户籍。黄□的妻子叫不实。他们有三个儿子，昌（不更）、悍（小上造）、□（小上造），以及两个女儿，规和移（都是小女）。

（7）简 K42/46 中间不能辨识，所以不能反映这个家庭的总体情况。从残存文字可知，户主的身份也是不更、伍长，妻子名叫义，母亲雎和他们一起生活。

（8）简 K30/45 是户人彭奄（不更）一家的户籍。彭奄没有妻子，但有一个妾（名字无法辨识），一个儿子，状（小上造）。彭奄的母亲错、弟弟说（不更）和他们一起居住。无法确定彭奄是尚未娶妻，还是妻子已死；也不能确定其子状是他与妻子（如果他曾娶妻的话）所生，还是与妾所生。但无论如何，他有一个妾。

（9）简 K4 是户人蛮喜一家的户籍。蛮喜的妻子叫媞（身份是大女子），有三个儿子（衍、章和□），两个女儿（赵和见，身份都是小女子）。他们家还有一个"隶"，叫华，是大女子。在简文中，华被放在蛮喜妻媞之后，子章之前。

（10）简 K2/23 所记，是一个较大的联合式家庭。户主宋午的爵是不更，他的妻子未见登录，应当已经不在人世。[116]他有两个儿子，传和逐，都是小上造。他的两个弟弟及其家庭都和他住在一起，同一个户头。一个弟弟叫熊，爵是不更；熊的妻子是双字名，可无法辨识；他们有两个儿子，身份也都是小上造。另一个弟弟叫卫，也是不更；卫和妻子有一个女儿，是小女子；他们家还有一个臣，名叫襦。这样，宋午三兄弟组成的大家庭就有 11 口人。

南阳里这十户人家的户籍是在无意之中被保存下来的，

可以看作一种随机抽样。在十户人家中，有两户人家简文残缺，不能完全确定其人口情况。另外八户人家，总共有52口人，平均每个家庭有6.5口。值得注意的是，有两个家庭有臣，一个家庭有隶，一个家庭有妾。蛮喜家的隶，大女子华，有可能是蛮喜的妾。这样，在十个家庭中，可能有两家的户主有妾。

里耶简9-2037+9-2059大致可断定是东成里户人、士伍夫一家的户籍。夫的妻子叫沙，是大女子。夫有三个孩子，小女子泽若、伤和小男子嘉。他们家还有一个成员，泥，简文特别写明，"夫下妻曰泥"。下妻，又见于里耶简9-2045+9-2237。根据这两支简，高里户人匽的爵是小上造，应当尚未成年。他有个妹妹，小女子检，也未成年。他有一个下妻，叫婴。显然，下妻泥与婴都分别是夫与匽家的正式成员，属"室人"，其身份应当就是妾。

喜墓所出《封诊式》中有一种"黥妾"爰书，说某里的五大夫（秦爵第九级）乙，有一个妾，大女子丙。乙让自己的家吏、公士（最低一级民爵）甲捆着丙，直接送到县廷，要求给丙的脸上刺字（"黥"），割掉她的鼻子（"劓"），理由是"丙悍"，说丙强悍、蛮横。[117]整理小组将这里的"妾"解释为婢女。婢女而能在主人面前"悍"，一定不会是普通婢女。而且，主人乙特别让家吏甲到县廷里要求对丙施以黥、劓之刑，大约也是以毁坏其容颜相威胁之意。县里讯问丙，丙昂昂然地回答："我确实是乙家的妾，并没有其他过错。"（"乙妾也，无它坐。"）丙显然是乙的妾，绝非一般的婢女。

岳麓书院藏秦简《狱状》[118]中，有一个案子，被定名为"识劫𡢍案"。案件发生在秦王政十八年。在案件记录中，大女子𡢍陈述说：她本来是大夫沛的妾，因沛睡（"御"）了她，生了两个孩子，儿子𡥈（义）和女儿姝。沛的妻子危在十年前死了，沛也没有再娶妻。大约过了两年，沛免除了她"妾"的身份，使她成为平民（"庶人"），把她作为妻子。她又生了儿子必和女儿若。又过了两年，沛邀请宗人（同宗之人）、里人（同里的人）大夫快、臣、走马拳、上造嘉、頜等，向他们报告说："我有子女了，就是𡢍所生的四个孩子。我不再娶妻了。打算将𡢍纳入宗族（"入宗"），并承担里中各种组织的义务（"出里单赋"），参加邻里之间的人情过往（"与里人通饮食"）。"快、臣等人当时都说很好。于是，𡢍就入了宗，邻里有人亡故，也一起出奠仪，和别人家的妻子一样。又过了六年，沛就过世了。儿子𡥈（义）成了户主，继承了沛的爵位以及家里的市肆和住宅。在沛生前，家里还有一个隶，叫识，和沛一家居住在一起（"同居"）。三年前，沛给识娶了一房妻子。又过了一年，花五千钱给他们买了一栋房屋，并拿出一匹马、二十亩稻田，分给识，让他单独立户（"异识"）。之后，识就去从军了。[119]

在这个案子中，𡢍在作为沛的妾时，沛就和她发生了关系，并且生了两个孩子（当时沛的妻子还在），说明作为妾，是有义务和主人发生性关系的。但妾与妻的身份、地位又是迥然有别的。媛在沛的妻子死后两年，作为四个孩子的母亲，被沛免除了"妾"的身份。根据后来乡守唐、乡佐更的证词，沛不仅为此向宗人、里人做了宣告，还到乡司提出申请，按照规定，在户籍上媛的名字下写明为"免妾"。可是，沛虽然在宗人、里人面前宣告立媛为妻，却并没有报告乡守唐和乡佐更，所以，在户籍上，媛的身份仍然只是免妾的庶人，并不是沛的妻子。

当然，并非家中所有的妾或女性的隶，都会与男性主人发生关系。在喜墓所出《法律答问》中，有一个问题，是说"人臣甲"主谋，让"人妾乙"偷了主人家的牛，卖掉后，带着钱一起逃离秦国，在出关时被抓获。对这两个臣、妾，应当如何处罚呢？回答是按照城旦的标准，给他们刺面涂墨，然后交还给其主。[120] 在这个案子里，人臣甲与人妾乙似乎是一对情人，但甲要唆使乙去偷主人家的牛，说明乙与主人的关系可能比较亲近。

里耶所出简 8-126 见阳里户人囗（名字不能辨识）家有"小妾无蒙"。所谓"小妾"，乃未成年的妾。小妾无蒙和主人之间，是否有更亲密的关系，无法知道。简 9-984 所记则是秦始皇二十八年的一组文书。这年的八月丁丑（十日），西阳县的守丞又（守丞的名字叫又）移书迁陵县的丞和主，说："高里士五（伍）顺、小妾玺余有逮，事已，以丁丑遣归。令史可听书从事。敢告主。"据下文，知"高里"当是迁陵县都乡的高里。
"有逮"，指有逮捕文书或被捕。[121] 显然，迁陵县都乡高里的
士伍顺是和他的小妾玺余一起逃亡的，被酉阳县发现逮捕后，
遣送回迁陵县。玺余与顺应当有着亲密的关系，虽然她并未
成年，只是小妾。

南阳里的十户人家，原来都是楚人，入秦之后，地位并
不高。不更是民爵的第四级，上造是第二级；蛮强、黄得和
简 K42/46 中的户人都是伍长。所以，这些人家，都是普通
的编户齐民。东成里的夫是士伍，连民爵都还没有；高里的
匽是小上造，还没有成年。阳里的□身份不详，但大抵也只
是普通编户。高里的顺是士伍。这些人，也都有可能拥有臣、
隶和妾，说明在那时，境况稍微好一些的人家，拥有隶、臣、
妾是普遍的。地位远高于他们的喜，当然也有资格与条件，
拥有臣、隶和妾。当然，"识劫婉案"中的沛，爵位是大夫（第
五级），虽不是很高，但沛家富有资财。"黥妾"爰书中的主
人乙，爵位是五大夫（第九级），地位较高，已有家吏。喜的
政治与经济地位，应当和他们差不多，自然会拥有臣、隶、妾。
而这些臣、隶、妾，都属于喜的家人（"室人"）。换言之，在
秦代，喜的一家，不仅包括喜、他的妻子儿女，还包括他家
的臣、隶、妾；而对于其中的妾以及女性的隶，至少在法律上，
喜是可以和他们发生性关系的。

在秦代，所谓"家人"或"室人"，就是指同居在一个

房屋之下的人，并无论其成员之间是否都存在血缘或婚姻关系。喜墓所出《法律答问》中有一个问题："可（何）谓'室人'？可（何）谓'同居'？"回答是：同居，是居住在同一个门的房屋里；室人，就是指居住在同一栋房屋里的人，他们有义务共同承担法律责任。[122] 在另一处关于如何理解"盗及诸它罪，同居所当坐"的法律规定时，回答者解释说："一户就是'同居'。如果隶有罪，则同居者皆须负有连带责任；然若主人有罪，隶却不须负有连带责任。这就是'户'的含义。"[123] 这也说明，隶（以及臣、妾）也包括在"同居"与"一户""室人"的范畴里，只是其法律责任有所不同。在上文所举例证中，南阳里的蛮强、蛮喜、彭奄、宋午等，户籍里都包括了臣、隶、妾；在"识劫婉案"中，作为妾的婉，也在沛家的户籍里，所以当沛要给婉"免妾"时，就到乡司，给她改了户籍。

总之，喜的一家，不仅包括喜及其妻子、儿女，还包括他家应当会有的臣、隶、妾。上文所述喜墓漆器上针刻文字所见的一些人，就有可能是喜家的臣、隶、妾。他还可能如"黥妾"爰书中的五大夫乙一样，有一个家吏（喜墓所出漆器上针刻的"士五军""安里皇"，或者就有可能是他的家吏），但家吏应当是不纳入其"室人"范畴的。

当然，家庭内部最重要的关系，还是喜与其妻子、儿女们之间的关系。喜一家的核心，是由夫妻二人和儿女构成的。

五、爱或不宁

喜在二十七岁的时候生下了儿子获。我们假定他的长子乃与妻子(而不是妾)所生。那么,他娶妻,当在二十七岁之前。

在秦汉时期,普通平民男子的结婚时间似乎并不早。刘邦与吕雉结婚,是在当了泗水亭长之后,应当已过三十岁（吕雉比他小十五岁,也不可能更早嫁给他了）。当他的嫡长子刘盈出生时（秦始皇三十七年）,刘邦已经四十七岁。[124] 虽然与曹夫人的来往可能在他与吕雉结婚之前,[125] 但刘邦正式娶妻,却是在三十岁以后,当无疑问。

陈平因为家贫,到了应当娶妻的年龄,"富人莫肯与者,贫者平亦耻之",后来好不容易娶了本乡富人张负的女儿孙。"孙五嫁而夫辄死,人莫敢娶",年纪恐怕已经"望三",甚至更大。陈平应当还要大一些,绝不会小于三十岁。[126]

张耳逃亡在外黄,也娶了富家女。那位富家女也曾结过婚,丈夫是"庸奴"（这里应当指他是个窝囊废,并不是为人佣作的奴隶）,后来似乎离家出走了。据说她"甚美",立志要找一个有才的丈夫（"贤夫"）,让父亲的"客"给她介绍。而客素知张耳,乃向富家女盛情推荐:"必欲求贤夫,从张耳。"富家女听了客的介绍,让客帮助自己与前夫割断全部关系,嫁给了张耳。这位富家女显然不会太年轻。张耳娶她的时候,更早已负有盛名。张耳的好朋友陈余也在外流亡,得到富人公乘氏的欣赏，"以其女妻之"，因为相信他绝非凡庸之辈。陈余虽然比张耳年轻，但当时大约也不会是少年。[127]

英布在秦时是布衣，也就是最普通的老百姓，连乡里的小吏都没有做过。年少时，有人给他看相，说他会遭受刑罚，但最后会成为王（"当刑而王"）。"及壮"，果然因为犯法而受"黥"刑，所以后来就以"黥布"为称。黥布受刑后，被送到骊山去当刑徒，修造骊山陵。他与刑徒中的豪杰结交，设法逃出骊山，跑到江中做了强盗。等到陈胜吴广举事，他也带着一帮人，与番君结盟，聚兵数千人，举旗反秦，"番君以其女妻之"。从及壮（三十岁）到娶番君之女，其间又当有数年。[128] 所以，当黥布娶妻时，也应当有三十五六岁或更大了。

刘邦、陈平、张耳、陈余、黥布之流，或为浪荡子，或为亡命之徒，或因家贫，故其晚婚晚育，自有其故。普通的人家，应当不会这么晚，但也不会太早。喜于二十七岁时生子，据此推测，他可能在二十五六岁时才娶妻。

娶妻应当是喜一生中的大事，虽然《编年记》(《叶书》)中没有任何记载。喜墓所出《日书》甲种的《除》《秦除》《稷辰》《艮山》《星》《取妻》《取妻出女》及《日书》乙种《朔望忌》等目下，都有关于何种日子、时辰"取（娶）妻"或"取（娶）妇"吉祥或不吉祥的规定。按照《日书》甲种的说法，丁巳、癸丑、辛酉、辛亥、乙酉等日，及春季的未戌日、秋季的丑辰日、冬季的戌亥日，都是娶妻的忌日。丁丑、己丑日，也不宜娶妻。如果戊申、己酉娶妻的话，则会像牵牛娶织女一样，很难成功；即使勉强成功，也会多次分离。[129] 在《取妻出女》目下，《日书》列举了许多在不吉日娶妻可能导致的后果，包括不能白头偕老（"不终"），致子女死亡（"必以子死"），难以成功（"不果"），不到三年就抛弃妻子或丈夫离家出走（"不出三岁，弃若亡"），不到两年丈夫就会先死（"夫先死，不出二岁"），不得安居（"不居"），不能生子（"毋子"），等等。[130] 大多数的娶妻禁忌都指向离异（"弃"）、不能相守终生（"不终"）或死亡（"死"），正说明当时的离异率还是相当高的（主要是丈夫"弃"或死亡）。据此推测，喜在其一生中娶过不止一位妻子也是可能的。

在《星》目下，《日书》罗列了在二十八种星宿的不同星位时，娶妻可能导致的后果。如在角位时，"取妻，妻妒"；在氐位时，"取妻，妻贫"；在心位时，"取妻，妻悍"；在箕位时，"取妻，妻多舌"；在斗位时，"取妻，妻为巫"；在虚位时，"取妻，妻不到"；在营宫时，"以取妻，妻不宁"；在翼位时，"取妻，必弃"；在毕位时，"取妻，必二妻"。而在奎位时，"以取妻，女子爱而口臭"（当作"口中有香气"解）；在娄位时，"以取妻，男子爱"；在胃位时，"以取妻，妻爱"；在东井位时，"取妻，多子"。[131] 显然，妻子"妒""悍""多舌""不宁"（当解作"不安分，有外心"）都被认为是不好的品德，"妻为巫"、"妻不到"(当理解为行为偏颇、做事不周到)、"弃"妻、"二妻"(当理解为"贰于妻",即对妻子不忠,不能理解为会有两个妻子)则被认为是不美满或出问题的婚姻,而"女子爱而口臭""男子爱""妻爱"以及"多子",则被认为是美满理想的婚姻。

丈夫抛弃妻子的情形大约经常发生。法律特别规定:如果休了自己的妻子,却没有申报,并在户籍上登记,要被罚二甲;被休的妻子也要被罚二甲。[132] 换言之,如果夫要休妻,只要向官府报告登记就可以了。被休的妻子也要受罚,暗示了妻子在离异过程中的责任,说明也有妻子主动提出离异的情况。

有的女性,主动离家出走。在《法律答问》中,提问者问:"女子甲已嫁人为妻,离开夫家逃亡。后来被夫家找到,或者自己主动回来。她年纪小,身高也不满六尺,是否应当论处?"回答是:"她当初嫁入夫家,如果已在户籍上登记,就应当处罚;如果当初没有登记,就不当论处。"[133] 女子甲身高不满六尺(不到1.40米),尚未成年,却已嫁为人妻,婚姻大约谈不上幸福,所以离家出走。简文没有说及女子甲丈夫的情况,估计其年龄可能较大。

夫妻年龄相差较大,可能是比较普遍的情况。在"识劫婉案"中,沛将婉扶正为妻时,当已年老,过了六年,沛就过世了。由于之前沛已有妻子,婉是由妾"晋升"为妻的,这个例子并不典型。在上举刘邦等人的婚姻中，刘邦与吕雉、陈余与公乘氏、英布与番君之女，年岁都可能相差较大，在十岁左右，或者更多。或者正因为这个原因，在上引《日书》甲种《星》中，把夫妻相爱视为"吉"事。反过来说，夫妻相爱（特别是女子爱、妻爱）的婚姻，可能并不普遍。

当然，夫妻相爱，生死以守的婚姻也并不少见。《法律答问》里讲了另一个案情。女子甲离开丈夫，逃亡在外；男子乙也逃亡在外。两个人结为夫妻，甲并没有告诉乙实情。两年之后，二人生了孩子，甲才向乙说了实话。乙并未因此而抛弃甲。后来，两个人被抓获，被施以黥刑，分别被罚作城旦和春。[134] 可是，根据下一个答问的条目，可以推知，在这种情况下，他们的夫妻关系得到官府承认，并且保住了自己的孩子。[135]

家庭暴力可能并不稀见。《法律答问》中有一个问题：妻子凶悍，丈夫加以殴打，撕裂她的耳朵（"决其耳"），或者折断她的手指脚趾（"若折肢指"），甚至造成骨折等对身体的较大损伤（"胅体"），应当如何处治？回答是当处以"耐"刑。提问者接着又问："法律规定：'打斗中撕裂别人的耳朵，当处以耐刑。'现在，被撕破的耳朵原来并没有穿耳洞，或者撕裂之处并非原来用于挂耳环的地方，应当怎样处罚？"回答说："法律条文的意思，并没有说只有撕裂穿耳环处才算撕裂耳朵。撕裂他人耳朵，无论是男人的耳朵还是女人的耳朵，都应当处以耐刑。"[136] 提问者虽然没有明言，但很明显，这条法律规定在很大程度上是针对经常有女性被撕裂耳朵而制定的。

婚姻外的两性情感与性关系大约也比较平常。《法律答问》里说有一个女子丙，同时与甲、乙相好，甲、乙二人争风吃醋，互相刺伤了对方，而丙并不知情。提问人以"奸"指称丙与甲、乙间的关系，显然暗示三人或至少丙处于婚姻之中。根据回答者的意见，丙无须对甲、乙互伤事件负任何责任。[137] 这一案例中的性关系有些复杂，但从回答者对于丙并无追责之意来看，这样的事情也并不骇人听闻。

《封诊式》中的"奸"爰书报告的案情与此相似：某里的士伍甲押着男子乙、女子丙前来报案，说："乙和丙相好通奸，昨天大白天就在某处相会，被当场抓住，现押送到案。"[138] 甲与乙、丙的关系不详，然据事理推测，或者就是丙的丈夫，或者与丙的丈夫关系较近。

婚外的感情与性关系有不少发生在表兄妹之间。在岳麓书院藏秦简《狱状》的"田与市和奸案"中，市是田的大姑的女儿；田有妻子，市是否有夫，不详。按照田的说法，二人感情很好，就像亲兄妹一样，却并未发生过性关系。受狱史相之命、抓捕他们的毋智报告说："一大早上田就来了，和市睡卧在一起。当场抓获他们的时候，田和市都承认了奸情。"在审讯之前，市的弟弟大夫骊亲、走马路后向毋智行贿四千钱，让他报告吏（狱史相），说不曾在现场抓获田、市。毋智接了钱，又恐怕被狱史发现破绽，不敢如骊亲、路后告诉他的那样报告狱史，又把钱还给了骊亲、路后。田坚持自己被抓捕时并未与市发生关系；市却承认了与田的关系，市的弟弟骊亲、路后也都承认姐姐与田之间的关系，以及他们接受姐姐的要求，向毋智行贿的过程；而按照狱史相的说法，田与市的奸情已颇有时日，并非秘密。当狱史相被问到何以命令毋智抓捕田、市时，相回答说："田、市的行为，也干犯了官府，我非常生气。并没有其他的原因["怒田、市奸官府。毋（无）它解"]。"[139] 在这个案子中，田、市的关系，其实众人皆知，亦多持默认态度，大概只是因为得罪了狱史相，才被抓捕审讯。

在妻子被休的情况下，孩子应当是留在夫家的。《法律答问》中有一个问题：妻子有罪被收捕，妻子随嫁的臣、妾以及衣物、用具，是当予没收呢，还是留给她的丈夫？答案是留给她的丈夫。[140] 这是在妻子有罪的前提下。若是被弃，其随嫁的臣、妾与衣物、用具，应当是可以带回的。至于其所生的子女，应当是留在夫家的。但当孩子幼小时，也或者会跟随母亲。《法律答问》里说到一个规定：一个隶臣有罪，被发配为徒，去做城旦，按律应当收捕他仍为庶人平民的妻、子。如果孩子幼小、不能与母亲分别的话，应当把他和母亲收捕在一起。[141] 在受到收捕的情况下，还尽可能不把母子分离，那么，当夫妻离异而孩子幼小时，妻子带着孩子离去，应当是许可的。在岳麓书院藏秦简《狱状》"多小未能与谋案"中，当多随母亲兒从秦国逃亡到荆地时，是十二岁。他的父亲生死不详，然并未和他们一起逃亡。所以，多应当是跟随母亲兒离家逃亡的。[142]

六、生子

生育子女，是妻子最重要的责任，也是家庭的重要基础。秦时普通妇女的生育年龄，较少直接材料，但汉代的一些材料，可予以间接的说明。根据居延所出西汉元帝永光四年橐佗延寿燧长孙时一家的符（通行证），孙时的妻子孙第卿当年二十一岁，他们的女儿王女三岁，那么，孙第卿是在十九岁时生女儿的（他们当时应当只有一个孩子）。橐佗天胡燧长张彭祖一家的符是与孙时同日颁发的，他的妻子（失名）四十二岁，有三个孩子：大男辅十九岁，小男广宗十二岁，小女女足九岁。那么，张彭祖的妻子是在二十四岁那年生儿子的。[143] 制虏燧戍卒周贤的妻子止氏二十六岁，女儿捐之八岁，儿子并七岁。那么，止氏是在十九岁生女儿的。[144] 制虏燧戍卒张孝的妻子弟三十四岁，女儿解事六岁，弟在二十九岁那年才生女儿。[145] 简 103·24 所记佚名戍卒的妻子□新二十七岁，子小男大□十一岁，次子汪四岁，□新是在十七岁生大儿子的。[146] 执胡燧卒富凤的妻子君以二十八岁，女儿始七岁，寄三岁，她在二十二岁时生大女儿。[147] 徐谊的妻子眇三十五岁，女儿待年九岁，儿子有三岁，眇在二十七岁时生女。武成燧戍卒孙青肩的妻子姅三十四岁，大女儿于十岁，小女儿女足六岁，她在二十五岁时生大女儿。俱起燧戍卒王并的妻子严十七岁，女儿毋知两岁，严生女儿时十六岁。李护宗的妻子女足二十九岁，儿子七岁，是她在二十三岁时生的。简 203·23 所记戍卒的妻子待二十七岁，大儿子偃三岁，小儿子霸两岁，她是在二十五岁时生大儿子的。简 203·32 所记戍卒的妻子君至二十八岁，儿子相十岁，君至生子时十九岁。[148] 制房燧戍卒张放的妻子自予二十三岁，儿子野两岁，是她在二十二岁时生的。[149] 这 13 个家庭，如果不考虑他们在存活的第一个孩子之前可能还有夭折的孩子，那么，这些母亲生育第一个孩子的平均年龄在二十一岁半左右。第四燧戍卒张霸的妻子十九岁，他们还没有孩子。[150] 同一燧的戍卒伍尊的妻子女足只有十五岁，也没有孩子。[151] 第六燧戍卒宁盖邑的妻子二十一岁，似乎也还没有孩子。[152] 凡此，或可说明秦西汉时期女性生育第一个孩子的平均年龄是二十一岁半左右。

喜二十七岁时，儿子获出生，如果他的妻子比他小五六岁，也应当是在二十二三岁时生育第一个孩子。

喜墓所出《日书》甲种中，《除》《秦除》《稷辰》《星》《生子》等目下，均有关于何日何时宜生子（或"产子"）、何日何时生子不吉的规定。如在《星》目下，日者说：星在角宿位时生子，"为吏"；在亢位时生子，"必有爵"；在氐位时生子，"巧"；在房位时生子，"富"；在心位时生子，"人爱之"；在尾位时生子，"贫"；在箕位时生子，"贫富半"；在斗位时生子，"不盈三岁死"；在牵牛位时生子，"为大夫"；在须女位时生子，"三月死，不死毋晨（唇）"；在虚位时生子，没有兄弟姐妹["毋（无）它同生"]；在危位时生子，一直到老，都要被人驱使笞辱，生活艰辛["老为人治也，有（又）数诣风雨"]；在营宫位时生子，"为大吏"；在东辟位时生子，身体不健全（"不完"）；在娄位时生子，将会逃亡，别人都把他当作疯子["亡，者（诸）人意之"]；在昴位时生子，"喜斲（斗）"；在毕位时生子，会非常瘦弱（"症"）；在觜嶲位时生子，会成为官长（"为正"）；在参位时生子，"不吉"；在东井位时生子，"旬而死"；在舆鬼位时生子，身体会有残疾（"癃"）；在柳位时生子，会是一个胖子（"肥"）；在七星位时生子，将生性乐观（"乐"）；在张位时生子，将会成为一邑之杰（"为邑杰"）；在翼位时生子，"男为见（觋），女为巫"；在轸位时生子，一定能够有所作为、取得成就（"必驾"）。[153]

在《生子》中，则逐日说明当日所生子将来的身体状况、性格与命运。如甲戌日所生子，将会生活困难（"饮食急"）；乙亥日生子，身体健康，而且富裕（"穀而富"）；丁丑生子，会说话，言辞便利，但可能眼睛会不好["好言语，或生（眚）

于目"]；戊寅生子，将会离开父母，到南方去（"去父母，南"）；
己卯生子，将会离开其所在的邦国城邑（"去其邦"）；庚辰生
子，一定会是一个美好的女子（"好女子"）；辛巳生子，"吉
而富"；壬午生子，身体健康，而且孔武刚健（"縠而武"）；
癸未生子，将是个大个子，待人和善，易于相处（"长大，善，
得"）；甲申生子，心灵手巧，能够身体力行，善于实践（"巧，
有身事"）；乙酉生子，身体健康，长得漂亮，生性乐观（"縠，
好，乐"）；丙戌生子，要终身劳碌（"有事"）；丁亥生子，手
巧，孝顺["攻（工）巧，孝"]；戊子生子，将会离开其所在
的邦国城邑，到北方去（"去其邦，北"）；己丑生子，"贫而
疾"；庚寅生子，女子会经营商业，男子将衣服华丽，地位显
贵（"女为贾，男好衣佩而贵"）；壬辰生子，将孔武刚健，衣
服华丽，宝剑锋利（"武而好衣剑"）；甲午生子，将孔武有力，
但年少就会成为孤儿（"武有力，少孤"）；乙未生子，"有疾，
少孤，后富"；丙申生子，将有一所好宅子和好家庭（"好家
室"）；丁酉生子，"耆（嗜）酒"；戊戌生子，将会有良田美
宅（"好田野邑屋"）；庚子生子，将年少失怙，地位低下（"少孤，
污"）；辛丑生子，将会有所成就["有冬（终）"]；壬寅生子，
若是女子，则可能为医（"女为医也"）；甲辰生子，身体健康，
孔武刚健，可以保护支持弟弟（"縠，且武而利弟"）；丙午生
子，会嗜酒，以致生病，到后来可以致富["耆（嗜）酉（酒）
而疾，后富"]；丁未生子，将会失去母亲，而且长大后会被

收捕，成为囚徒［"毋（无）母，必赏（尝）系囚"］；戊申生子，将会受到溺爱，能有机会侍奉君主（"宠，事君"）；己酉生子，身体健康，长得好看，令人注目［"穀，有商（赏）"］；庚戌生子，"武而贫"；壬子生子，为人勇敢［"恿（勇）"］；癸丑生子，长得漂亮、水灵，少生疾病，且一定会成为吏（"好，水，少疾，必为吏"）；甲寅生子，"必为吏"；乙卯生子，勇敢，但不能长寿［"恿（勇），不寿"］；丙辰生子，身体将有毛病，但非常勇敢［"有疵于体而恿（勇）"］；丁巳生子，身体健康，长得漂亮，会有好名声（"穀而美，有敀"）；戊午生子，会爱好喝酒和狩猎［"耆酉（嗜酒）及田邋（猎）"］；癸亥生子，没有成就［"毋冬（无终）"］；甲子生子，少年即会成为孤儿，衣衫破烂污秽（"少孤，衣污"）；乙丑生子，"武，以攻（工）巧"；丙寅生子，孔武刚健，聪颖智慧（"武，以圣"）；丁卯生子，长得不周正，在身体外观上就有很多毛病（"不正，乃有疵前"）；戊辰生子，会受到溺爱（"有宠"）；己巳生子，长相猥琐，一定会给人做臣妾（"鬼，必为人臣妾"）；庚午生子，将会贫贱，虽然有力气，仍无所成就［"贫，有力，先冬（无终）"］；辛未生子，长大后可以做大官（"肉食"）；壬申生子，将会有名声（"闻"）。[154]

《日书》的这些表达，反映了当时人们对于所生育儿女的期望：

一是要身体状况良好、健康，不要有残疾，最好能长得漂亮，尤其是要能长大成人，不要夭折。"穀"在《生子》中多次出现，说明生下的孩子身体健康、状况良好，被认为是生子而吉的基本条件。在此基础上，美、长、长大、武、好、有力、水、少疾都被认为是"大吉"的。而身体不健全（"不完"）、瘦弱（"疕"）、残疾（"癃"）、"有疾"、眼睛不好（"眚于目"）、身体上有瑕疵（"有疵于体"）、"无脣"、长相猥琐（"鬼"）等，则被认为是"凶"、不好的；至于"旬而死""不盈三岁死""三月死"，那是"大凶"了。反过来说，当时生下来的孩子，身有残疾，或者生下来不久（一旬、三个月或三年）即死，应当是相当普遍的情况。

二是性格要好，具备某些优良品质，如开明（"贤"）、乐观（"乐"）、孝顺（"孝"）、为人和善（"善"）、易于相处（"得"）、勇敢［"愚（勇）"］、聪颖智慧（"圣"）、心灵手巧（"巧""工巧"）、言辞便给（"好言语"），以及"人爱之"，都是好的；至于"喜斲（斗）""耆（嗜）酒""宠"（被溺爱），应当是不好的。

三是孩子长大后生计、职业与发展。从《日书》看，在当时人们的期望中，孩子长大后较为理想的发展方向，主要有三个。一是做官为吏，获取功名爵禄。"为吏""有爵""为大夫""为大吏""为正""为邑杰""肉食""闻""有啟"大致均可以归入此一方向。二是经商理财，以致富为目标。"富""女为贾，男好衣佩而贵""好衣剑""好家室""好田野邑屋"，大约都可以归入此一方向。三是离开自己居住的邦国城邑，到别处去发展。"女必出于邦""去父母，南""去其邦""去其邦，北"，都是指这种发展方向。这种人生发展方向得以列入《日书》，说明战国以来离开自己的邦国城邑，到其他邦国去谋求富贵的人生路线，已渗透到普通平民中间。

与这三种较为理想的人生发展方向相对应，《日书》还列举了三种不吉的，或"凶"的人生去向：一是为巫或医，所谓"男为见（觋），女为巫"以及"女为医"，看来都是受到否定的。二是为盗贼，即所谓"男女为盗"。三是沦为刑徒，或者"为人臣妾"。成为巫医、盗贼与臣妾，按照《日书》的说法，是因为他们出生的日期或时辰不好。这就是命运。

当然，大部分普通平民，无论其生于何日何时，都更可能是"贫""贫而疾"以及没有什么成就（"无终"）的。有的人将会贫穷鄙陋而孤单（"窭孤"），有的人会生活困难（"饮食急"），有的人将终身奔波、劳碌（"有事"），有的人地位低下，一直要从事卑贱的劳动（"污"），有的人一直到老，都要被人驱使笞辱，历尽波折（"老为人治也，又数诣风雨"）。按照《日书》的说法，这也是命运。

四是所生子女与家庭其他成员间的关系。《日书》指出，在某些日子或时辰生的子女，会妨害自己的兄弟姊妹，导致他们死亡，"毋（无）弟，有弟必死"，"毋（无）它同生"，所以，应当尽可能避免在这样的日期或时辰里生子。

《日书》中关于在某一日期、时辰所生子女可能会威胁

其同胞兄弟姊妹的说法，不仅暗示当时新生儿的自然死亡率
较高，还反映出当时在一定范围内存在着"杀子"的现象。
秦律规定：擅自杀死自己的子女，要处以"黥"刑，并罚作
刑徒（男为城旦，女作舂）。如果孩子生下来身上就长着奇怪
的东西，或者肢体不全，因而杀死，则不予治罪（"擅杀子，
黥为城旦舂。其子新生而有怪物其身及不全而杀之，勿罪"）。
对杀子的处罚本即不为甚重，而这个补充条款给诸多杀子案
提供了理由。《法律答问》的提问人就直言："现在，有的人
家生了孩子，身体健全，没有残疾，更没有先天畸形，只是
因为家中孩子已经较多，不想让他活下来，就把他杀死了。"
根据《法律答问》的解释，这种情况，当然属于"杀子"的
范畴，应予处刑。[155] 可是，这正反映出当时普通人家因为"多
子"而杀子的现象，还是相当多的。《日书》中关于某人出生，
可能会妨害兄弟姊妹的说法，背景应当就在这里。

　　因"多子"而"杀子"，根源当然在于家庭生计困难，
难以养育更多的孩子。《法律答问》中另有两个涉及"杀子"
的问题，一是关于"人奴擅杀子"，二是"人奴妾"笞子
致其重伤而死。对二者的处罚都是施以黥刑，然后交给其
主人。[156] 在这两个案子中，"人奴"与"人奴妾"杀子或笞
子致死的原因都不能详悉，然其社会地位低下，生计困难，
却是显然的。所以，《日书》中关于某日某时生人会妨害兄弟
姊妹的说法，大抵主要是针对贫穷人家的。

喜的三个孩子，次子恢与长子获相差七岁，小女儿穿耳比二哥恢小九岁。孩子的年龄差距较大。以喜的家庭条件，应当不会存在杀子的情形。更合理的解释，是这三个孩子之外，还有过其他的孩子，可惜没有存活下来。换言之，喜和他的妻、妾可能生过更多的孩子，存活下来的只有三个。

喜过世的时候，长子获已经成年。他可能追随父亲的人生道路，学做吏。父亲在他这个年龄，已经具备了做史的资格。这时，获也可能已经踏上了为吏之途。从喜墓的经营、随葬品的选择等方面看，这是很可能的。八年后，当陈胜、吴广在大泽乡振臂高呼、举旗反秦之时，获可能正与他父亲当年一样，在某一县担任史的职务。在这之后不久，他在秦帝国的吏途，可能也就中止了。

喜过世的时候，次子恢还是个十三岁的少年，身高应当还不足六尺（约1.39米）。他的身份应当是"小"，还不具备完全的法律责任能力。可是，就是在这个年龄，多已经与母亲儿从秦国逃亡到了荆地，虽然多并未参与远程逃亡的谋划，但确已颇历风霜。也许，恢也已开始了他的人生旅程。或者，他会学习经商？

女儿穿耳只有四岁。穿耳出生在己亥日。按照《日书》甲种的说法，己亥出生的人，"穀"，亦即身体健康；[157]按照《日书》乙种的说法，己亥日生人，"少孤"。[158]穿耳四岁而丧父，《日书》乙种是对的。希望《日书》甲种所言，也是正确的。

喜死之后七年，秦始皇三十七年，始皇帝驾崩，秦二世胡亥继位，那一年穿耳十一岁。过了一年，秦二世元年，陈胜、吴广在陈县大泽乡举事；紧接着，天下英雄，所在蜂起，逐鹿中原。翌年中，项氏拥立楚王后裔熊心为怀王，以号召群雄。大约就在这年底，或秦二世三年初，楚怀王的柱国共敖率领一支部队，从淮水中游地区向西南进发，经营长江中游地区的楚国鄢郢故地。可能就在项羽于巨鹿击败秦军主力，刘邦率军经南阳、武关进入咸阳的同时或稍后，共敖占领了南郡地区，安陆也当于其时归于共敖的控制。这时距离喜死，正好十年。

此后四五年中，当天下扰攘之际，鄢郢地区在共敖的控制下，似乎相对平静。项羽在彭城自称西楚霸王，分封十八诸侯，共敖被封为临江王，都城在江陵，所统地域大致相当于秦时南郡辖区。在楚汉战争中，临江王国一直站在项羽一边，但似乎并没有直接参战，只是帮助项羽杀死了义帝（楚怀王）。汉王（高祖）五年，汉军在垓下击败项羽之后，诸侯皆臣属，天下大定。其时大概只有临江王共尉（共敖已死，子尉继为临江王）"为项羽叛汉"，所以刘邦令卢绾、刘贾率军进击临江国，围攻江陵，"数月而降，杀之雒阳"。[159] 汉废除了临江国，仍然恢复秦时南郡的建制，安陆仍为南郡属县。

在十余年的动乱中，安陆僻处一隅，并未沦为战地，可能没有受到直接破坏。云梦县城关西南角大坟头一号西汉墓的墓主人，就是喜的小弟弟遫（速）。遫墓的规模、形制与喜墓大致相同，随葬器物共约一百五十多件，包括漆木器、竹器、铜器、陶器和玉器等，以漆木器为最多，器物件数比喜墓为多（喜墓所出随葬器物共七十余件），品质亦更好，特别是遫墓有漆木俑十件、木马八件，为喜墓所无。[160] 显然，遫的财富与地位，不会比当年的喜少和低。遫生于秦昭王五十六年，如果他死时五六十岁，正当在高祖之世，至迟也不会晚于吕后时。那么，喜的家族，在秦汉之际，是维持下来了，其经济与社会地位，基本上没有降低，甚至还可能略有提升。

所以，喜的三个子女，获、恢与穿耳，很可能安稳地度过了秦汉之际的动乱时代，并基本上维持了家庭的经济社会地位。汉高祖五年，获三十五岁，恢二十八岁，穿耳十九岁。在他们的父亲死后十五年，他们成为汉朝的臣民。

七、毋羡乎？

喜的父亲死的那年（秦王政十六年），喜三十二岁，弟弟敢三十岁，遫二十一岁。喜应当单独立户了；敢应当已经成家，自成一户；遫也许还没有成家，即使成了家，也可能和父母住在一起，共为一户。[161]

在《编年记》（《叶书》）里，喜把自己的父母分别称为"公"

和"妪"。公、妪，应当是对父母的尊称，而且，大约只是在成年之后，称呼自己年纪已长的父母，才叫公、妪。扬雄《方言》卷六释"俊"，谓即艾，是长老之意，并说："东齐鲁卫之间，凡尊老谓之俊，或谓之艾"。而"周晋秦陇谓之公，或谓之翁。南楚谓之父，或谓之父老"。[162] 而"艾"，据《礼记》所言，是五十为艾。那么，无论是东齐鲁卫（大致相当于今山东）所称的"俊"或"艾"，还是周晋秦陇（大致相当于今陕西、山西、河南中西部及甘肃东部）所说的"公"或"翁"，以及南楚（大致相当于今湖北、湖南）所说的"父"，大约都是指五十岁左右或以上的父辈。而这里的"公"，大约也是与"翁"同音，而与解作"君"的"公"读音不同。其本义，应当就是老者，老头子。所以，年纪较大的父亲，自可以称为"公"（翁）。刘邦的父亲，被称为"刘公"，后来称为"刘太公"，大概是因为刘邦已被称为"沛公"之故。楚汉相争，太公为项羽所得，项羽以烹杀太公相威胁，刘邦回答说："吾翁即若翁，必欲烹而翁，则幸分我一桮羹。"[163] 在这里，"翁"就是"公"。汉时周霸向老妻（"妪"）追问儿子的来历，老妻大怒，说："老公欲死，[为]（欲）作狂语？"（老头子老糊涂了，要死啊，胡说八道？）[164] 老公，就是老翁。

"妪"与"媪"，音、义大抵相同或相似。《史记》说刘邦的母亲叫"刘媪"，当然不是真的名字，只是后来追述的称谓。文颖说："幽州及汉中皆谓老妪为媪。"韦昭说："媪，妇人长老之称。"[165] 那么,无论"妪",还是"媪",都是"老妇人""老婆子"的意思。用它来指称母亲,大约还是在背后用;当着母亲的面称呼,可能还是不便用的。

扬雄《方言》说南楚地区瀑水与洭水之间(大约在今湘南和桂北),把母亲称作"媓",而把妻子的妈妈(岳母)称作"母㛖",妻子的父亲(岳父)称作"父㛖"。[166] 父、母当然是正式的称法,㛖则可能是口语。扬雄原注称:"㛖,音多。"王念孙疏证引《说文》:"江淮之间谓母曰媞。"并说,"媞"与"㛖"声、义相近。据《说文》,则上引《方言》中的"媓"当为"媞"字之误。《广雅·释亲》:"爹,父也。"丁惟汾《方言音释》说:"'㛖''大'(古音读代)双声音转,今俗谓父为'大'(读今音),或重言为'大大'。'母㛖''父㛖',义为母大、父大。"[167] 所以,秦汉时平民口语中称呼父母,大概都是"大",只是发音和语调可能略有不同,称父亲的"大"渐变为"爹",而称母亲的"大"则渐成为"媞"(也许只是相近音的不同写法而已)。

弄清楚当时的平民称呼父母为"大"之后,上文讨论的"大内"就是指父母所居的内室,居于其中的"大人"就是父母。而与之相对应的"小内"就是儿女小辈的居室,那么,"小"(以及小男、小女)就是父母对儿女的称谓。

总之,秦汉时期,平民口语中称呼父母,可能都用"大",只是发音、音调有所区别。对于年纪较大的父母,可以称为公（翁）和姁（媪）。正式的和书面的称谓，则是父、母。当然，孩子对自己年纪不太大的父母，或者也可以称作公（翁）和姁（媪），正如今日的孩子，称呼年轻的爸妈为"老爸""老妈"。

喜应当也是如此。虽然他在《编年记》(《叶书》) 中把父母分别记作"公"和"姁"，但在日常生活的口语表达里，应当也是叫"大"的。除非特别正式的场合，大约不会当面叫"父"或"母"。

在当时人的观念里，父母与儿女的关系，当以"父慈子孝"为基本原则。喜墓所出简牍《为吏之道》中，在论及作为官吏的基本规则时，特别说到要严于律己，谨言慎行，朝夕警惕，不贪财色。如果能坚持这些原则，那么，作为君主，就会心怀苍生；作为臣子，就会忠君爱国；作为父亲，就会关爱子女；作为子女，就会孝顺父母长辈［"以此，为人君则鬼（惠），为人臣则忠；为人父则兹（慈），为人子则孝"］。而"君惠臣忠""父慈子孝"又是国家治理的根本。[168] 岳麓书院藏秦简《为吏治官及黔首》中也有同样的内容。[169] 这说明所谓"父慈子孝"已不仅仅是一种社会伦理，还上升到意识形态的层面，成为国家治理的基本思想。

"慈"的本义是爱，是从心里希望并看护着孩子成长。父母爱子女，出于自然本能，本无须作为伦理要求。"父慈"之所以成为一种美德和伦理规范，大概是因为世间亦有不慈之父（相较而言，不慈之母就较为稀见）。盖父母养育子女，颇历艰难辛苦，对子女既有所期望、要求，又希望能得到报答，甚至将之视为自己的财产，生杀予夺，皆操之于己。岳麓书院藏秦简《为吏治官及黔首》说为吏做官要"兹（慈）下勿陵（凌）"，与"敬上勿犯"并举。[170] 显然，"慈下"的正确态度是不能居上凌下地对待下属。换言之，父亲不慈，主要表现为待子女以"凌"，也就是强行控制、驱使、欺侮子女，以求取回报，或展示威权。

虽然社会伦理要求父慈，但对于不慈之父，法律并没有制约机制。秦律规定，父亲如果偷盗了儿子的财物，不以"盗"罪论处（"父盗子，不为盗"）。[171] 父亲偷盗儿子的财物，而且被告到了官府，说明父子是分家各自立户的。这一法律条文，默许了父母对于已经分家立户的儿子财产的支配权。可是，父亲去"拿"或使用儿子的财产，却被称为"盗"，显然这一行为被认为是一种"不慈"的表现，在社会伦理上是不赞同的（法律并不予以惩戒）。

《法律答问》还提到，有的父母会擅自杀死子女、奴、妾，或给他们施以髡刑（剃光头发）。《法律答问》的回答者认为这样的案件不能列入"公室告"（即由官府主持检举、控制）的范畴。同时，法律又禁止或不接受子女控告父母、臣妾控告主人。即便是别人提出控告，也不予受理。[172] 那么，父母擅杀或刑髡子女、奴妾之类的事件，实际上就无法提告。这样的规定，显然给父母的"不慈"提供了条件。父母即使擅自杀死了子女或奴妾，也很可能不会受到惩处。

从这些零散的材料看，在秦代，父母，特别是父亲，对于子女的控制还是很强的：即使儿子已经分了家、立了户，父亲还是可以变相地占有、使用其财产；他甚至可以杀死自己的子女，或者给他们施以包括髡刑在内的各种刑罚。法律虽然不许可这些行为，但即便发生了，也没有切实的制约或惩处措施。

父母对于女儿的控制权，可能主要表现在婚姻上。吕公要把女儿嫁给刘邦，吕媪表示反对，可夫妻二人并没有与女儿商量。公乘氏把女儿嫁给陈余，大约也不会听取女儿的意见。

"孝"的本义是尽心地尊敬、顺从与奉养父母长辈，其中，尊敬是态度，真正落到实处的"孝"，就是听话和赡养。那么，"不孝"就主要是指子女（又主要是儿子）不听话和不履行赡养的责任，而最核心的，则是不赡养父母。《法律答问》中有一个案例：一位"免老"（六十岁以上的老人）到官府控告儿子"不孝"，要求处以死刑。对于这一要求，官府连经过调解、给予被告改正机会的惯常做法都免除了，要求立即逮捕被告，不要让他跑掉了。[173]免老因为儿子不孝，竟然提出了处死儿子的要求，想必是因为儿子不愿赡养老父，甚或是忤逆，也就是谩骂、抗拒父亲。

《封诊式》中有一种"告子"爰书，说是某里士伍甲陈告说：

"我的亲生儿子、同里的士五（伍）丙不孝，请予诛杀。现提出控告。"县廷接到控告后，即命令令史己前往抓捕。令史己完成抓捕任务后，报告说："我与牢隶臣某去捉拿丙，在他家里抓到了他。"县丞某负责讯问丙，丙回答说："我是甲的亲生儿子，确实不孝顺他。倒也没有别的罪行。"[174] 这个办案程序与文书格式，与上引《法律答问》中揭示的原则相符合，也说明当时陈告儿子不孝的案例可能还相当多。

对于不孝的处罚，大约不会因为陈告的父母要求对不孝子处以死刑，即处以死刑，看来还是要经过审问定谳的。上述两个案例都没有说明白被告不孝的儿子究竟被处何刑，但似乎并没有被处死刑。《封诊式》中另有一种"迁子"爰书，说是咸阳某里士伍甲提出控告，要求将他的亲生儿子、同里士伍丙的脚砍断，把他流放到蜀郡的边远县份，终生不得离开流放地（"谒鋈亲子同里士伍丙足，迁蜀边县，令终身毋得去迁所"）。经过审理（"论"），官府认可了甲的要求，将丙的脚砍断，连同他的家人，一起发配到蜀地的边县去。[175] 这份爰书的重心，是向废丘等沿途各县移交迁徙丙，所以，省略了甲陈告、要求惩罚其子丙的缘由。然以父亲身份控告亲子，案由大约只能是"不孝"。所以，秦时对于不孝子的处罚，实际上更可能是处以流迁之刑。

当然，在原则上，不孝是可以处死的。《史记·李斯列传》说秦始皇死后，赵高等诈伪作始皇帝书赐长子扶苏，说扶苏"为人子不孝，其赐剑以自裁！"[176]正因为此，《法律答问》中所举的免老甲和"告子"爰书中的士伍甲才会以"不孝"为由，要求将其不孝子处死。

因此，慈与孝，在爱护与孝顺的情感表达的背后，实际上都隐含着父母对于子女的控制，而不仅仅是基于自然法则的养育与赡养，更不全是父母子女间的爱。所谓"父慈子孝"，本质上乃父亲（也可能包括母亲）对子女的全面控制，而所谓"不孝"，则正是对此种控制的反抗。正因为此，《为吏之道》《为吏治官及黔首》等官箴书，才会把慈、孝作为为吏治国的根本原则的一部分。

喜少年时代即开始学习，十九岁时获得做史的资格，紧接着得到了安陆县乡史和令史的职位，这应当是他的父亲（"公"）"慈"的结果。在《编年记》（《叶书》）里，喜郑重地写下了他的"公终"和"姁终"的岁月。在没有反证之前，我们相信喜对于"公"和"姁"是"孝"的，正如我们看到他对自己的子女是"慈"的一样。所以，喜的一家（虽然他很可能已与父母分家），可以说是"父慈子孝"。

喜有两个弟弟，比他小两岁的敢，和小他十一岁的邀。喜、敢、邀，兄弟三人，在秦汉时代，被称为"同产"或"同生"。如果他们还有姊妹，那也属于"同产"或"同生"。

"同产"或"同生"，是一个法律范畴。《墨子·号令》制守城之法，规定"诸有罪自死罪以上，皆逮父母、妻子、同产"。又说：凡投敌者，其"父母、妻子、同产皆车裂"。[177]
张家山汉简《二年律令》"贼律"也规定，投敌、谋反等罪，
本人处以腰斩，"其父母、妻子、同产，无少长皆弃市"。[178]
岳麓书院藏秦简《亡律》规定：父母、子、同产、夫妻，如
果将有罪的上述亲人藏在自己家里，或者藏在外面，都以"舍
匿罪人律"论处。[179]父母、妻子儿女和兄弟姊妹，就是秦汉
法律中所说的"三族"。他们乃与当事人关系最为密切的人，
所以，要共同负担最为重要的法律责任。

"同产"（"同生"）不仅包括父母都相同的兄弟姊妹，也
包括同父异母和同母异父的兄弟姊妹。喜墓所出《秦律十八种》
"司空律"规定：如果百姓有母亲或"同生"为隶、妾，自身
并没有犯有流放之罪，而愿意戍边五年，可以赎免做隶、妾
的母亲或"同生"中的一人为庶人。[180]这里特别强调母亲与"同
生"，应当重点是指同母所生的兄弟姊妹。张家山汉简《二年
律令》"置后律"规定："同产"（兄弟姊妹）互相以其子为后，
首先要考虑在一起居住的兄弟姊妹的孩子；没有一同居住的，
再考虑没有居住在一起的兄弟姊妹的孩子。无论何种情况，
都要先考虑年纪长的。可是，如果是"异母"的兄弟姊妹，
即使其孩子年长，也要先考虑"同母"兄弟姊妹的孩子。[181]
这里的"同产"，应当都是"同父"的，又分为同父同母和同
父异母两种情况。

在江苏省扬州市仪征县胥浦乡101号西汉墓所出《先令

券书》中，"妪"曾与三个男子结婚，共生育了六个子女，"皆不同父"，儿子子真、子方，女儿以君、仙君四人的父亲，是妪的原配朱孙；儿子公文的父亲，是来自吴县的衰近君；女儿弱君的父亲，是来自曲阿的病长宾。吴县的衰近君与曲阿的病长宾，应当都是"入赘"到朱家的。显然，"妪"是联系其六个子女的核心线索。至少在这种情况下，她的六个子女被视为"同产"，一起排列长幼之序，并参与家庭财产的分配。[182] 虽然类似的情形不会多见，但"同母异父"的兄弟姊妹，是可以被视为"同产"的，应当没有太大问题。

据《编年记》（《叶书》）的记载推测，喜、敢、遫三兄弟，可能都由"公"和"妪"所生，但也可能出自不同的母亲。无论如何，他们都是"同产"（或"同生"）

睡虎地四号墓的主人叫中。[183] 他有两个"同产"，惊和黑夫。他们的母亲还健在，父亲可能已经去世了。秦王政二十四年二月十九日，正在淮阳攻楚前线的秦军士卒惊和黑夫写了一封信给安陆家中的兄长中和母亲。信中说：

　　二月十九日，黑夫、惊敬问兄长中和母亲大人安康。我们都很好。

　　前些日子黑夫和惊曾经分开了一段时间，现在又会合在一起了。在上一封托益捎回去的信里，黑夫曾经说：给黑夫带些钱来，不用带夏天的衣服。那封信想已收到，母亲看到安陆的丝布价格低廉，可以买来做夏天的短衣、单裤，一定会买来做好了，托人与钱一起带来。可是，安陆老家的丝布实际上比这里贵，只要托人带钱来就行了，黑夫在这里自己买布做夏衣。黑夫要和很多人一起到淮阳去参战，进攻反叛的城池，伤病困苦无法预料，希望母亲尽可能给黑夫多一点钱用。收到信后，请尽可能回信。在回信中，请告诉我们相家的爵有没有来，如果没来，请说明原因。听说王得也平安无事，有人告诉过相家的爵吗？书衣的南军（也安好），（有没有告诉）王得呢？

请代黑夫、惊问候大姑安康快乐，小姑一如故往，姑母们阖家……都平安康乐！

请代黑夫、惊问候住在东厢房的小妹，也希望她平安康乐！

请代黑夫、惊问候婴、氾、季三位，请问他们的情况如何？是否安稳？

请代黑夫、惊问候夕阳（里）的吕婴、匽里的阎诤家中的长辈，祝他们安康。吕婴和阎诤在这里都很好，不需要带钱和衣服来。

请代问惊的媳妇及女儿婑好。媳妇要好好地侍奉家中的父母，不要（惹他们生气）。垣柏何时可以回去，还无法预测。媳妇一定要勉力持家。[184]

大约一个月后，也就是三月份，在夏天到来之前，惊和黑夫又有一封信，给中和母亲。信中说：

惊诚心诚意地问候兄长中和母亲大人，你们都好吧？阖家内外老小，在兄长和母亲的照料下，也都很好吧？

我被派到前线部队中来，和黑夫在一起，我们都平安。现在需要钱和衣物，希望母亲让人带五六百钱来，还要结实的好布不少于二丈五尺。现在，我们已经借用垣柏的钱了，如果家里的钱还不能送来，就将很窘迫了。所以，十万火急。

请代惊问候媳妇和女儿婡，希望她们平安。媳妇要好好地照顾家中的两位老人。

惊远离家乡，女儿婡的教养要仰仗兄长中，让她不要到僻远的地方去砍柴。婡要听大伯的话。

新占领的很多城邑实为空城，没有多少人居住，据说即将有诏令，迁徙违犯法令的旧户口充实那些新占领地的城邑。

请为我到神位前祭祀。如果我遭遇灾难，那一定是因为曾经在反叛的城邑中住过。

问候大姑以及她的儿子产，希望他们安康顺遂。

新平定的地区到处有盗贼，希望兄长中尽可能不要到新占领的地区来。十万火急。[185]

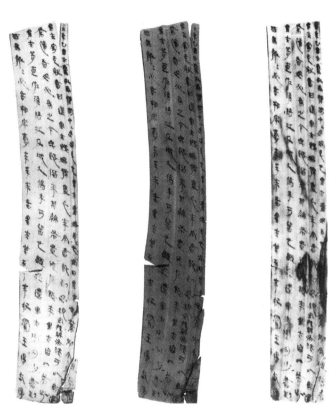

睡虎地四号秦墓所出六号、十一号木牍正面

　　两封信都应当是惊写的。惊已经娶妻，并有一个女儿娞。
黑夫应当还没有娶妻。中、惊、黑夫三兄弟，与喜、敢、遬
三兄弟，看上去很相似。也许，当秦王政二十三、二十四年
间，秦军攻楚的时候，敢和遬也都在前线军中，只有喜留在
安陆家中。不同的是，这时候中、惊、黑夫三兄弟的母亲还在。
他们还有一个妹妹，即住在东室的季须（小妹）。中和惊应当
都已各自成家，并单独立了户。所以，惊在信中特别拜托兄
长中照看自己的妻子、女儿。大约他们的母亲和黑夫、东室
的季须（小妹）住在一起。三个家庭（中一家，惊及其妻子、
女儿一家，以及母亲、黑夫和小妹一家）似乎住得很近，或
者还是一个大院落（小妹住在东厢房里，说明他们家很可
能是一个大院落），所以，中才能管着惊的女儿娞，让她不
要跑得太远、到偏僻的地方去砍柴。

　　在第一封信里，惊以黑夫的名义，向母亲要钱，并未涉
及自己，也没有涉及中。看来，黑夫在前线的花费，主要是
由其母亲负担的。可是，在第二封信里，惊没有分得那么清
楚。他希望母亲尽快托人带到的五六百钱和二丈五尺布，似
乎是他与黑夫共同需要的。五六百钱不是小数目。据喜墓所
出《秦律十八种》"司空律"，如果要用钱赎买应服的迁流刑
期，按每天八钱计算，[186] 则五六百钱大约能赎买两三个月的
刑期。又据《金布律》，官府发放给隶臣的冬衣，是按冬衣一
套一百一十钱、夏衣一套五十五钱计算的。[187] 士卒的军衣即

使贵一些,五六百钱,也可以做好几套夏衣。二丈五尺(约5.78米)的布,以幅宽二尺二寸(约0.51米)计算,应当勉强可以做两套夏衣。所以,这笔钱和布,应当是惊与黑夫共用的。战争显然强化了家人的凝聚力,迫使惊把妻子、女儿托付给哥哥中;而自己既然从军打仗,留下妻子在家里带着孩子,似乎再也无力负担他在军中的支出,遂不得不仰仗母亲和哥哥。在第一封信里,惊说到此前一段时间,惊与黑夫没有在一起,最近好不容易相聚;可不久黑夫又要被派往前线,二人又要分离。根据第二封信,有一段时间,他似乎就逗留在"反城"里。他在第一封信里,告诉母亲和哥哥,黑夫即将奔赴前线,艰难困苦自不必说,生死亦未可料。对于弟弟的挂念之情溢于文字之外。当他写第二封信时,已经与黑夫在一起。兄弟二人在前线相会,生死与共的欣慰亦灼然可见。在第二封信里,他报告哥哥,新占领的很多城邑实为空城,到处有盗贼,告诫兄长千万不要到新占领区来。这里所表现出来的,不仅仅是对哥哥的担心,更主要的,是出于对哥哥的依赖。战争使兄弟之间更加互相依赖,感情也更为淳厚。兄弟、家庭的意义,在战争中突显出来。

在两封信里,惊都提到自己的岳父母("丈人""两老"),而垣柏应当是他妻子的兄弟。惊与黑夫在前线军中借了垣柏的钱(显然是惊出面借的,所以他着急还钱)。在家中接济中断的情况下,惊很可能向岳家求援。同时,在家中,惊的妻子和女儿，也可能需要得到岳家的帮助。惊的岳父母似乎和他们家住得很近，所以，惊才会特别嘱咐妻子好好侍奉父母，不要惹他们生气。

在两封信里，惊和黑夫都郑重地问候他们的大姑、小姑及其全家；在第二封信里，还特别提到了大姑的儿子产。惊与黑夫所在的，似乎是一支安陆的子弟兵，惊的妻兄垣柏、夕阳里的吕婴、匿里的阎诤都在同一支部队里。惊没有忘记问候他们的父母。他还问起王得、书衣（里）的南军、婴、汜、季等，都应当是他们的邻居或发小吧？惊（以及黑夫等）的情感不仅没有因战争而变得粗粝，似乎反而更为细致纤弱了。

在两封信里，惊念念无法放心的，是他的女儿娱。娱可以去打柴［"取新（薪）"］了，应当有五六岁了吧？在淮阳前线的惊，在行军战斗的间歇，坐在路旁，望着远方，喃喃地说："女儿，要听大伯的话；哥哥，快点把调皮丫头叫回来，别让她跑到河边去！"

惊应当受过较好的教育。他在木牍上写下了这两封信。安陆的子弟把这两方木牍带回了安陆，交给了他的哥哥中和母亲。

中大概在收到这两方木牍之后不久就过世了。他让人把这两方木牍随葬在他的墓中。

可以肯定，惊与黑夫都没能够回来。他们死在遥远的前线，尸骨就留在了楚的东国故地。

中把他们的信和自己葬在一起，也算是安葬了他们，并且和自己在一起。

他们的母亲也许在此之前就已经死了吧？惊的妻子、女儿嫛，东厢房的小妹，也许还有相家的爵，都来送丧的吧？垣柏、吕婴、阎诤，他们回来了几位？

八、不终而死

喜死的时候，四十六岁。

他的父亲，死于喜三十二岁时。如果他是在二十七岁左右生下喜（喜二十七岁时有了儿子获），那么，其父死时，应当在六十岁上下。他的母亲，在父亲死后四年过世，死时应当不会低于五十五岁。

喜的小弟弟遫，是在汉初高祖时过世的，死时不会小于五十岁（他生于公元前251年，入汉之后方过世，无论如何，都应当过了五十岁）。

秦始皇嬴政死于四十九岁；刘邦死时，六十二岁；吕后死时，六十一岁。他们都是喜同时代的人，也都是自然死亡。

所以，估计当时人的寿命，在正常情况下，五十岁还是可以过的。喜死的年龄，应当是比较小一些的。

《编年记》（《叶书》）在秦始皇二十九年、三十年下，均没有任何记事。但在秦始皇二十七年，他生下了女儿穿耳；

在二十八年，皇帝经过安陆时，他也在《编年记》（《叶书》）上郑重地记载了"今过安陆"，所以，他也不像是缠绵病榻数年之后才过世的。

在《编年记》（《叶书》）里，关于死亡，有两种记录方式：一种是"终"。喜对于自己父亲与母亲的死亡，分别记作"公终""妪终"。"终"意味着生命到了尽头，是自然死亡。另一种是"死"。《编年记》（《叶书》）在昭王五十二年、五十六年、孝文王元年、庄王三年、"今上"二十一年、二十三年记录王稽与张禄、昭王、孝文王、庄王、韩王、□□守阳□及昌文君的死亡时，均用"死"来表示。王稽以通敌罪被诛，张禄（即范雎）亦受其牵连而死。[188]孝文王在昭王死后被立为秦王，除丧之后，于十月己亥即位，三日辛丑即卒，所以《编年记》书作"立，即，死"。虽然孝文王（名柱）得立时已经五十三岁，但即位之后不久即死，无论如何，都是"不终"。秦庄王（庄襄王，名子楚）被立为秦王时三十二岁，三年后即死，正当壮年。[189]韩王，一般认为即指韩王安。韩王安在此前（秦王政十七年）即为秦军俘虏，至此时"死"，亦非善终。在秦王政二十三年攻楚之役中"死"的□□守阳□及昌文君，无论是何人，都是在战争中死亡的，乃"不终"而"死"。因此，《编年记》（《叶书》）中所说的"死"，大概是指不是终老的死亡，亦即不当死之"死"。[190]

秦西汉时人所说的"死"，大多是指这种意义上的死亡，

亦即不到生命自然终结之时的死亡。《史记·夏本纪》说舜巡
视四方，见鲧治水无状，"乃殛鲧于羽山以死"。[191] 殛之以死，
正说明"死"乃"殛"的结果，是非正常死亡。其下文说夏
桀为商汤所败，"走鸣条，遂放而死"，[192] 也是指非自然命终
的死亡。而所谓"不死"，也不是指生命永恒，而主要指能活
到生命自然终结之时。《史记·封禅书》说汉武帝时，李少君
自称年已七十，"能使物，却老"；下文又说"人闻其能使物
及不死"。[193] 在这里，"却老"（延迟衰老）与"不死"显然
是同一义，或相近。又如《汉书·何武传》说戴圣之子因宾
客犯法，被拘捕，戴圣以为其子"必死"，而何武秉正执法，
"卒得不死"。[194] 戴圣之子的"不死"，当然也不会是指其永生，
只是说他能够保住性命，不死于此案。[195]

　　大概"死"与"生"相对应，分别指称死亡（非老终的
死亡）与活着；而"产"与"终"相对应，分别指出生与老死，
亦即生命的开始与终结（当然，这种区别并不十分严格）。银
雀山汉简《六韬》说："凡民者，乐生而亚（恶）死，亚（恶）
危而归利。"[196] 乐生而恶死，意为喜欢活着，讨厌死亡，但
这里的"死"显然并不包括老死（终）。《孙子兵法》里说："兵
者，国之大事也。死生之地，存亡之道，不可不察也。"[197] 将"死
生"与"存亡"对举，强调的也是生存与死亡。而《荀子·子
道篇》假托孔子之言，说君子"有终身之乐，无一日之忧"，
小人"有终身之忧，无一日之乐也"。[198] 终身，又或作"终

生"，皆指到生命终结。《释名》卷八《释丧制》说："老死曰寿终。寿，久也；终，尽也。生已久远，气终尽也。"[199] 而"产"则是生命的开始，故"产"而得"生"，也就是说产出来之后，才有生命。喜墓所出《日书》甲种《稷辰》中说若敫日"生子，子不产"。"生子"，是说产下的孩子活下来了；"不产"，则是说不能生育。[200] 所以，"产"与"生"的区别是相对清楚的："产"是指生育，而"生"是指活下来、活着。[201]

所以，喜的死亡，很可能是"死"，而不是"终"。

刘向《说苑》里说平民百姓有五种"死"，一是饥渴死，二是冻寒死，三是罹五兵死，四是寿命死，五是痈疽死。所谓"寿命死"，即"岁数终也"，相当于上文所讨论的"终"。痈疽死，即疾病死，盖以"痈疽"总括疾病。刘向说"圣人"可以免除三种"死"，即饥渴死、冻寒死与罹五兵死，是相对于太平盛世而言的。[202] 若生当乱世，即便是"圣人"，也不能免于这三种死，虽然概率可能要小一些。

刘向所说的五种"死"，是从致死的原因上而言的。沿着刘向的分法，根据所见秦简及秦西汉间其他文献的有关记载，我们可以主要依据致死的原因，将战国至秦汉间的死亡，区分为"贼死"、"兵死"（或"战死"）、"病死"（或"疾死"）、"罪死"及"自死"（"自杀"）等五种"死"。

第一种"死"是"贼死"，即被强盗、贼寇或其他人杀死，或称为"盗杀""贼杀"。在"贼死"爰书中，一个男子被杀死在某亭辖区范围内的一户人家附近，尸体仰身向上。他的头上左额角有刃伤一处，背部有刃伤两处，都是纵向的，长各四寸（约 9 厘米），宽各一寸（约 2.3 厘米）。伤口布满血渍，陷得很深，像是斧头砍的。脑部、额角和眼眶下面都有大量的血流出，浸染了头部、背部和地面。上身穿的短衣（“襦”）的背部也被砍破了两处，衣服都被污血浸渍。他的鞋子一只掉在离尸体六步的地方，另一只在十步开外。这个男子正当壮年，身高七尺一寸（约 1.64 米），头发长二尺。腹部有两处伤疤，应当以前受过伤。爰书说，未能在现场找到杀人者（“贼”）的足迹；讯问案件发生所在亭的居民，以及发现尸体处最近的一户人家丙，是否知道这个男子死于何时、有没有听到喊叫打斗的声音，也没有获得什么有价值的信息。[203]

在这个案子里，盗贼在距离亭不远的地方、一户人家的屋外，可能用斧头砍死了这个男子。在岳麓书院藏秦简《狱状》的“譊、妘刑杀人案”（可能发生在秦始皇二十八年）中，士伍譊大概在市场上与人发生争执，譊很生气，拿起刀，把对方杀死了。之后，他丢下刀，就逃跑了。他似乎去找同宗妘商量，所以把妘扯进了本案。[204] 在这个案子里，譊并非故意杀人，而是在争执中挺刀将人杀死，大概不能称为“贼死”，故简文称为“刑杀”，强调是用刀杀死了对方。

在“同、显盗杀人案”中，大女子婴等人发现并报告说：“弃妇”毋忧被人捆着，死在田间的小屋子里，衣服都被剥走了

（"弃妇毋忧缚死其田舍，衣襦亡"）。调查审理的结果，"毋忧"
应当是被同、显二人所杀。同的身份是隶臣，给某一个吏做仆，
暗地里又受人雇用，以获取一点雇工费。显的身份大致相同。
简文残缺较甚，二人谋杀毋忧的动因、过程皆不能详，似乎
是为了谋取毋忧的财产［简文中提到"臧（赃）直（值）"］。同、
显二人都被判处磔刑。[205]

"鼃盗杀安、宜等案"发生在秦王政二十年十一月。士
伍安与两个女子（一个名宜，是安的妾；另一个女子，不知
名，曾有人见到她与安等一起劳作）被人发现，死在一个卧
室（"内"）里，头与颈部都有刀斩的伤口（"头颈有伐刑痏"）。
现场留下了一件"赤帬"（红色的裙子）和一件"襦"，像是
城旦的服装。宜和安身上穿的布衣、裙和襦，以及裤子和鞋
（"绔、履"），都被剥走了，不见踪影。经过多方调查追捕，
抓到了杀人的鼃（即"魏"，是他的自称）。他原是魏国熊城
人，入秦后降为隶臣，被送到"寺"中劳作，找到一个机会，
从那里逃跑了（"故熊城人，降为隶臣，输寺。从，去亡"）。
他被捕时，穿着常人穿的袍子（不是隶臣穿的赤衣），佩着新
的有鞘的长刀［"佩新大鞞（鞞）刀"］，相貌狠恶，非同常人
（"其瞻视不壹，如有恶状"）。据他自己供认：他在十多天之前，
用二钱买到不知在什么机构里劳作的城旦的旧裙、襦，装在
行囊里［"以二钱买不智（知）可（何）官城旦敝赤帬（裙）襦，
以縢盛"］。他先到处闲逛，在高门宅第附近伺察，寻找可以

偷盗的人家［"佗（施）行出高门，视可盗者"］。那天傍晚时分，吃晚饭的时候，他设法进入安等人的家，藏在卧室里［"莫（暮）食时到安等舍，□寄□其内中"］。过了一些时，安等都睡了，他走出来，用刀杀死了安等人，把赤衣丢在尸体旁边，拿走了衣服、器物。他在行道人聚集的地方（"行道者所"）卖掉了偷来的衣物、器具，用所得的钱买了布，补好了袍子。他的母亲、妻子、儿女都还在魏国。所以，他又买了一把长刀，试图再去杀人，盗取钱财，以作为逃回魏国途中的花费［"即买大刀，欲复以盗杀人，得钱材（财）以为用，亡之罋（魏）"］。[206] 在这个案子里，罋（魏）很可能是在战场上被俘或投降的魏国士兵，入秦后被当作隶臣，从事劳役。[207] 他设法逃亡，杀人以取钱财，准备逃回魏国。

"罋盗杀安、宜等案"应当发生在栎阳（在今陕西西安东北），是秦国的腹心地带。这样的凶杀案件当然非常严重，所以，案发后，栎阳及周围各县均"日夜谦（廉）求"。判决书指出：罋一个人杀死三个人，十分凶悍；又买了长刀，图谋再次作案，以逃回魏国，"民大害殹（也）"。故处以"磔"刑。

当时，像罋这样的盗、贼可能并不少。"贼死"爰书中的杀人者也可能是这样的盗、贼。负责治安的亭吏称为"求盗"，正说明"盗"所在多有。上引惊、黑夫在信中告诫兄长中，说"新平定的地区到处有盗贼，希望兄长中尽可能不要到新占领的地区来"。在秦征服六国的过程中，此种"新平定的地区"一时之间不能建立起稳定的统治秩序，盗贼杀人事件一定频繁发生。为盗贼所杀的诸色人等、为官府所杀的盗贼，必定不少。

第二种"死"是"兵死"，罹五兵而死，即为兵器所杀死，既包括在战场上阵亡或因伤而死的士卒军吏，也包括在战争中从事后勤运输而死亡的平民。

喜墓所出《日书》乙种《死》说"冬三月，甲乙死者，必兵死，其南晋之"；其《失火》目下，则说"庚失火，君子兵死"。[208] 说明"兵死"在当时乃一种常见的"死"。这里的"兵死"，乃指为兵器所杀死，范围较为广泛，但"君子兵死"，当主要指战死。

《释名》卷八《释丧制》说"战死曰兵，言死为兵所伤也"，[209] 则"战死"为兵死之一种。喜墓所出秦简《秦律杂抄》中有一条，规定如果一个人"战死"或者被俘后不屈而死，可以将他因功可授的爵位授予他的后人；如果后来发现他并没有死，要剥夺其后人所得的爵位，免为伍人；未死的人如果回来，要黜为隶臣。[210] 所以，"战死"实际上包括了在战场上阵亡和受伤而死以及战败被俘后被杀而死。

残酷的战争，使士兵军吏"战死"者甚众。以秦赵战争为例。秦昭王二十七年（赵惠文王十九年），秦军攻赵，杀二万人；长平之战（秦昭王四十七年），赵括军败，赵军"数十万之众遂降秦，秦悉坑之。赵前后所亡凡四十五万"。[211]

秦王政十三年，攻赵平阳，斩首十万。[212] 秦赵之间恶战多年，仅此三次有详细记载的战事，赵国即损失丁壮近六十万，估计赵国前后为秦军所杀的士卒或不下百万。魏、韩二国前后损失的士卒，当不下此数。《史记·白起列传》记白起为秦大将，秦昭王十四年，攻韩魏于伊阙，斩首二十四万；秦昭王三十四年，白起攻魏，斩首十三万；与赵将贾偃战，沉其卒二万于河中（据《史记·魏世家》所记，在此前一年，秦拔魏四城，斩首四万）；四十三年攻韩，斩首五万。[213] 三十年间，白起一人所率秦军，斩杀魏、韩士卒即达四十二万，这还只是见于记载的几宗战事。《史记》录苏代之言，总结龙贾之战（魏襄王五年）、岸门之战（韩宣惠王十九年）、封陵之战（魏襄王十六年）、高商之战、赵庄之战（赵肃侯二十二年），"秦之所杀三晋之民数百万，今其生者皆死秦之孤也"。[214] 所言虽有所夸大，然迄于始皇帝灭亡三国，近百年间，秦杀魏、韩、赵三晋士卒数百万，当非虚言。

秦军斩杀六国军吏士卒固然为数甚多，其自身的损折也不少。长平之战，秦征发十五岁以上的丁男全部奔赴前线，盖倾全国之力，以与赵战。按照白起的说法，"秦虽破长平军，而秦卒死者过半，国内空"。邯郸之围，魏楚联军数十万攻秦军，"秦军多失亡"。[215] 李信、蒙恬率二十万大军攻楚，为楚人所破，"杀七都尉，秦军走"，所失或不下十万。[216] 其时楚军已是强弩之末，仍能给秦军以重创。自昭王以至始皇帝灭亡六国，秦军将士"战死"者，合计亦或不下百万。

要之，战国后期，自秦昭王走上大规模扩张之路，到秦始皇灭亡六国，约一百年间（前325年—前221年），估计秦、魏、赵、楚四国，每国死于战阵者或不下百万；韩、齐、燕三国或略少，然每国也可能都超过五十万。那么，在此百年间，七国合计，死于战阵者，或不下于六百万。这应当还是保守的估计。换言之，平均每年就会有五六万甲士死在各地战场上。

灭亡六国后，大规模的战争并未完全停止。在北方，使将军蒙恬发兵三十万人北击匈奴（"胡"），略取河南地（今河套和鄂尔多斯地区）；在南方，使尉屠睢发卒五十万，经略岭南。南征之军在"越人"袭扰攻击下，损失甚众，屠睢战死，"伏尸流血数十万"，回到中原的，大概非常少。[217] 蒙恬经营北河（今河套、鄂尔多斯地区）的军队，按照汉武帝时主父偃的说法，"暴兵露师十又余年，死者不可胜数"，[218] 想来也不完全是夸大之辞。总之，在始皇帝统一六国之后的拓边战争中，又有数十万人"战死"。

为了建立并维护对于新占领的六国故地的控制，秦的地方军队在各地开展了全面的"治安战"，以剿灭各种各样的盗、贼。在这一过程中，也颇有秦军官兵"战死"。里耶简9-2287是秦始皇二十六年五月西阳与迁陵二县关于一个士伍它的公文来往。根据西阳县齮向迁陵县主的报告：它的身份是士伍，居住在被秦占领不久的新武陵鞋上（乡）。它受命参加当地的地方军队，隶属于邦候显。上一年八月，它所属的部队奉命调往迁陵县剿除反叛的寇贼（"击反寇"），在与"反寇"作战时，这支部队的副手（候丞，不知其名）战死了。大概是在战斗中作战不力，它被逮捕，并被迁陵县判处"耐"刑，派到军队中，充任"候"。[219] 它所在的部队显然是一支地方军队，其指挥官的副手（"丞"）在打击反寇的过程中阵亡，说明在"治安战"中，秦军吏卒的"战死"率也并不低。

岳麓书院藏秦简《狱状》"绾等畏耎还走案"也发生在这一年。包括得、文、刍、庆、绾等人在内大约有三十多人的一支部队，受命去剿除以耎为首的一支盗贼（"反寇"）。绾等人也没有排成战斗队形（"不伍束符"），就与"反寇"发生了战斗。在战斗中，忌被射死，卒、喜等人被"反寇"用短兵器杀死。绾等人畏惧耎，立即向后逃跑，得等人跑回来四十六步，獛等人跑回来十二步，幸好"反寇"并没有穷追猛打，他们才撤回有一丈高的土垣掩护的阵地。在这场战斗中，这支大约三十人的秦军小队，至少有三人被杀死。[220]

在战斗中被杀死的"盗"也属于"兵死"的范畴。《封诊式》中的"群盗"爱书说某亭的校长甲在某里追捕盗贼，乙、丙捆着一个男子丁，带着一具首级、两张弩、二十支箭，报告说：丁与这具首级的主人（戊）是"群盗"（犯罪团伙）成员，甲带领我们巡察某山时（"自昼甲将乙等徼循到某山"），发现了他们。他们拒捕，用弩箭射伤了乙，我们用剑杀死了戊，砍下他的头，因山势险恶，不能运回他的尸身。在这个案子里，丁、戊以及己、庚、辛共五个人，都是某里的士伍。他们结成团伙，用武力打劫了某里公士某的家，盗取了一万钱，然后逃亡。己、庚、辛三人已于此前被抓获。丁、戊二人到处躲藏，没有稳定的藏身之所，被校长甲所率巡山的亭卒发现。在冲突中，戊被当场杀死，丁被捕系。根据法律，丁等所犯乃群盗强攻之罪，当处以磔刑。[221]

　　岳麓书院藏秦简《秦律令》中有一支简，说：内史麋县有一个"卒"，名叫"壹夫"，跟从攻破赵国的军队，长途运输粮草，自身却非常贫穷，没有口粮，只得向官府借贷粮食，死在前线。[222]这种随军转输而死亡的人，绝不会少。汉武帝时主父偃说，秦始皇为经营北河，"使天下蜚刍輓粟"，从今山东半岛的东莱、琅邪等郡，把粮食运到北河，要花费三十钟（以每钟六十四斗计算，约合一百九十二石），才能运到一石（约合今 27 斤）。"男子疾耕不足于粮饷，女子纺绩不足于帷幕。百姓靡敝，孤寡老弱不能相养，道路死者相望，盖天下始畔秦也。"[223]严安说："当是时，秦祸北构于胡，南挂于越，宿兵于无用之地，进而不得退。行十余年，丁男被甲，丁女转输，苦不聊生，自经于道树，死者相望。"[224]统一之后，丁男被甲，丁女转输，"死者相望"于道途，"兵死"者并未减少。

　　第三种"死"是"病死"，或称"疾死""疾病死""痈疽死"，就是因疾病而死。

喜墓所出《秦律十八种》中"厩苑律"规定，在厩苑中劳作的"小隶臣"（牧童）因病而死的（"疾死者"），要报告其所属的县，删除他的名字；如果不是因病而死（"非疾死者"），则要将死亡的原因、经过调查清楚，报告相关部门。[225] 显然，"疾死"与"非疾死"乃法律上的分划，前者基本上被看作正常的死亡。

并非所有的疾病都可能致死。《日书》甲种《秦除》中说除日可能会得"瘅病"，但不会死。[226] 致死的疾病则大多与"鬼"有关。《日书》甲种《病》说若甲、乙日有疾，当是父母为"祟"；"祟"寄托在"肉"（羊肉）上，从东方来，装在漆器中。这种"祟"所致的"疾"会在戊、己日表现出病症，庚日会好一些，要在辛日报祭。如果不报祭，灾难将来自东方，当太岁星（凶星）出现在东方、泛出青光的时候，就会死亡。[227] 同样，丙、丁日有疾，是父亲的鬼魂作祟，当在癸日报祭；戊、己日有疾，是母亲的鬼魂作祟，还有巫师在施法，当在乙日报祭；庚、辛日有疾，是孤魂野鬼（"外鬼"和"殇死"）作祟，当在丁日报祭；壬、癸日有疾，也当是"外鬼"作祟，应于己日报祭。总之，凡"有疾"，都是不同的鬼魂作祟；"疾"隐藏体内两三日后，就会表现出"病"症来，然后会略有好转；这时要安排报祭，向作祟的鬼魂告祈；如果不报祭，作祟的鬼魂就会到相应的位置上，从相应的方位前来，并在相应的时辰施展"鬼力"，使病人死亡。[228]

因此，要诊疾治病，就必须弄清楚是什么鬼在作祟，并想方设法制住鬼，使它不能祸害人。《日书》甲种《诘咎》中，列举了不同的鬼所导致的疾疫，并给出了"制鬼"之法。如：一座宅子里，并没有特别的原因，一家人却都染了疾疫，或病或死，那一定是棘鬼在作祟。制伏它的办法，是做一个棘鬼的土偶或木偶，正立着埋进土中，如果土很干就浇点水，如果土较湿就把它晾干。然后再挖开土，把偶扔掉。棘鬼作祟就可以停止了。又如：一户人家，婴儿老是养不大，那是水鬼（"水亡伤"）把孩子盗走了。制住水鬼的办法，是用草木灰做一个小房子（"灰室"），把水鬼的偶像放在里面，用茜草把它捆着挂起来，就算抓住它了；用茜草砍它，可以将之杀死；把它蒸熟了吃掉，它就再也不能祸害人了。[229]

第四种是"罪死"，即以罪而处死，或因罪而致死。《商君书·赏刑》说：无论是卿、相、将军，还是大夫、庶人，凡是"不从王令，犯国禁，乱上制者"，都"罪死不赦"。[230]"罪死不赦"，即定为死罪，不能赦免，必须处死。根据所犯罪行的性质与程度，处死的方式分为斩（包括"腰斩"和"斩首"两种，前者是拦腰斩为二段，后者是砍头）、戮（剥除衣服加以侮辱，而后斩杀）、枭首（斩首于市，揭之以示众，落其骨肉于市，故又称"弃市"）、磔（裂其肢体而杀之，"车裂"当属于磔的一种）以及"具五刑"（将五种肉刑的方式都用遍，先黥、劓、斩左右趾，然后笞之，最后枭首、弃市）等五种，其中斩与磔是执行死刑的两种主要方式，而戮（剥除衣服加以侮辱之后杀死）、枭首（悬挂首级以示众）与弃市（将残留的尸体丢弃在市场上）则是三种附加的侮辱刑。[231]

"瘐死"或"囚死"也应当看作"罪死"的特殊类型，虽然它是一种"非死罪的'罪死'"。里耶秦简 8-1139 见有"臾死"二字，校释者释为"瘐死"，谓囚犯在狱中因受刑、饥寒或疾病而死。颇具识见，应可从。[232]

秦时法严吏酷，死于刑杀与狱中者，不知凡几。

第五种"死"是"自死"，或"自杀"。

喜墓所出秦简《法律答问》说一个人"自杀"而死，他的家人没有报告官吏，就把他埋葬了["或自杀，其室人弗言吏，即葬貍（薶）之"]。[233] 在《封诊式》中，有一份"经死"爰书，说有一个士伍丙，在自己家里上吊自杀。他用一根大拇指粗细的绳索，系在脖子上，把绳索挂在屋梁上；他似乎登上房间内的一个小土台，然后蹬开悬空。他死得一定很痛苦，却不知道为什么要自杀。[234] 两个自杀的例子都是男性。

贼死、兵死、病死（疾死）、罪死以及自死，大约都是法律界定的死亡方式，而饥渴死、冻寒死，则没有较为清晰的法律界定，亦不见于官方文献记载。《史记·秦始皇本纪》载：秦王政三年，"岁大饥"；四年，"蝗虫从东方来，蔽天。天下疫"；九年四月，"寒冻，有死者"；十二年，"天下大旱"；十五年，"地

动"；十七年，"地动"，"民大饥"；十九年，"大饥"；二十年，
"大雨雪，深二尺五寸"。[235] 这些记载并不完整，灾害饥荒影
响的范围也不太清楚，但在秦始皇统一中国的过程中，挨饿
受冻而死的平民百姓，想必不会少。

当然，喜不会如平常百姓那样，死于饥寒；他的尸骨并
没有外伤的痕迹，不会是贼死、兵死和罪死。他似乎也没
有理由自杀。所以，喜是病死的。当然，无法知道他得的
是什么病。在当时，他及其家人，大概相信疾病是由某种
鬼作祟而引起的，应当也没有试图去确诊他得的什么病。

人死之后，是举行丧礼和葬礼。丧礼是宣告死者终结与
其所生存的世界的联系，并引导亡人进入另一个世界；而葬
礼则是以恰当的方式处理死者的尸体，并安排死者在未来世
界中的位置与生活。丧礼与葬礼当然是紧密连接在一起的，
但二者在功能与意义上的区别还是大致清楚的。

当喜死亡的时候，丧葬礼仪均早已成熟。一般说来，平
民百姓的丧礼大致包括哀号报丧、为死者沐浴更衣、设置灵
位、祭奠先祖、入殓（将尸体封闭于棺材之中）等环节，亲
属们在这一过程中要披麻戴孝，接受亲友吊唁。葬礼则包括
营墓、出殡、葬埋、祠祀等环节。喜墓所出《日书》中，对
于丧礼，并没有较多记载。在上引《法律答问》中，一个自
杀者，家人甚至没有给他举行丧礼，就把他埋葬了。凡此，
似乎都说明，像喜这样阶层的人，以及更普通的平民百姓，

丧礼可能是相当简单的。但如上所述，喜墓中随葬的一些漆器，可能来自他的亲友，那么，应当举行过告丧与吊唁两个环节的仪式。

从《日书》看，当时人显然更重视葬礼。其中最重要的是葬日的选择。《日书》甲种《稷辰》《葬日》《毁弃》等目下均有何时适宜葬埋的规定。《葬日》中说：子、[寅]、卯、巳、酉、戌，称作"男日"；午、未、申、丑、亥、辰，称为"女日"。女子在女日死，不宜在女日葬；男子在男日死，则当在女日葬；不然，可能需要进行二次葬。丁、丑日不宜葬埋，若在这两天里埋葬，可能会需要进行三次葬。[236] 显然，二次葬甚至三次葬被认为是不吉的，需要极力避免。

里耶秦简 8-648 是秦始皇三十一年七月十四日一位司空守□（名字恰残）致某县的文书，说一个名叫"初"的人，在做县卒时，因病死亡（"痹"），现在通过官方邮政系统，传送他的棺木（尸首显然在其中），并致书一封，证明其身份及死亡原因等。《校释》编者引《汉书·高帝纪》关于给予从军死亡的士卒以棺木（"椑"），送还其家乡所在的县，由县里负责"给衣衾棺葬具，祠以少牢，长吏视葬"的规定，以及应劭关于椑就是"小棺""椟"的解释，以理解简文的这条记载。[237]《管子·揆度篇》说如果子弟从军而死、父母为独（老而无子），"上必葬之，衣衾三领，木必三寸。乡吏视事，葬于公壤"。[238] 从这些材料看，当时应当有规定或惯例：

在军中死亡的士卒（军吏更当如此），是由所在地的"司空"负责做一具棺木，将遗体送回老家，由家乡的官府负责葬埋。但这一做法，是否普遍，不能确定。这里的记载还表明，葬后是要"祠"（亦即祭祀）的。少牢之祠，按规定是用羊、豚各一只，祭品还是很重的。平民百姓未必能用全牲，大约用几块肉，略具其意即可。

由官府配给的槽，确实很小。岳麓书院藏秦简《秦律令（一）》有一条规定：内史所属有秩以下的吏，如果是为官事而死，并且死在所服务的官事处，要用官府的木料制作槽。官府制作的标准槽高三尺（约 70 厘米）、宽一尺八寸（约 42 厘米）、长六尺（约 1.40 米），棺木的厚度不超过二寸（约 4.6 厘米）。法律规定要把槽做得尽可能致密，不要留太多的空隙；外面要用枲再捆上两道，以免棺木松散（"善密致其槽，以枲坚约两敦，勿令解绝"）。[239] 由于成年男子的普通身高大约在七尺三寸左右（约 1.69 米），这样简陋的棺木，尸体放在里面，一定是蜷缩着的。所谓"屈肢葬"，或者就与棺木太小有关系。

民间所用的棺木，比官府送给因公牺牲官吏及阵亡士兵的棺木要大一些，一般能装得下尸体。喜的棺木长 2 米、宽 0.76 米、高 0.72 米，长、宽都比官府的标准棺木多不少。睡虎地十二座秦墓所出棺木的平均长度为 2.02 米，宽为 0.81 米，高为 0.79 米。[240] 这大概是中等或偏上人家用的棺木规制，贫民所用的棺木，大约与官府标准棺木差不多。

上引《汉书·高帝纪》诏书要求官府给予阵亡士卒衣衾，《管子·揆度篇》明确地说要给"衣衾三领"。衣包括袍（或襦）、裙，衾是被子。衣衾三领，应当就是袍（或襦）、裙、衾（被子）各一件，合计共三件（三领），而不会是有三套衣服、三床被子。衣是穿在尸身上的，衾（被子）覆于其上。普通贫民的随葬衣衾，大约就是这样的三领。喜的棺中随葬的衣衾全部朽坏了，但估计应当超出三领。

《汉书·高帝纪》诏书还要求官府给阵亡士卒"葬具"，当是指随葬的器物。随葬器物大抵不放在棺木中，而是集中放置在与棺木相通的头箱里。喜墓的头箱里，共放置了七十余件器物，包括一支毛笔（附笔套）和铜削、两件漆盂、两件漆圆盒、一件漆樽、一件漆卮、二十三件漆耳杯、一套六博棋、两件小口陶瓮、一件小陶壶、一件陶甋，以及两件铜鼎、两件铜钫、一件铜鍪、一件铜镜，等等。其中，盂、圆盒、樽、卮、耳杯、瓮、壶、甋、镜等，大抵皆为生活用具；而鼎、钫、鍪以及笔和铜削，则主要用于表示其身份与地位。同一墓地其他墓葬所出的器物，就其功能组合而言，也都可以分成这两大类。[241] 因此，放置在头箱中的随葬器物，目的主要是供亡人在地下世界使用，并向地下世界表示其身份与地位。

而放置在棺内的衣衾器物，则可能更具有个人性。在喜

的棺里，除了早已朽坏的衣衾，就是数量巨大的竹简。这些
竹简共有一千一百余枚，分为八组，堆放有序，分别置于棺
内人骨架的头部、右侧、足部和腹部等处。在棺内，喜还让
人放了两支毛笔，以及一件漆圆奁。[242] 显然，这些都是喜的
私人物品，表示的是他的个人喜好，也主要与他个人的生涯
和身份有关。

黔 首

一、傅

秦王政元年，喜十七岁。《编年记》(《叶书》)在这一年下写了两个字，"喜傅"。[1]

"傅"，整理小组解释为傅籍，指男子成年时的登记手续，并引《汉书·高帝纪》汉王二年五月"汉王屯荥阳，萧何发关中老弱未傅者悉诣军"句下颜师古注："傅，著也。言著名籍，给公家徭役也"，以说明"傅籍"乃在官府的户籍簿上登记为成年男子，开始纳赋服役。但整理小组也注意到，根据汉代的制度，男子傅籍在二十岁或二十三岁。虽然不能确定秦时傅籍的准确年龄，但这一年喜才十七岁（虚岁），毕竟还是太小了些。后来的研究者，也都在肯定"傅"乃"著名籍，给公家徭役"这一解释的基础上，讨论秦时傅籍的年龄或标准（比如身高），试图在法定的傅籍年龄与喜的傅籍年龄之间提供一种合理的解释，然并不能令人完全信服。[2]

实际上，按照秦的法律，人一生下来，就是要到官府登记的。《商君书·境内》明确地说："四境之内"，无论是丈夫（男子），还是女子，都要在户口簿上登记，让官府掌握其名册（"丈夫、女子皆有名于上"）；新生儿要登记（"生者著"），死者要削去他的名字（"死者削"，户籍是写在简牍上的，所以是"削"）。[3] 里耶秦简 8-550 是一对母女的户籍登记记录：

> 嬭，皙色，长二尺五寸，年五月，典和占。
> 浮，皙色，长六尺六寸。年卅岁。典和占。[4]

"典"是里典，即里正；"和"是里典的名字；"占"即登记。嬭只有五个月大，而且是个女孩子，里典就把她登记在户籍上了。简 8-1410 记载，秦始皇三十五年，高里一位名叫"印"的公士，生下了一个女儿（"高里公士印，卅五年产女□☒"）。这一支简，可能就是印去申报女儿出生的记录。简 8-984 虽然残缺不全，但结合相关文献，仍可揣知其所记之事：一个作为官徒的隶妾，生下了一个女婴，取名叫"女巳"。按照规定，母子可以领取官府发放的稟食。迁陵县的令史华监督了给这对母女发放稟食的过程，书手瘳将之记录下来。

在里耶所出的户籍简上，每户人家的"小男子""小

女子"或"小上造"等，都被登记在"户人"之下。如简
K1/25/50：

> 南阳户人荆不更黄得
>
> 妻曰嗛
>
> 子小上造台
>
> 子小上造□
>
> 子小上造定
>
> 子小女虖
>
> 子小女移
>
> 子小女平
>
> 五长

根据这三支简所记，南阳里的户人黄得，担任本里的伍
长，妻子叫嗛。他们有六个孩子，三个儿子都有上造的爵，
所以称为"小上造"；三个女儿，称为"小女"。里耶秦简 8-237
记有"南里户人大女子分"，有一个儿子，是"小男子□"。[5]
简 9-1530 应当是一个"伍"的名籍，在伍长某之下，记有"大
女二人，小男一人，小女一人"，合计四人。这说明小男、小
女都是列入名籍的。简 8-19 应当是某里的户数统计，全里共
有二十五户，其中有小上造三户、小公士一户、小男子三户。
说明"小"（男子、公士、上造）不仅需要著籍，还可以作为

"户人"（户主）登记在户籍簿上。

杨联陞先生曾主要根据汉简资料，推定汉人所说的"小"（小男、小女、小男女、小男子、小女子、小奴和小婢等）是指十四岁以下的未成年人，而"大"（大男、大女、大男女、大男子、大女子和大奴）则指十五岁以上的男女。[6] 虽然不能确认秦代"小男女"的年龄上限也是十四岁，但"小男女"是未成年人，应当没有疑问。显然，未成年人是被登记在户籍里的，更无论超过十五岁的"大男女"了。

睡虎地秦简《秦律杂抄》"傅律"规定：隐藏"敖童"以及登记残疾人情况不确实，里典与父老都要处以可纳赀代罚的"耐"刑["匿敖童，及占癃（癃）不审，典、老赎耐"]；百姓不到免老的年纪，或已到免老年龄却并未申报，胆敢弄虚作假的，罚二甲；里典、伍老没有报告，罚一甲；同伍之人，每家罚一盾，都要予以流放（"迁之"）。[7] 这条"傅律"，向来被认为是傅籍律。岳麓书院藏秦简《秦律令（一）》有一条，与此条颇为近似：

> 匿户弗事，匿敖童弗傅，匿者及所匿，皆赎耐。逋傅，赀一甲。其有物故，不得会傅……[8]

据此，可知睡虎地秦简《秦律杂抄》中的"匿敖童"当是"匿敖童弗傅"的简抄。《法律答问》中也有一条，与此相关：

可（何）谓"匿户"及"敖童弗傅"？匿户弗繇（徭）、使，弗令出户赋之谓殹（也）。[9]

显然，"敖童弗傅"前省略了一个"匿"字，或者与"匿户"连读。隐匿"敖童"不让其"傅"，是违法的，也说明"敖童"是应当"傅"的。关于"敖童"，诸家解释各不相同，但都承认是一种"童"，亦即未成年人。

所以，不存在到十七岁甚至更大一些，才去官府著籍之事。颜师古将"傅"解释为"著"，后人进而将"傅籍"解释为"著籍"，可能并不妥恰。

不仅如此。也并不是到十七岁甚至年纪更大些之后，才去服徭役。里耶秦简 8-2027 记有一个小男子说，被尉（应当是县尉）征为求盗（"今尉征说以为求盗"）。此简的背面残存"员吏勿"三字，推测其原文意旨可能是要求相关吏员不要轻视他。简 8-1254 是一支断简，仅留下"[陵]乡啬夫除成里小男子"数字，然其意，显然是说成里的小男子某被[启陵]乡的啬夫任命为某职，或委派做某事。这两个"小男子"分别被县尉和乡啬夫"征"为求盗和"除"为某职，显然是应役，而他们还不足十五岁。那么，"傅籍"之后，才去应役的说法，看来也不足凭信。

因此，"傅"大约不能简单地解为"著"与"著籍"。

喜墓所出《秦律十八种》的《仓律》有一条说："小隶

臣妾以八月傅为大隶臣妾，以十月益食。"[10] "小隶臣妾"当
然已经在隶臣妾的籍簿上，这里的"傅"不是指将他们登录
在隶臣妾的籍簿上，而是说将他们转换或改录为"大隶臣妾"。
在此条之前，律令已给出了"小隶臣妾"的界定：隶臣（男
性）高不满六尺五寸（约 1.50 米），隶妾（女性）高不足六
尺二寸（约 1.43 米）。每月发给小隶臣的禀食，能干活的（"作
者"，可能在七岁以上）是禾一石半，还不能干活的（"未能
作者"，可能在七岁以下）是禾一石；发给小隶妾的禀食，能
干活的是禾一石二斗半，不能干活的是禾一石；而隶臣的月
供给则是禾二石，隶妾是禾一石半。[11] 所以，由小隶臣妾"傅"
为大隶臣妾，就意味着其月禀食由一石二斗半（女性）或一
石半（男性），增加到一石半（女性）或二石（男性）。显然，
这里的"傅"，有改变、提升其身份类别的意思。

　　在张家山汉简《二年律令》的《傅律》中，规定了不
同爵级的人在不同年龄可依次确定为睆老、免老、受杖以及
禀米（以士伍为例，六十二岁可为睆老，六十六岁为免老，
七十五岁得受杖，九十五岁方得受禀米；若有不更之爵，则
五十八岁即可为睆老，六十二岁得为免老，七十一岁得受杖，
九十一岁得受禀米）。[12] 显然，睆老、免老、受杖、禀米是四
个不同年龄段的人得以享受的福利等级。享受此四级福利的
人当然都还在籍内，有爵且爵级越高，可享受同级福利的年
龄越早。所以，睆老、免老、受杖、禀米四级乃籍内的等级

划分。在上引《秦律杂抄》的"傅律"中，"傅"与"免老"并列。那么，"傅"和"免老"等一样，也是"籍"内的一个等级。《二年律令》的《傅律》详细规定了不同爵级的人在不同的年龄"傅"，其中父亲的爵级越低，其子"傅"的年龄越小；父亲的爵级越高，其子"傅"的年龄越长 [不更以下的儿子二十岁"傅"，大夫以上至五大夫的儿子二十二岁"傅"，卿以上的儿子二十四岁傅（简365）。这与爵级越高，得受皖老、免老、受杖、禀米等待遇的年纪越低，正好相反。这也说明"傅"是一种责任]。因为在另一条（简362）中规定了不作为直接继承人而"傅"者（"不为后而傅者"）授予爵级的情况，所以，本条里所说要"傅"的不同爵级的父亲之子都是将要做直接继承人的儿子（"为后者"），那么，"傅"就意味着他们将可以作为父亲爵级的继承人或拥有者；那些"不为后而傅者"在"傅"了之后，也就可以获得按照规定应得的爵级。[13] 因此，"傅"就是说他们获得了成为士伍，以及获得不同爵级的资格，同时也需要承担相应的义务。由于父亲的爵级越高，他们作为直接继承人将要获得的爵级也就越高，所负的责任与义务因而也就越大，所以，他们"傅"的年龄也就要求越大。

因此，"傅"意味着一个人拥有了可以继承其父亲的身份与地位（以士伍为起点）的资格，也同时需要承担起包括担任士伍及以上军职在内的诸种职责。换言之，一个人在"傅"

之前当然需要交纳赋税，也可能要服徭役，却并不拥有担任士伍及以上军职、受领爵级的资格；"傅"之后，才拥有这些资格。成为睆老、免老之后，不再需要服属徭役，可仍要交纳赋税，也仍然拥有相应的爵级。

秦时"傅"大约并没有统一的年龄，可能和汉代一样，不同爵级的父亲的儿子及其不同的儿子，傅的年龄并不一致。《秦律十八种》的《内史杂》中有一条规定，说任命"佐"必须在"壮"（三十岁）以上，不要任命"新傅"的士伍担任"佐"["除佐必当壮以上，毋除士五(伍)新傅"]。[14]已经到了三十岁，还可能是"新傅"的士伍，说明"傅"的年龄可能相当晚。在上引里耶所出南阳里的户籍简里，荆人黄得（爵级是不更，第四级爵）的三个儿子台、□、造都是"小上造"（应当是小爵，第二级）。台等还是"小"（应当不超过十四岁），却已拥有了爵级，应当已经"傅"。

总之，"傅"意味着成了完全的"民"（"黔首"），拥有了秦（以及后来的汉）民（黔首）的权利和义务：他有义务应征打仗，也有资格因军功而受赏获爵；他可以在老年之后，获得国家的一些优待，前提是在此前的数十年里他履行一个"民"（"黔首"）的义务和责任，而且可以"不死"而"终"。"傅"有类于获得了"臣民权"，成了"臣民"（不是"国人"或"国民"，更不是"公民"）。"傅"与年龄有关，但并没有统一的"傅"的年龄。

秦王政元年，很可能是在八月（根据上引《仓律》有关小隶臣妾“傅”为大隶臣妾的时间在八月推测），在嬴政做了大约一年秦王之后，“喜傅”，喜成为秦国的“民”。

二、喜的名字

喜生下来，应当就叫喜，《编年记》（《叶书》）写作“喜产”；“傅”的时候，叫作喜，《编年记》（《叶书》）书作“喜傅”；他被揄为“史”以及在安陆、鄢县做乡史、令史的时候，也叫作喜（“喜揄史”，“喜除安陆乡史”，“喜治狱鄢”）。“喜”是他的名字。

喜的两个弟弟，分别叫敢和遬。他的三个孩子，分别叫获、恢和穿耳。他没有留下父亲（“公”）和母亲（“妪”）的名字。

喜墓留存下来的所有材料，均没有表明他们使用姓氏。

喜墓所出简牍《语书》中所见秦王政二十年的南郡守，名叫“腾”，一般认为他在此之前曾担任过代理南阳郡守（南阳郡的“假守”）和内史（掌治京师，是首都直辖区的长官）。[15] 睡虎地四号墓所出十一号与六号木牍中所见的惊、中（衷）以及惊的女儿娶、惊的表兄弟产，都是只有一个字的名字。“黑夫”虽然是两个字，但显然也是名字，绝非姓“黑”名“夫”。[16]

"秦封宗邑瓦书"铭文记载秦惠文王前元四年分封宗邑
的情况。在铭文中，受周天子之命"来致文武之酢（胙）"的
卿大夫书作"辰"，传命分封的秦大良造、庶长游，受封的右
庶长歜，具体负责确立封地的司御、不更（秦军功爵第四级）
顜，参与划分封地界线的大田佐未、史初与羁、卜蛰、司御心，
无论其地位高低，均只称名，而未著其姓氏（无论其有无氏），
其中，顜、未、初、羁、蛰、心等低级官吏，地位大抵近于
庶人。[17]

里耶秦简中所见的洞庭郡"守"或"假守"有高（假守，
秦始皇二十六年二月在任，简 9-1861）、昌（假守，秦始
皇二十七年十一月在任，简 9-23）、礼（守，秦始皇二十七
年十一月、二十七年二月、三十四年六月在任）[18]、齮（假
守，秦始皇三十一年六月任，简 9-713）、铺（假守，秦始皇
三十四年十月在任，简 9-1864）、绎（假守，秦始皇三十四
年六月在任，简 8-759、8-1523）、冣（假守，秦二世二年
十月在任，简 9-1547+9-2041+9-2149），南郡"守"有恒
（简 8-228、简 9-2076），内史"守"有表（简 8-228），南阳郡"守"
有衍（简 9-2076）。这些郡守一级的官员，在正式的官方文
书中，也只是用单名。

里耶简 8-138+8-174+8-522+8-523 正、背所载，是秦始
皇二十六年十一月至六月（秦历以十月为岁首）八个月中由
县廷举行庙祭的情况，其中具体负责"行庙"的令史或史，

有庆、廌、阳、夫、韦、犯、行、釦、莫邪、戎夫、上、除等十二人，其中十人为单字名，只有莫邪、戎夫两个双字名。

简8-149+8-489是有关迁陵县官吏因事受罚赏的记录，其中见有司空守謷、釲，司空佐敬、沈，库守武，库佐驾，田官佐贺，髳长忌，校长予言，仓佐平，令佐圂、取、逌，以及更成昼、五、登、婴、裘、得、堂、齿、暴等。在二十余人中，只有校长予言一人是双字名，其中"予"很可能是语气词，而并非"氏"。

里耶秦简中留存了部分户籍记录，其中所见的"户人"，也多以单名为称。如分（南里户人，大女子，有子小男子□）、刀（阳里户人，秦始皇三十五年五月己丑）、婴（阳里户人，大女子，有南里小女子苗，为其隶）、宜（成里户人，司寇，有下妻舀）、茆（南里户人，大夫，寡）、印（东成里户人，大夫，有小臣遬）、晏（东成里户人，大夫寡，有子小女子女巳，子小女子不惟）、暶（高里户人，大女子）、成（启陵乡成里户人，士伍）、寄（阳里户人，司寇）、匿（高里户人，小上造，有弟小女子检，下妻曰婴）、夫（贰春乡东成里户人，士伍，有妻大女子沙，子小女子泽若，子小女子伤，子小男子嘉，下妻曰泥）、布（南里户人，官大夫）等。[19]

里耶简8-145所记是迁陵县接受并分配、移交官徒的记录，其中所见徒隶之名，有圂、叚、却、刷、复、卯、某、痤、带、阮、道、遏、荿、狠、款、繪、林、娆、粲、鲜、夜、丧、刻、婢、娃、变、齐、姱、桒、兹、缘、婢、般、橐、南、儋、青、夕、强、姊等，全部是单字名。简 9-2289 是秦始皇三十二年十月十七日迁陵县司空守圂上报的"徒作簿"，所记徒隶之名，见有平、臣、益、惊、亥、央、闱、赫、宵、金、廐、楟、鲤、廥、强、童、刚、聚、移、昭、操、宽、未、衷、丁、圂、辰、却、剧、复、卯、棠、痤、蔡、阮、道、遏、莛、类、款、林、娆、粲、鲜、夜、吴、刻、嫥、卑、鸎、娃、变、齐、姱、桒、兹、缘、般、橐、南、儋、青、夕、姊、谈等；接收其中三名徒隶的县仓假守名"信"，书写并致送此件"徒作簿"的司空佐名痤。在这份文书中，从司空守、县仓假守、佐，到徒隶，全部是单字名。

郑樵《通志·氏族略》"序"云："三代之前，姓氏分而为二，男子称氏，妇人称姓。氏所以别贵贱，贵者有氏，贱者有名无氏。"[20] 在《通志》总序中，郑樵引左氏之论，以为"因生赐姓，胙土命氏，又以字、以谥、以官、以邑命氏，邑亦土也"，其所举三十二类氏姓，亦皆源于国、邑、族、部、官、爵及事、技，故其所说之"贵者"即有土有民或有官爵、身份及因技能而得尊显者，"贱者"则是普通的平民百姓，即庶人。[21] 此论为后人所沿袭并不断充实、发挥，遂基本成为定论：贵者有氏有名，庶人有名无氏。顾炎武概括说："最贵者国君，国君无氏，不称氏称国"；"次则公子，公子无氏，不称氏称公子"；"最下者庶人，庶人无氏，不称氏称名"。[22] 李学勤

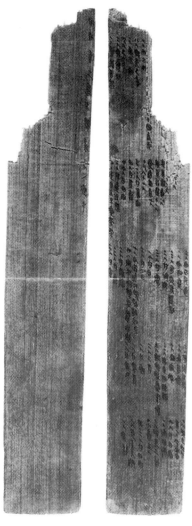

里耶秦简 8-145 正面（右）与背面（左）

先生说："古代社会中并非人人有姓，而是只有具备一定身份的人才有姓。……至于氏，得于世功官邑，身份低贱的人自然不能具有。"李先生并引述考古发现所见甲骨文、金文文献做了较为充分的论证。[23] 张淑一先生对此提出质疑："先秦的庶人与贵族二者虽然存在贵贱、贫富的差别，但其毕竟都生活在同一社会发展模式当中，有着类似的血缘组织形态，因此在血缘组织的标志符号上也不会有太多的差异，庶人也应当有姓、氏。"[24] 张氏之驳议虽然并非十分有力，却说明：庶人（平民）既然均属于特定的血缘组织（或集团），自当"有"其姓氏；而文献所见，庶人却多无姓氏，盖"有姓氏"与"称姓氏"并非一事：庶人有姓氏，却未必"称姓氏"，故文献所见庶人"称名不称氏"，并不意味着事实上"庶人"即"无氏"。故此一认识的正确表述，当是：上古时代，庶人或亦有其姓、氏，却并不称其姓氏，而只称其名。

"九年卫鼎"铭文记载共王九年裘卫用车和各种皮革同矩伯交换土地的经过，其中说到交换的土地位于颜林吾里，由颜氏具体占有并管理，故裘卫在向矩和矩姜支付青车、较、贲鞃、帛等物之外，另外"舍颜陈大马两，舍颜姒𧻚㠱，舍颜有嗣寿商𪔛裘盠冟（幠）"。协议达成后，矩与濮乃指挥寿商具体办理交接事宜，"乃成夆四夆，颜小子具更夆"。交接完成后，裘卫通过"卫小子家""卫臣䵼"，"舍盠冒□羝皮二，𢀜皮二，业鳥俑皮二，胐帛金一反，厥吴鼓皮二。舍濮虎鼍、□贲□軓，东臣羔裘、颜下皮二"。[25] 铭文中的"矩姜"
当是矩伯之妻，"颜陈"与"颜姒"当是颜氏的夫人，其称名
方式，皆属于贵族阶级的称名方式，即"夫方的氏＋父方的姓"。
"裘卫"之名，则为"氏＋名"，是贵族阶级男子最为普遍的
称名方式。𤲶可能是矩伯的"有司"或"臣"，寿商是颜氏的
"有司"，家是裘卫的"小子"，虢是裘卫的"臣"；盍、业（或
业舄）、胐、吴、东臣都是参与此次土地交割的"小子"，铭
文所记，皆当为其名，其称名方式，符合"庶人不称氏，称名"
的规则。

著名的"散氏盘"铭文记载散与夨双方划定眉、井二邑
土地疆界的过程及其结果。据铭文所记，参与勘界的夨方代
表有十五夫，即："眉田鲜、且、微、武父、西宫、襄，豆
人虞丂、录贞，师氏右眚，小门人縣，原人虞芳，淮𤔲工虎
孝、𠕠丰父，堆人有𤔲荆、丂"；散方代表有十夫，即："𤔲
土□□、𤔲马兽𤼈，毁人司工駿君、宰德父，散人小子眉田戎、
段父、效彚父，豉之有司橐，州𧵑，焂从𧵑。"[26] 豆人"虞丂"
与原人"虞芳"称名中的"虞"，当为姓。其余诸人，鲜（"田"
为职名）、且、微、武（"父"为尊称）、西宫、襄、贞（"录"
为职名）、眚（"师氏右"当为职名）、縣（"小门人"为其身份）、
虎孝［淮人，"𤔲（司）工"为职名］、丰（"𠕠"为职名，"父"
为尊称）、荆、丂（堆人的有司）、兽𤼈、駿（"君"亦当为尊称）、
德（"宰"为职名）、戎、段、彚、橐、𧵑（"州"当为职名）、

鬻（"焂"当为地名，"从"当为职名，或"焂从"即为职名），则皆有"名"而无"氏"。豆、原、小门、淮、隺、毁、畋等皆当是眉、井二邑所统辖的聚落，其"有司"即各聚落的管理者，故铭文只称其名；虞万、虞芳则当为豆人、原人之首领，故得有姓（豆、原或为其氏）。

　　山东临淄等地出土战国陶文中，述"立事"之官长，多称其氏与名，如"平陵壂㝵立事岁"的壂㝵、[27]"内郭陈齎叁立事左里敀［亭］（亳）豆"的陈齎、[28]"王孙陈棱立事岁左里敀［亭］（亳）区"的陈棱等；[29]而署制陶之陶工名，则多为单字名，如"高闾棉里曰潮""高闾豆里人䲔者曰兴"[30]"左南郭［乡］（巷）辛［䲔］（甸）里臧（井圈，临淄出土）"。[31]《新出齐陶文图录》0349：

　　　昌檮陈固南左［里］［敀］（殴）亭区
　　　［右］（左）［敀］（殴）□［乡］（巷）尚毕里季䟫[32]

　　陈固是昌檮（又作"昌齐"，齐都临淄的区域名）的"立事"，由他主持制作此件置于昌檮南左里敀亭的"区"；右敀□［乡］（巷）尚毕里的䟫（"季"为其排行）是制作此件陶区的陶工。"立事"者称名用"氏＋名"，陶工单用"名"，符合"贵者有氏，贱者有名无氏"的称名规则。

　　总之，西周之世，姓、氏盖为贵族阶级所独用，庶人不称氏，仅得称名。此种规则，至春秋时期，盖大多得到遵行。至于战国，齐国仍秉持旧规，贵族官吏多使用"氏＋名"的称名方式，庶人徒隶则但称其名（多用单字）；秦人则较少称氏（族），贵族官民，大抵皆以名为称。[33]

正因为此，喜是秦人，按照秦人的做法，但称名，而不称氏（姓）。

可是，在里耶简中，也有一些"户人"使用"氏（或姓）＋名"的称名方式。如杜衡（高里户人，大女子，简 9-43）、己夏（东成里户人，不更，有隶大女子瓦，简 9-328）。"受令"简中，"受令"者有安成里不更唐颖、东成里不更朱发、武安里不更周柳、南里不更公孙黔、南里不更屈埶、东成里不更相赫、安成里不更屈杨、安成里不更远禾、安成里不更蛮孔。[34] 在《里耶发掘报告》所公布的户籍简中，见有蛮强（K27，南阳户人，荆，不更，伍长，妻曰嗛，有子小上造□，子小女子驼，臣曰聚），黄得（简 K1/25/50，南阳户人，荆，不更，伍长，妻曰嗛，有子小上造台、□、定，子小女虏、移、平），大□（简 K43，南阳户人，荆，不更，有弟不更庆，妻曰嬛，庆妻规，子小上造视和□），李獾（K31/37，南阳户人，荆，不更，妻与二子之名均为单字，漫漶不识），黄□（简 K17，南阳户人，荆，不更，妻曰不实，有子不更昌，子小上造悍、□，子小女规、移），彭奄（简 K30/45，南阳户人，荆，不更，有弟不更说，母曰错，妻曰□，子小

上造状），蛮喜（简 K4，不更，有子不更衍，妻大女子媞，
隶大女子华，子小上造章，子小上造□，子小女子赵、子小
女子见），宋午（简 K2/23，南阳户人，荆，不更，有弟不更熊，弟不更卫，熊妻曰□□，卫妻曰□，子小上造传与
逐，熊子小上造二人，并失名；卫子小女子□，臣曰襦）。[35]
他们全部是南阳里的户人，爵级亦均为不更，各自的弟、子
也多有不更、上造、小上造的爵位，更全部是荆人。受令简
中的唐頪等人，身份也都是不更，其地位与南阳里不更蛮强
等人相似，故也很可能是荆人。

　　有五支简述及其所记之人时，特别指明其所属之"族"。
如简 9-885：

　　　　更戍卒城父公士西平贺长七尺五寸，年廿九岁，族苏
□

　　　　卅四年［六月］甲午朔甲辰，令佐章探迁陵守丞昌前，令
□[36]

简 9-757 的行文格式与此相同：

　　　　更戍卒士五（伍）城父成里产，长七尺四寸，黑色，
年卅一岁，族□

　　　　卅四年六月甲午朔甲辰，尉探迁陵守丞衔前，令□[37]

产与贺都是来自城父县的更戍卒，同一天在戍地迁陵县廷受"探"（检查），监督"探"的迁陵县守丞昌、衔与具体负责检查的令佐章均只署有单名，却特别指出贺与产的族属（产的族恰残缺）。[38] 城父，《汉书·地理志》属沛郡，治所在今安徽亳州市东南城父集，属楚东国故地。简 8-1555：

> 冗佐上造临汉都里曰援，库佐冗佐。为无阳众阳乡佐三月十二日。凡为官佐三月十二日。年卅七岁。族王氏。为县买工用，端月行。库六人。

临汉，当为县名，其地当近汉水，也是楚国故地。"族王氏"，说明简文所说之"族"，即氏，故贺、援得分别称为苏贺、王援。简 8-850 又见有更戍的城父阳里士伍郑得，8-980 见有更戍卒、城父阳里士伍糯倗，简 8-1517 见有更戍士伍城父阳里翟执、西里中瘗，简 9-2209+9-2215 背见有更戍士伍城父西里章义，[39] 均说明来自城父的更戍卒称名，或用"氏（族）＋名"的方式。

更为重要的是，据里耶秦简 8-461，在秦统一后公布的正用字中，"曰产曰族"，即改"产"为"族"。换言之，秦言之"族"，乃指六国言之"产"。而在上引简 9-885、8-1555 等简文中所说的"族"，显非"产"意，故其所谓"族"某氏，只能是在楚言的意义上使用的。

　　里耶秦简中所见"氏＋名"的称名方式，很可能沿自战国中期以来楚人的称名方式。包山楚简85是一支证狱（狱讼记录）简。简文曰：

　　　　荆尿之月辛巳，鍾缶公德讼宋齈、宋庚、差令惢、沈纙、黄鷗、黄旱、陈敂、番班、黄行、登（邓）黄、登（邓）迒、登（邓）坚、登（邓）諌、登（邓）阰、登（邓）諽、歓上、周敓、莫（郑）舸、黄为宾、酓（熊）相鼄、苛胼、雷牢、墬晨、沈敢，以其受鍾缶人而逃。疋吉戠之，秀湹为李。[40]

　　"鍾缶公"，或认为是负责陶制量器的监造官，其名称为"德"；"鍾缶人"当即陶工。宋齈等二十四人受控接受鍾缶人的身份却又反悔逃避，其地位大抵与鍾缶人相似，或稍高。"疋"即胥，"为李"意为"为理"，"吉"与"秀湹"为人名。在此件证狱文书中，地位较高的鍾缶公德和疋（胥）吉使用单名，与吉同样属于胥吏的秀湹（"秀"当是氏称）以及受控、地位较低的宋齈等人则使用"氏＋名"的称名方式，与"贵者称氏，贱者称名不称氏"的规则不合。

　　包山简120、121、122、123所记是关于一宗刑事诉讼案的详细记录。其大意谓：周客监臣迉楚之岁亯月乙卯，下蔡尃里人舍（余）猥向下蔡的"斻执事人"（负责治安司法事务）、易（阳）城公美（瞿）罩报告说：邡倦（据下文，为下蔡山阳里人）窃马于下蔡而卖之于阳城，又杀下蔡人余翠。阳城公瞿翠命令㥏邦拘捕了邦僷。丁巳日，邦僷向阳成公瞿翠、大豹尹屈遹、郫易（阳）莫嚣臧献、舍（余）羊供称：自己并不曾盗马，但确实与下蔡关里人雇女返、东邘里人场贾、黇里人竞不割（害）共同杀害余翠于"竞不割之官"，但竞不割并未亲手杀人（"不至兵焉"）。行文相关各里，命令抓捕场贾、雇女返与竞不割以及邦僷的家小（"孥"），（东邘里）里公邦䍄、士尹紬缜、加公臧申、（关里）里公利臤、（黇里）里公吴拘、亚大夫郘（宛）乘以及加公范戌、（山阳里）里公余□都回复说：诸人已于此前逃跑。后来，未及判决，邦僷即死于狱中。[41] 在这件文书中，"周客"（当是周天子的使者）、"监"（官称）被称为"臣"，是单名，未及其姓、氏，然前已指明其为"周客"。易（阳）城公瞿翠、大豹尹屈遹、郫易（阳）莫嚣臧献、舍（余）羊以及里公邦䍄、士尹紬缜、加公臧申、里公利臤、里公吴拘、亚大夫郘（宛）乘、加公范戌、里公余□是不同级别的官员，其称名大抵皆可确定为"氏＋名"。余猨是下蔡荨里人，邦僷是下蔡山阳里人，雇女返是下蔡关里人，场贾是东邘里人，竞不割（害）是黇里人，他们都当属于楚国的庶人，也使用"氏＋名"的称名方式。

在包山简126、127、128中，"子左尹命漾陵之邑大夫謹（察）州里人墬（阳）鍴之与其父墬年同室与不同室"。大宫疚、大馹尹市（师）回报称："墬鍴不与其父墬年同室。

鍿居郢，与其季父［舒］连嚣璗必同室"。[42] 璗（阳）鍿被称
为"州里人"，虽然其季父得任为连嚣，但他本人与其父仍很
可能是庶人。鍿与父年、季父必在名字前共冠以"璗（阳）"，
说明璗（阳）是其家族共用的"氏"。

在包山简 90 中，"竞得讼繁丘之南里人龚怏、龚酉，
胃（谓）杀其㙟（兄）"。九月甲辰，繁丘少司败远𥆩回复
抓捕龚怏、龚酉的公文（"笒"），说："繁丘之南里信有龚
酉，酉以甘臣之岁为偏于鄁，居□里。繁易（阳）且无有
龚怏。"[43] 龚酉是繁丘南里人，在鄁地"为偏"（偏，释为
"隶"），其地位不会高，当是庶人。龚怏、龚酉以及竞得之
称名，皆当是以"氏 + 名"。

包山楚简 151、152 载：

> 左驭番戌飤（食）田于邡或（国）噬邑城田，一索畔
> （半）畹。戌死，其子番蒦后之。蒦死无子，其弟番黮后之。
> 黮死无子，左尹士命其从父之弟番敭后之。敭飤田，病于
> 责（债），骨價之。左驭游晨骨贾之。又（有）五笡、王士
> 之后鄆赏间之，言胃（谓）番戌无后。右司马适命左令獸
> 定（正）之，言胃（谓）戌有后。[44]

左驭番戌有食田，属于贵族阶层，故番戌、番蒦、番黮、
番敭之称名，用"氏 + 名"的方式，番乃为其氏。然番戌之食田，

在邴国噬邑，番之氏称并非得自于食地。番戍死后，番家地位似渐次降低，至番款乃卖掉食田以偿债，其地位盖已降为庶人，然仍得称为番氏。

据包山简2、3、4、5、6记载：鲁阳公以楚师后城郑之岁（楚怀王九年）冬柰之月，剜令彭围（下文称为"围"）受命检查剜人的户口籍帐，有一位名叫敫的书吏具体登记了两个人（"凡君子二夫，敫是其箸之"），都属于"剜廄之少僮，盬族"，一个叫郪，一个叫瘴，居于郢路区淏邑。[45] 郪与瘴都属于"盬族"，族即氏，则二人的正式称名当分别为盬郪、盬瘴。他们被登记在剜的"玉府之典"中，又被称为"君子"，其地位可能较高，或者并非庶人。而在包山简11中，郪廄的上连器"之还集瘳（廖）族衍一夫，尻（处）于郪或（国）之少桃邑，才（在）陈豫之典"。这里的衍属于"瘳（廖）族"，被登记在"陈豫之典"中。所谓"陈豫之典"，当即简7、8、9中齐客陈豫贺王之岁（楚怀王十二年）八月乙酉日大莫器屈易（阳）命邦人上内（纳）的"溺典"。在简7、8、9中，"臧王之墨"（官署名，可能负责供应王宫的用墨）上纳了"其臣之溺典"，中有"喜之子庚一夫，尻（处）郪里，司马徒箸（书）之；庚之子昭一夫、昭之子疝一夫，未才（在）典"。[46] 居于郪里的庚被登记在"臧王之墨"管领的"溺典"中，其身份似乎是臣。喜、庚、昭、疝，一家四代人，均以名称，未及其氏或族。列入"陈豫之典"的衍，地位当与庚一家相似（或者都属于臣），却有明确的族属。而在简 32 中，邸易（阳）君之州里公登（邓）缨于八月戊寅"受期"，然到辛巳之日，却因"不以所死于其州者之居凥（处）名族至（致）命"而使"阶门有（又）败"。[47] 死于邸阳君之州者不知何人，然里公登（邓）缨按规定应当报告其"居处名族"，说明其时无论身份若何（即使是臣），皆有其"名"与"族"。上引简120、121、122、123 中，述及邦倨、雇女返、场贾、竞不割（害）等人，都言明其居处名族，即符合法律的规定。

总之，在包山楚简"集箸""集箸言""受期""疋狱""案卷""所諰"等司法文书中，大部分人，无论其身份如何（包括列入"溺典"的、地位可能较为低下的臣），大都采用"氏 + 名"的称名方式；单纯记载单字名，也并不表示其无氏，更不表示其地位低下。因此，可以认为，战国时期，楚地庶人已普遍采用"氏 + 名"的称名方式，并未遵守周礼庶人"称名不称氏"的规则。

秦据有楚地及统一全国后，盖推行秦的称名方式，故睡虎地秦简、里耶秦简与岳麓秦简所见人名，乃以单名为主，即使是荆（楚）人，也多单称其名，而较少使用"氏 + 名"的楚人称名方式。在岳麓书院藏秦简《狱状》"癸、琐相移谋购案"与"尸等捕盗疑购案"（均发生在秦王政二十五年）中，南郡假守贾，州陵守绾、丞越，沙羡守骚，校长癸，狱史骚，史获，监御史康，求盗上造柳，士伍轿、沃、琐、得、潘、沛，走马达、好、求盗尸，以及逃亡在荆地的秦男子治等固然是单名，荆男子阆等，也都是单名。[48]"芮盗卖公列地案"发生在秦王政二十二年，是一起经济纠纷案件，涉案诸人大抵均为江陵本地人，其中有公卒芮、士伍朵、士伍方（朵之子）、隶臣更、亭佐驾、大夫材、走马喜，都是单名。[49]

三、秦人

喜及其家人的名字，都是单字名，没有冠以氏、姓（族），这与楚系人名完全不同。所以，至少在文化意义上，喜及其家人，已经是秦人，而不会是楚人（荆人）。

喜墓发掘的时候，正在"文化大革命"后期，相关研究的展开则是在改革开放初期，故具有较为强烈的政治色彩。当时研究者们关注并讨论的一个问题，就是喜是秦人，还是楚人？有人认为喜是楚人，在政治上具有反秦倾向，是后来揭竿而起、反抗暴秦的陈胜、吴广的同路人；有人认为喜是秦人，是拥护秦始皇统一大业的。[50]这些讨论，都有两个前提，一是认为支持秦政权特别是秦始皇统一大业的，就应当是秦人；反对的，就应当不是秦人，而当是楚人。二是楚地出生的人自然应当是楚人，楚人自然当反秦；秦地出生的人自然是秦人，秦人自然当拥护秦政权，特别是秦始皇。

事实上，做秦人，还是做楚人，并不是喜（及其家人，以及和他一样的普通民众）所能决定的，也并非每一个普通人都会有自己的政治倾向。如上所述，喜很可能是在安陆出生的，他出生时已在秦军据有楚鄢郢腹心地带十六年之后。根据秦律，他应当在出生之后，就被登记著籍，成为秦民；在十七岁那年，"傅"，正式拥有了秦的"臣民权"。他努力学习秦的文字，熟读、抄录秦的法律条文、相关解释及案例；经过努力，他获得了"史"的资格，然后走上了小吏的仕途。他不是一位成功的官吏，没能够在伟大的秦始皇时代建功立业，升官晋爵，只是一个在县廷里做事的普通小吏。他自己及其家人的名字是秦式的，用秦的篆文书写；他研究和使用的《日书》虽然杂用楚、秦《日书》，但当以秦地《日书》为主。最后，他被葬在秦式的墓葬里。所以，喜终其人生，都是秦人，是秦的"民"（"黔首"）与"吏"。

喜不可能是楚人。他没有成为楚人的机会。虽然在他生存的大部分时间里，楚国仍然存在，并且还比较强大。但是，苏秦、张仪的时代已经过去了，更重要的是，喜并没有苏秦、张仪那样的能力与地位。他只能老老实实地努力做一个秦人。他当然会关心秦与六国间的战事，并且自己也应征从军服役，但在秦与楚、魏、韩、赵、燕、齐等国之间，他并没有选择。

没有人自己选择了"出生"，所以，一个人生下来，属于何种人，是由外部界定的，不会出于其意愿。而要改变其与生俱来的属性身份，则必须具有较强的能力，并付出较大的努力，才有可能。对于大部分普通人来说，属于何种人（特别是其"族属"与"地属"），实际上在其出生时就已被确定下来了。换言之，一个人的"身份"是由"外部世界"、从"外部"给予的，或者说是"强加的"，其自身是否"认同"、怎样"认同"这种"身份"，对他已被给予的"身份"，并没有根本性的意义。

界定一个人属于何种人、确定其"族群属性"，主要有四种方式或原则：

一是根据其"族属"确定其归属，即在血缘或想象的、虚拟的血缘关系上，他属于何种人群。"族属"的界定是由"家属"关系扩展而来的：一个人"属于"某一个家庭（同居的直系三代亲人），其家庭"属于"某一个"家族"（五服之内），"家族"又属于某一个"宗族"（五服之外，同姓共祖），"宗族"又可以归入一个更为广大的"氏族"或"民族"（拥有想象的共同祖先）。在每一层归属关系上，都被认为存在着某种自然的、想象的或"虚拟的"（"假托的"）血缘关系。因此，"族属"是以血缘关系为线索、从人的"自然属性"（包括真实的、想象的与虚拟的"自然属性"）对个体身份做出的界定。

二是根据其"地属"确定其来源，即根据其出生、居住与主要活动和社会关联所在的地域，界定他是属于何种地域人群。"地属"的界定最初是对于"族属"关系的补充或修正：如果某一"族"（无论是家族、宗族还是氏族、民族）均集中居住于某一地，那么，以"族"界定其身份就足够了。可是，随着人口增加，"族"发生了分化与迁移，同"族"之人分住于不同地方，这就需要用"居地"以明确界定其属性。因此，"地属"主要是在同一"族属"前提下进一步的划分与界定，只有在"族属"关系不明确或无法用"族属"关系界定的时候，才会使用"地属"界定。

三是根据其"隶属"确定其身份，即在权力关系上，他隶属、服从于何种权力组织或权力体，他就是哪个权力组织或权力体的人。在人类历史上，最重要的权力体当然是国家，所以，从"隶属"关系界定的个人身份，最重要的就是"某国人"。当"族"主要表现为一种权力组织的形态时，"族属"实际上也是一种"隶属"关系。可是，"隶属"关系的层级分化要复杂得多。处于权力体核心部分或顶端位置的人，虽然也"属于"这个权力体，实际上却是权力体的控制者、领导者或"主人"；处于权力体边缘、"隶属"程度较弱的人群，可能游离于不同的权力体之间，"两属""多属"或者没有明确的"归属"。总的说来，从权力体的核心到其边缘，"隶属"关系是递减的。所以，同样作为"某国人"，无论对于具体的个人，还是对于"某国"，都可能有着完全不同的内涵与意义。

四是根据其"文化属性"（"文属"），界定某一个体属于某一种文化人群。"文化属性"的内涵相当广泛，但是，一般用于划分文化人群并界定某一个体属于某一文化人群的"文化特征"，却不外语言文字、信仰祭祀与日常行为方式三端。

使用不同的语言（包括同一语言系统的不同方言）与文字（包括同一文字系统的不同书写方式）、信仰并祭祀不同的神明，以及日常生活习性（包括饮食、居住等）、行为方式（如勤劳、顺从或冒险、反抗等）的不同，是可供观察、描述的文化特征，而且在具体的个人身上可以较为明显地辨识出来，所以，可以用于界定个体的"文化人群属性"。虽然人群的文化属性一般是在特定族群的历史进程中形成的，并集中于某一特定地域，且受到特定权力体（政治实体）的支持或保护，但个体的文化属性事实上却是可以独立存在的。所以，界定个体的文化属性，实际上是以人群的文化属性去界定个体，因而也是由"外部"做出的界定，是外部世界强加给个体的。

这四种界定个体身份的方式或原则，分别从人的血缘属性、地域属性、政治属性与文化属性的角度，从外部，给个人的属性做出身份性的界定，标识他属于何种人。显然，这些属性是相互交叉或重叠的，所以，人的身份也就是多重的。其中，在中国历史上，血缘属性、地域属性与文化属性，在很大程度上都是与权力分不开的，均具有政治性，所以，政治属性是中国古代"人"最重要的属性，个体最重要的身份是其政治身份，亦即他在政治上属于何种人。

在喜的时代，"秦人"是一种政治身份。

在先秦典籍中，"秦人"本是指秦国的国君及其公族。鲁僖公二十八年，城濮之战后，晋文公在温地与诸侯盟会，《春秋》经书其事，谓鲁僖公"会晋侯、齐侯、宋公、蔡侯、郑伯、陈子、莒子、邾子、秦人于温"。[51] 这里的"秦人"，是指参与城濮之战及与盟的秦国国君任好，即后来的秦穆公（缪公）。桓公十年，"秦人纳芮伯万于芮"。[52] 当时在位的秦君是秦出子，只有六岁；决定将在此前秦军围魏地时俘获的芮国国君万送回芮国的"秦人"，应是当时秦国秉政的大庶长弗忌、威垒、三父等，都属于秦国公族。[53] 这表明"秦人"既可指秦的国君，也可以指其公族。

由国君及其公族扩展开来，"秦人"遂得指称秦的"国人"。僖公二十五年秋，秦、晋两国攻伐秦、楚交界地带的小国都国，楚以申息之师戍守商密，"秦人过析隈，入而系舆人，以围商密"；"商密人"于是投降了"秦师"。[54] 显然，经过析邑城下、进围商密的"秦人"，就是"商密人"所降的"秦师"，亦即秦国军队，而秦军显然是由秦的"国人"构成的。僖公三十三年，秦晋交争，战于殽，秦军大败。《春秋》经书其事，先于二月下记，"秦人入滑"；复于四月下载，"晋人及姜戎败秦师于殽"。其中所说的"秦人"，也就是"秦师"。[55] 此类例证甚多，不须具举。

《战国策·秦策》"卫鞅亡魏入秦"章说秦孝公死后，惠文王（惠王）继位，有人对惠文王说："今秦妇人婴儿皆言商君之法，莫言大王之法。是商君反为主，大王更为臣也。"商君被秦惠文王车裂处死，"秦人不怜之"。[56] 这里的"秦人"，显然包括游说惠文王之人所说的"秦妇人婴儿",较之上引《春秋》经传中所说的"秦人"相当于"秦军",指称的范围又广了很多。在这个意义上所说的"秦人",涵盖与"秦民"大致相同,亦即居于秦国疆域内、处于秦国统治下的人民。"昭王既息民缮兵"章记武安君白起之言,说长平之战:"秦军大克,赵军大破;秦人欢喜,赵人畏惧。秦民之死者厚葬,伤者厚养,劳者相飨,饮食餔馈,以靡其财。"[57] 其所说的"秦军""秦人"与"秦民"分别指秦国的军队与人民,"秦人"与"秦民"的涵盖大致相同。"谓应侯曰君禽〔马服乎〕"章中说:"天下之民,不乐为秦民之日固久矣。"[58] 以"天下之民"不乐为"秦民",则"秦民"指秦国统治下的"民"。《史记·秦本纪》说秦穆(缪)公卒,"秦之良臣子舆氏三人"亦从死,"秦人哀之,为作歌《黄鸟》之诗"。又记商鞅变法,"法大用,秦人治"。[59] 其所说的"秦人",也都是指秦国的人民。

因此,"秦人"所指称的人群范围实际上不断在扩大,凡是纳入秦国的统治之下、居住在秦统治区域内的人,大抵皆可称为"秦人"。《战国策·秦策二》"楚绝齐"章记秦惠文王对陈轸说:"子秦人也,寡人与子故也,寡人不佞,不能亲国事也,故子弃寡人事楚王。"[60] 陈轸本为齐人,其时为楚臣,而秦惠文王以其曾经在秦国做过官之故,称其为"秦人",虽然系外交辞令,但也说明"秦人"乃一个开放的概念。

正因为此,就形成了"故秦人"与"新秦人"的分别,

前者盖指本属秦国统治的关陇、巴蜀地区的人民，后者则指
战国中后期秦扩张征服的、原属六国统治地区的人民。《商君
书·徕民》中说，秦国地广人稀，人民都有田宅；三晋地狭
人稠，人民大都没有田宅，"其土之不足以生其民也，似有过
秦民之不足以实其土也"。其所说的"秦民"与"三晋民"相
对应，是指秦国统治下的秦地之民。对于前来投附的三晋士民，
如果能够免除其三代人的兵役，并且免除十年的赋税，那么，
"山东之民"自然会投附秦国。这样，就可以使"故秦 [民]"
专门打仗（"事敌"），而使"新民"从事农耕（"作本"）。所以，
建议"令故秦 [民事] 兵，新民给刍食"。[61] 在这里，"故秦民"
是指原属秦国统治的"秦民"，"新民"则是指新归附秦国或
被秦国征服的"民"，他们也是"秦民"，与"故秦民"相对应，
可称为"新秦民"。[62] 睡虎地秦简《秦律杂抄·游士律》规定：
如果县中发现未持有合法证件的"游士"居留，要处以罚赀
一甲；到了岁末，要督责他入籍或离开。秦国本土的人（"故
秦人"）如果离开秦国本土，要取消他原来在本土的户籍；爵
级在上造以上的，要罚作"鬼薪"；公士以下的，要罚作"城
旦"。[63] 这条"游士律"应当主要是针对秦国本土的，在秦国
本土的"游士"自然来自六国，所以，要想方设法，使他们
成为"新秦人"；而对于秦国本国的"故秦人"，则尽可能阻
止他们离开秦国本土。这说明"故秦人（民）"与"新秦人（民）"
之间，还是有区别的。

岳麓书院藏秦简"多小未能与谋案"

"多小未能与谋案"发生在秦王政二十年。"故（？）秦人"
男子多，当秦王政十年时，与母亲兒一起"邦亡荆"，即脱离
其原在秦国本土的户籍，逃亡楚地，居住在庐溪。当他们逃
亡入楚地时，多只有十二岁，所以母亲兒并未就逃亡之事与
他商议。秦军攻取楚地的庐溪，抓住了已二十二岁的多，而
其母此前已辞世。在此之前，多已因军功获得小走马的爵级
（秦爵第三级，与簪褭大致相同），被抓住后，被削除了爵级，
降为普通的士伍。在案件审理过程中，又怀疑多可能涉嫌犯
有其他罪行，所以，虽然有人建议对他免予处罚，但也有人
建议加重处罚，将他黥为城旦。[64] 多的案子之所以受到关注，
大概就是因为他是"故秦人"。

"癸、琐相移谋购案"发生在秦王政二十五年。男子治
等八人、女子二人被控为"群盗盗杀人"，"治等四人言秦人，
邦亡，其它人不言所坐"["治等四人曰邦亡，不智（知）它
人辠（罪）"]。大意是说：治等四人自称是秦人，自秦国本
土逃到楚地来；其他六人则是州陵县校长癸、沙羡县士伍琐
等为了冒领赏金乱捕而来的，不知道犯有什么罪，不当受到
惩罚。[65] 治等群盗在州陵县校长果的辖区里杀人，受追捕逃
到沙羡县境内，而他们自认为秦人，"狱状"也将之按秦人处
理，他们很可能真是从秦地逃亡而来的秦人；而其余六人，
则很可能是当地土著的楚人，可能并未按照秦律登记著籍。

"尸等捕盗疑购案"也发生在同一年。州陵县的求盗尸

等捕获秦男子治等四人、荆男子阆等十人，控告他们"群盗盗杀伤好等"。"治等曰秦人，邦亡荆；阆等曰荆邦人，皆居京州。相与亡，来入秦地，欲归羛（义）。行到州陵界中，未诣吏，悔。谋言曰：治等巳（已）有皋（罪）秦，秦不□归羛（义）。来居山谷以攻盗。""京州后降为秦。为秦之后，治、阆等乃群盗盗杀伤好等。"阆等本是荆人（楚人），居住在京州，其时京州还没有归秦。他们相互商量好，打算以"归义人"的身份主动投附秦。一伙人走到已在秦统治下的州陵县境，遇到了从秦地逃亡来的秦人治等，听他们说起秦的情况，认识到秦并不奉行"义"，就和治等人一起，逃亡到山谷中住下来。后来，秦军打下了京州，治、阆等只好结为"群盗"，并杀伤了好等人。秦人治、荆人（楚人）阆结伙共为群盗，同逃亡，一起被捕，反映出亡为"群盗"之后，秦人、荆人的分别就不重要甚或不存在了。而在结案的判决中，两者还是有区别的：治等四人是秦人，抓获他们的尸等人获得赏金七两；阆等十人是荆人（楚人），尸等获赏金三两["治等，审秦人殴（也），尸等当购金七两；阆等，其荆人殴（也），尸等当购金三两"]。显然，秦人比荆人（楚人）"值钱"。[66] 在这份文书中，阆等十人被称为"荆男子""荆人""荆邦人"，因为他们并未入秦的籍，不能算作"新秦人"；也因为他们不是秦人，所以，抓获他们的尸等人获得的赏金，就远远低于抓获秦人治等人所得的赏金。

　　在秦始皇二十六年之前，"秦人"作为一种政治身份，还是非常清楚的。里耶简 8-67+8-652 所记是秦始皇二十六年十二月二十九日尉守蜀的一份报告。蜀的报告中首先引述泰守的令，其中说到"秦人""秦吏"应当"自捕取"某些物产，并在每年九月十五日（秦以十月为岁首，九月为当年最末一月）将所获"物数"上报给泰守府。简文残缺不全，然其中说到的"秦人""秦吏"显然是指驻屯在新占领区的秦人与秦吏，是相对于当地人而言的。对于原属六国的"归义"者，也清楚地予以区分。秦始皇二十六年十一月五日，迁陵县贰春乡的乡守后报告说，他收到了上司所转发的丞相令书，令书规定："对于降附归义的魏国城邑之民，如果发现其原有的臣妾被俘获，要归还给他。"["得巍（魏）城邑民降归义者，有故臣妾为拾虏，以鼠（予）之。"]⁶⁷ 这条令虽然是优待魏国降附民众的，但将魏人区别对待之意，也相当明显。

　　秦始皇二十六年统一全国之后，天下之"民"均被统称为"黔首"，所以，在法律规定的身份上，就不再有"秦人（民）""荆人（荆邦人）"之类的分别，也不再有"故秦人（民）"与"新秦人（民）"之分。当然，新征服、归附和著籍的"黔首"仍然称为"新黔首"。岳麓书院藏秦简 1114+0918+1935 所记是关于一个婴儿的处理意见。泰山守报告说："新黔首、不更昌等夫妻盗"，被抓获后罚作鬼薪白粲。其子尚幼，不能自食，如果按规定收捕，一定会死在路上。丞相府的处理意见是：如果不满八岁，就寄放在他父母的亲戚处，不必收捕。[68]泰山郡辖区是齐国故地，昌有秦的爵（不更），仍被称为"新黔首"，当是被征服齐地的土著民。张家山汉简《奏谳书》所记案例中，有一件是秦始皇二十八年的南郡狱簿。此案的本末，大略是：苍梧县利乡发生反叛事件，苍梧郡守竈、尉徒令攸县令嫚及丞魁、令史猷和义等发"新黔首往击"；"义等将吏卒、新黔首击反盗，反盗杀义等，吏、新黔首皆弗救援，去北"。御史令南郡严查，"新黔首恐，操其假兵匿山中"，"黔首当坐者多，皆摇恐吏罪之，又别离居山谷中"。在所发新黔首中，有来自攸县者，攸县令史猷，"并主籍。其二辈战北当捕，名籍副并居一笥中，猷亡，不得，未有以别〔知〕（智）当捕者"。[69]狱簿称苍梧、攸县等地为"所取荆新地"，则秦据有其地未久，然已建立起版籍控制体系；"荆新地"之民称为"新黔首"。

　　所有著籍的编户齐民虽然被统称为"黔首"，而其原有的地域身份却并未消弭，反而得以突显出来。在里耶所出户籍简中，南阳里的蛮强、黄得等人，均被注明是"荆"人。里耶简 9-1205 残缺较甚，然从残存简文中，依然可以辨析出，所记二人，"其一秦，一人荆，皆卒"。这两个人，都是秦军中的兵卒，当然都是"黔首"；"秦""荆"显然是指其本为秦人和荆人。在秦始皇二十六年之后的户籍或吏卒籍上，很可能均注明了其原来属于何国之人，即秦、荆、魏、韩等，而且，很可能具有表明其身份高低或政治上可靠程度的意义。

岳麓书院藏秦简0895+1113+1037+1012+1013+1004是有关"新地吏"受贿或索贿处罚的一条法令。它规定在新征服地区任职的官吏（新地吏）及其私人随从"舍人"，如果接受了"新黔首"的钱财、酒肉或其他事物，或者采取各种手法获取财物，都适用于"偷盗法"（"与盗同法"）。[70] 官吏受贿、索贿，采取各种办法以敛财，本是普遍现象，而法律特别规定了适用于新地吏与新黔首的条文，说明二者都有较为特殊的政治意义。

里耶秦简9-2300也是一枚断简，仅见有"都乡黔首毋濮人、杨人、夷人"等十一字。简9-1305见有"都乡黔首毋良药芳草□☑"。其表述结构与简9-2300一致。所以，这里的"毋"当释为动词，应当是说都乡的黔首不要包括濮人、杨人、夷人等。简9-1145亦残缺，然其第一行见有洞庭假守绎，第二行见有"不通，濮人曰臣，夷人曰"等九字，第三行见有"濮人、夷补，须濮人、夷人大"等十字，其中可判断其意者为"濮人曰臣"。这条简文的意思，或者是说濮人、夷人等本来的身份，大抵只相当于臣、隶，是不能参加重要事务的；现在因某事"不通"，须增加人手，故特别允许征召部分濮人、夷人。据此，推测简9-2300之意，或当是说在迁陵县都乡，濮人、杨人、夷人等不能入籍为黔首，其身份大致相当于隶臣。

秦灭亡六国，统一天下后，对于六国故民的处理与安置，是一个最重要的问题。岳麓书院藏秦简 1029+1028+0960+0921+0898+1111+1021+1019+1016+1122+0965+0961+2053+1119+0897+1112+1038 可连读，涉及对六国故民的处理，特别是其后半部分，当是"治从人令"。简文说：代理尉正的（"假正"）夫报告说，抓到了一批曾参与过联合抗秦的"从人"，共二十四人，其中包括"故赵将军乐突"的弟弟，舍人祒。根据法律，将他们全部罚作城旦，送往巴县去运盐。御史的回复意见说巴县运盐的人已经够了（"巴县盐多人"），要求把这批人中已罚作城旦和舂的，送往洞庭郡去，安置在不易逃亡的地方，让他们做苦力（"处难亡所，苦作"），并严加看守，让他们终身得不到赦免（"谨将司，令终身毋得免赦"）；押送他们的路上，要像对待强盗那样，给他们戴上刑具，而且要捆绑牢固（"皆盗戒胶致桎，傅之"）。那些参与抗秦，身份只是士伍、庶人的普通民众，则要安置到苍梧。苍梧守要把他们分开来，安置在人烟稀少的地方（"苍梧守均处少人所"）；路上要是发现有人试图逃亡，就给他戴上刑具（"疑亡者，戒胶致桎，傅之"）。在简文中，假正与御史都分别引用一条法律规定："故代、齐从人之妻子、同产、舍人及其子已傅、嫁者，比故魏、荆从人。"（"故代、齐从人之妻子、同产、舍人及其子已傅、嫁，不当收者，比故魏、荆从人之妻子、同产、舍人及子已傅、嫁者。"）御史并详细规定了"治从人"的各种措施与适用法律。[71] 显然，曾经参与抗秦活动的"从人"

是当时的政治犯，是需要从重从快、严厉打击的。御史引用的法律规定：办理"从人"的案子，对于未抓获的"从人"，一定要详细地写明白（"具书"）其名、族、年、长、物、色、疵瑕等，以向各县、道发出通缉令。那么，这些"从人"被抓获、罚作城旦或舂之后，其名、族也是要被写明的。对于未曾参与抗秦的六国士伍、庶人，虽然未必如此严格，但在他们被录为"新黔首"时，除了"名"之外，大约也要著录其"族"或来源地的，而族与来源地，正反映了其故属之国。

由此，可以大致揣测：在秦始皇二十六年统一全国之后，天下之民均统称为"黔首"，并不意味着天下的编户齐民都是"齐等"的。在秦的户籍、兵籍上，很可能注明了其原本所属之国；如果是原本未入籍于诸国的濮人、奥人等，则连入籍成为"黔首"的资格都没有，只能作为臣、隶。这样，实际上就形成了一个从秦人、六国之人到濮人、奥人等夷人的、由中心到边缘的层级制身份体系。在这个体系中，当然秦人的身份最高，六国之人身份次之（六国之人可能也排成序列），而濮人、奥人、杨人之类的"夷"可能身份最低，低到甚至不能著籍成为"黔首"。我们怀疑在六国之人中，荆人（楚人）的地位也较低，可能是六国之人中最低的，但没有充分的证据。

因此，喜及其家人，当然是秦人，即便他们原来不是"地道的"或"正宗的"秦人，也要努力学习、争取做"秦人"。

那么，"秦人"又包括哪些人呢？其各自的身份与阶级若何？喜及其家人，可能具有怎样的社会地位呢？

岳麓书院藏秦简"治从人令"末尾说："谨布令。令黔首、吏、官徒隶、奴婢明智（知）之，毋巨（岠）罦。"[72] 是以黔首、吏、官徒隶以及奴婢皆为"布令"的对象。里耶秦简 8-769 是秦始皇三十五年八月三日启陵乡守狐回复县廷要求取鲛鱼与山今鲈鱼的报告，其中说："问之启陵乡吏、黔首、官徒，莫智（知）。"乡吏、黔首、官徒是启陵乡所属的三种人。简 8-389+8-404 是一支断简，只见有"主贰春、都乡"及"吏卒、黔首及奴婢"等字样，推测涉及贰春、都乡（以及启陵乡）所管领的吏卒、黔首与奴婢。简 9-557 也是一支断简，盖谓当地有"蛮夷"，"时来盗黔首、徒隶田蔺者，毋吏卒☐"。大概是说耕田采集的黔首、徒隶经常受到蛮夷的侵扰，而并无吏卒给予保护。

"吏卒""黔首""徒隶""奴婢"，是秦对其所统治对象的身份界定与划分。这些用于界定身份的用语，分别指称怎样的人？具有怎样的内涵与意义？在秦统一前后，上述身份界定与划分又有哪些变化，其原因与意义又若何？

四、吏卒

《史记·项羽本纪》记巨鹿之战后，项羽军进至新安，"诸侯吏卒异时故繇使屯戍过秦中，秦中吏卒遇之多无状，及秦军降诸侯，诸侯吏卒乘胜多奴虏使之，轻折辱秦吏卒"。秦吏卒或有异动，项羽乃与黥布、蒲将军计谋，以"秦吏卒尚众，其心不服，至关中不听"，遂"夜击坑秦卒二十余万人"，"而独与章邯、长史欣、都尉翳入秦"。[73] 则"吏卒"所指，大抵是军吏与兵卒，并不包括将官。《史记·傅靳蒯成列传》说汉王二年靳歙在楚汉战争中，击邢说军，"身得说都尉二人，司马、候十二人，降吏卒四千一百八十人"；又攻破赵军，"得其将司马二人，候四人，降吏卒二千四百人"。[74] 据此，则知都尉、司马、候等军中将官，并不在"吏卒"之列。

睡虎地秦墓竹简《秦律十八种》"置吏律"共有三条。其第一条规定："县、都官、十二郡免、除吏及佐、群官属，以十二月朔日免、除，尽三月而止之。其有死亡及故有夬（缺）者，为补之，毋须时。"其所说之"吏"由县、都官和郡自除、补、免，与佐、群官（当指县、都官与郡直属的诸官）的"属"并列，显然是指县、都官、郡所属吏员。其第二条说"除吏、尉，已除之，乃令视事，及遣之"；"啬夫"若调任"它官"（其他的机构），"不得除其故官佐、吏，以之新官"（不得在新任官署任用其原任职机构的佐、吏）。此条中，前一个"吏"与"尉"并列，任命后即须立即上任视事，应是负责任的长吏；后一个"吏"则与"佐"并列，是啬夫（责任长官）的属吏。其第三条规定：若官啬夫（诸种机构的责任长官）不在，应让令史之类"君子毋（无）害者"负责官署的运作（"守官"），

"毋令官佐、史守"。[75] 显然，诸官署中的令史、佐、史都是"置吏"的对象，属于"吏"。

岳麓书院藏秦简《秦律令》（一）录有"置吏律"五条。其第一条说："县除有秩吏，各除其县中"；若"欲除它县人及有谒置人为县令、都官长、丞、尉、有秩吏，能任者，许之"；若"县及都官啬夫"被免职或改徙他任，可解除其原"所任者"的职务；新任长官（"新啬夫"）若认为其不能胜任，亦得免除其职务。此条所涉及的"吏"，既包括县令、都官长、丞、尉、有秩吏，也包括县、都官的长官（啬夫）"所任者"（属吏）。其第二条说："县除小佐毋（无）秩者，各除其县中，皆择除不更以下到士五（伍）史者为佐，不足，益除君子子、大夫子、小爵及公卒、士五（伍）子年十八岁以上者备员。"所涉及的，乃无秩的小佐。其第三条说："有辠以镬（迁）者及赎耐以上居官有辠以废者，庸、收人、人奴、群耐子免者，赎子"，要检查相关的考核记录与籍簿（"傅其计、籍"），若发现其中有被任为"冗佐、佐吏、县匠、牢监、牡马、簪褭者"，"毋许"。则冗佐、佐吏、县匠、牢监、牡马、簪褭等，也属于"吏"的范畴。其第五条规定："补军吏、令、佐、史，必取壹从军以上者。"这里的"军吏"当指校长、发弩守等军中武职，而令、佐、史则当指军中的文职吏员。[76]

因此，秦时所称的"吏"，当包括县、都官之令、丞、长、尉，有秩吏、佐、史、属（包括冗佐、佐吏等），以及军中的基层武职和文职人员，不包括县、都官啬夫以上的高级官员和军中的将官。

里耶秦简 9-633《迁陵吏志》谓迁陵县有"长吏三人，二人缺，今见一人"。其所说之长吏三人当即令、丞、尉，"今见一人"当即守或丞、尉。其余吏员（编制九十八人，实任五十人），包括令史（编制二十八人，实任十八人，十人徭使）、官啬夫（编制十人，实任五人，三人徭使，缺二人）、校长（编制六人，实任二人，四人缺）、官佐（编制五十三人，实任二十四人，二十二人徭使，缺七人）、牢监（一人），皆为普通吏员。《汉书·百官公卿表》叙云：

> 县令、长，皆秦官，掌治其县。万户以上为令，秩千石至六百石。减万户为长，秩五百石至三百石。皆有丞、尉，秩四百石至二百石，是为长吏。百石，以下有斗食，佐、史之秩，是为少吏。[77]

此言汉代县廷以令、长、丞、尉为长吏，"掌治其县"，"主理其县内"，是责任官员；百石以下至于斗食，乃佐、史之秩，则为少吏。则知汉时与"长吏"相对应者，即为"少吏"。张家山汉简《二年律令》"贼律"有一条规定，说"长吏以县官事殴少吏者"，得毋用"以县官事殴若詈吏，耐"之律。[78] 则知汉初"少吏"确与"长吏"相对应。里耶简 8-1721 是一支

秦始皇陵所出"中级军吏俑"

残简，其大意是要求相关部门、人员妥善保管"畜及钱财、财物"，"毋令少吏、吏徒"有机会挪用、占据。简文中的"吏徒"当指军吏士卒，"少吏"应即各部门、机构的普通吏员。岳麓书院藏秦简《秦律令》（一）引秦王政二十年二月辛酉内史之言，谓若"里人及少吏有治里中，数昼闭门不出入"，请县廷以律论之。又说："乡啬、吏智（知）而弗言，县廷亦论"；要求"乡啬夫、吏令典、老告里长，皆勿敢为"。[79] 这里的"少吏"与里长、里人共治于里中，其上有乡吏、乡啬夫，则其地位尚低于乡吏、乡啬夫。

　　长吏，是掌治之吏，又是众吏之长。睡虎地秦简《秦律十八种》"仓律"规定纳禾谷入仓时，"县啬夫若丞及仓、乡相杂以印之"；其下文又说，"长吏相杂以入禾仓及发"。后句中的"长吏"，当即上句中的"县啬夫若丞及仓、乡"。[80] 换言之，"长吏"除指县令、丞、尉等县廷长官外，还包括了仓、乡的长官（啬夫、守）。另一条律令规定：县仓在出禾谷、刍稾（稿）时，要上报县廷，"廷令长吏杂封其廥，与出之"。[81] 其所说之"长吏"，当是指仓啬夫（守）。"金布律"述及吏置仆养、车牛，规定"都官有秩吏及离官啬夫"（同条下文又称为"官长"）各有仆养一人，"其佐、史"则共同使用仆养（"共养"）与牛、车，[82] 是将吏分为有秩吏（官长，含离官啬夫）与佐、史两类。有秩吏当即相当于长吏，而佐、史当即属于少吏。所以，秦制的"长吏"即"官长"之谓，指称责任长官；"少吏"即属吏，是官长下属的吏员。

长吏皆为"有秩吏""有秩之吏"，即享有秩禄的吏。少吏则当属于"月食者"，即按月领取禀食。睡虎地秦简《秦律十八种》"仓律"规定，"月食者"因"公使"或"告归"而月底不在，则停发其下月禀食，"有秩吏不止"。[83] 显然，"月食者"与"有秩吏"是两种吏。"有秩吏"的收入，包括秩禄与月食两部分。睡虎地秦简《秦律十八种》"金布律"说：如果官啬夫负债欠赀而贫无以偿，可"稍减其秩、月食以赏（偿）之，弗得居"。[84] 里耶简 8-1345+8-2245 记秦始皇三十一年五月乙卯，时任迁陵县丞昌从县仓领取了四、五两个月的禀食，共计稻一石一斗八升，仓守是、史感、禀人援具体经手此事。而少吏（属吏）则只有月食，并无秩禄。某年八月丙戌，令史旌从仓守是、史感、禀人堂处领取了禀食（里耶简 8-1031）；秦始皇三十一年七月二十九日，佐蒲、就从启陵乡守带、佐缺、禀人小处领取了七月各二十三日的禀食，共计三石泰半斗（里耶简 8-1550）。

上引《史记》之《项羽本纪》与《傅靳蒯成列传》所称"吏卒"之吏，则是军吏。睡虎地秦简《秦律杂抄》有一条规定："徒卒不上宿，署君子、敦（屯）长、仆射不告，赀各一盾。"[85] "徒卒"乃指普通士兵，署君子、屯长、仆射皆当是基层军士，亦即军吏。《秦律杂抄》另有一条规定，说"不当禀军中而禀者，皆赀二甲，法（废）；非吏殹（也），戍二岁"。在军中领取禀食、却并非"吏"的人，自当是"卒"。"徒食、敦（屯）长、仆射弗告，赀戍一岁；令、尉、士吏弗得，赀一甲。"同一条下文又说："军人买（卖）禀稟所及过县，赀戍二岁；同车食、敦（屯）长、仆射弗告，戍一岁；县司空、司空佐史、士吏将者弗得，赀一甲；邦司空一盾。"[86] 此处的"士吏"将兵，当是一种军吏，身份要高于屯长、仆射，而与县司空的佐、史相近。岳麓书院藏秦简《秦律令》（一）"尉卒律"规定："县尉治事，毋敢令史独治，必尉及士吏与，身临之，不从令者，赀一甲。"[87] 其所说之"士吏"，当不包括尉之佐、史，而当是军中的基层军官。《秦律令》中另有一条规定，说如果"材官、趋发、发弩、善士敢有相责（债）入舍钱酉（酒）肉及予者"，"士吏坐之，如乡啬夫"。[88] 军中的士吏，地位与乡啬夫大致相同。

里耶秦简 8-482 记县尉的考课项目，包括"卒死亡课""司寇田课""卒田课"等三课，说明县尉管辖的，除士卒外，还包括司寇。里耶简 8-132+8-334 是一支残简，其大意是说尉守狐在十一月己酉至十二月辛未间视事，在此期间所领诸种士卒合计六百二十六人，包括"冗募群戍卒"一百四十三人。这应当是迁陵县尉所领的大致兵力。里耶简 8-1552 应当是迁陵县廷给县尉的文书，要求尉"以书到时，尽将求盗、戍卒枭（操）衣、器诣廷，唯毋遗"。则知县尉所领部队，分为"求盗"和"戍卒"两部分。无论是求盗还是戍卒，各基层部队的指挥官，都是"校长"。据简9-633所录《迁陵吏志》，迁陵县编制有校长六人；则每位校长所领士卒，大约为一百人。

卒、徒以及士吏在服役期间皆当按月领取稟食。里耶简9-174+9-908记载，秦始皇三十一年六月三日，来自安陵县昌甚里、在迁陵县屯戍的士伍广，从田官守敬、史部、稟人媭处领取了粟米一石九斗少半斗。当年四月一日，贰春乡守氏夫、佐吾、稟人蓝向来自江陵县戏里的屯戍司寇□（人名恰缺）发放了稟食粟米四斗泰半斗，令史扁负责监督检查（"视平"）（里耶简9-761）。秦始皇三十三年十月十九日，发弩[守]绎、尉史过贷给来自醴阳县同□里的罚戍士伍禄粟米一石九斗少半斗（里耶简8-761）。凡此，皆说明服役期士卒得领取官府发放的稟食。

这里有一个问题需要辨析，即吏卒与军功爵之间的关系。《汉书·百官公卿表》叙说：

> 爵：一级曰公士，二上造，三簪裹，四不更，五大夫，六官大夫，七公大夫，八公乘，九五大夫，十左庶长，十一右庶长，十二左更，十三中更，十四右更，十五少上造，十六大上造，十七驷车庶长，十八大庶长，十九关内侯，二十彻侯。皆秦制。以赏功劳。[89]

如何看待《汉书·百官公卿表》所记的二十等爵制，以及秦爵与汉爵的关系，论者颇有分歧，而论者之共识，大抵认为上述二十等爵中的前八等爵，都可以授给一般庶民与下级官吏，其中前五等是民爵，六、七、八三等是吏爵；五大夫以上，则是秩六百石以上的官吏才可以受的爵，属于官爵。如果从爵级的角度来说，拥有官爵的是"官"，拥有吏爵的是"吏"，有民爵和没有民爵的"民"都是"民"。[90]但这主要是就汉制而言的，秦时是否有如此分划，实颇值得怀疑。

公士是最低一级的军功爵。里耶秦简 8-60+8-656+8-665+8-748 见有一位公士，是燔道西里的亭，在迁陵县的少内担任冗佐。另一位公士竭，来自旬阳陷陵，在迁陵县担任史冗（简 8-1275）。还有一位公士贺，来自城父县西平里，在迁陵县做更戍卒（简 9-885）。获得最低一级爵公士的人，既可能做最低级的小吏（冗佐、史冗之类），也可能作为"卒"参加"更戍"（轮流戍守）。

秦始皇二十七年八月，时任迁陵县丞欧因未能觉察男子毋害"诈伪自爵"而受到指控，迁陵守拔负责讯问欧。欧自述其爵级为上造，原住于成固县畜园里，受任为迁陵县丞（简 9-2318）。秦始皇三十年，迁陵县丞昌由于在审理案件中运用法律不当，受到指控，并由狱史堪负责侦讯。昌陈述自己的履历："上造，居平□，侍廷，为迁陵丞"（简 8-754+8-1007）。酏是迁陵县的守丞，原住竟陵县阳处里，爵级也是上造（简 8-896）。秦始皇三十二年,迁陵县启陵乡守夫因违法受到处分,被调往临沅县担任司空啬夫。他本住在梓潼县武昌里，爵级也是上造（简 8-1445）。简 8-879 是一支残简，人名恰缺，他是芒县安□里人，爵为上造，在迁陵县应役时是冗佐。来自武陵县当利里的敬，来自旬阳县平阳里的操，爵也都是上造，也都在迁陵县做冗佐（简 8-1089、简 8-1306）。来自阳陵县西就里的駬，爵为上造，做了八年的冗佐（简 8-1450）。来自临汉县都里的上造援，曾"为无阳众阳乡佐三月十二日"；到迁陵县应役时，身份是县库的冗佐（简 8-1555）。上造是秦爵的第二级。据今见材料，大部分上造都担任级别不等的吏职，从冗佐到县丞。但即便担任县里的守丞乃至丞，其爵位也并没有晋升，还是上造。

也有的上造，并不担任吏职，而只是普通的"卒"。简 9-6 中所见来自阳陵县褆阳里的上造徐，简 9-268 所见来自虞县吉里的上造□，都是普通戍卒。简 9-630+9-815 是迁陵县司空色的爰书，其中说涪陵县高桥里的上造难，本来是"吏"，现以"卒"的身份应役屯戍（"吏以卒戍"）。那么，上造本来是可以做"吏"的，只是因为违法等原因，才以"卒"的身份应役戍守。

同样，簪袅（秦爵第三级，又称为"走马"）如果应役，也应当担任吏职。里耶简 8-781+8-1102 是秦始皇三十一年六月六日迁陵县的田官守敬、佐郤、稟人婬出贷稟食给"罚戍簪袅壤（襄）德中里悍"的记录。悍又见于简 8-1574+8-1787，是在同一年的七月二十三日，仍由田官守敬等发放禀食给屯戍的簪袅黑（襄县完里人）、士伍增（朐忍县松涂里人）等，由"敦长簪袅襄壤（襄）德中里悍"负责接收。结合这两支简牍所记，可知悍本是襄县怀德中里人，爵位是簪袅，他被"罚戍"才到迁陵县来屯戍，在军中仍给他安排了"敦长"。与他同县的黑爵级也是簪袅，地位排在士伍增之前，说明即便"罚戍"，簪袅也还是不同于普通的士兵。

不更是秦爵的第四级。里耶秦简 8-987 见有"充狱史不更宽受嘉平赐信符"。不更宽是狱史。从狱史堪可以审理迁陵县丞欧与昌的案件来看，狱史的地位是比较高的。简 9-14 是秦始皇三十三年一份交接物品的清单，包括一张莞席、一合竹笥、一合小竹笥、竹筥三合以及一条粗麻做的、三股绞在一起的绳索（长三丈），简文书其事，作"城父安杕不更□受少内守寎"。不更□从迁陵县的少内守寎处领取各种办公用品，显然担任某种吏职，而且地位可能与寎相当。在"受令简"中，受令的唐頯（简 9-170）、贾（简 9-284）、屈扬（简 9-1668）、古超（简 9-2188）、远禾（简 9-2273）、蛮□（简 9-2654）、蛮孔（简 9-3292）等都是安成里的不更，朱发（简 9-1130）、相赫（简 9-1650）是东成里的不更，周柳（简 9-1186）是武安里的不更，公孙黔（简 9-1623）、屈埶（简 9-1644+9-3389）、爰（简 9-1290）是南里的不更。受令的不更，或皆是在当地较有地位的人；其所受之"令"，可能是让他们率领其所属去从事某一事。

但也有的不更，只是普通的戍卒。如简 9-363 所见留县荣阳里人詹，简 9-672 所见雭娄县西昌里人礼、简 9-1112 背所见舆里人戍、简 9-2315 背所见南里人除鱼等，爵位都是不更，却也都是普通的"更戍卒"。他们是否因为受罚而"以吏为卒"，不能确定，但这些材料至少可以说明，并非所有拥有爵级的人都会被安排吏职。

大夫是秦爵的第五级。今见里耶秦简中，有四位拥有大夫爵：一是迁陵县守丞敬，他在秦始皇二十七年前后在任（简 6-16、8-63）；二是丞迁，居雒阳县城中里，以"入赀"而"在廷"（简 8-232）；三是阳里户人刀（简 8-834＋8-1609）；四是东成里户人大夫印，他家里有一个小臣遬（简 8-1765）。此外，还见有一位大夫寡茄，是南里户人（简 8-1623）。

在岳麓书院藏秦简《狱状》"识劫婉案"中，大夫沛有妻有妾，还至少有一位隶识。当他放免识时，为他娶了妻子，买了一栋价值五千钱的房屋，并分给他一匹马，稻田二十亩。死后，他留下的遗产包括市场上的一家布店（"市布肆"）、一家旅店（"舍客室"），以及钱六万八千三百。他的儿子𬀰（义）继承了他的家产，并按照规定得到了走马的爵位。显然，大夫沛是当地的一位富豪，拥有较高的经济与社会地位。[91]

按《商君书·境内》的说法，公士、上造、簪褭、不更、大夫，都是"行间之吏"。"故爵公士也，就为上造也。故爵

秦始皇陵所出"立射俑"

秦始皇陵所出"跪射俑"

上造，就为簪裹。故爵簪裹，就为不更。故爵不更，就为大夫。爵吏而为县尉，则赐虏六，加五千六百。"[92] 所谓"爵吏"，意为根据爵级而任为吏，或者授吏以爵。因此，秦时的公士、上造、簪裹、不更、大夫等五级爵位，应当是可以担任吏职的爵。当然，拥有上述爵位，只是具备了任吏的资格，并不必然被任为吏。当他们没有担任吏职时，只是拥有爵位的"民"（黔首），如上文所见的大夫沛、刀、印以及上造徐、难等那样。

《商君书·境内》接着说："爵大夫而为国治，就为官大夫。故爵官大夫，就为公大夫。故爵公大夫，就为公乘。故爵公乘，就为五大夫，则税邑三百家。故爵五大夫，就为大庶长；故大庶长，就为左更；故四更也，就为大良造。皆有赐邑三百家，有赐税三百家。"[93] 五大夫以上，都有食税的封邑，则五大夫之前的官大夫、公大夫、公乘三级爵位只有任官方得食禄（禀食与俸禄），是领取禄食的官僚阶层。这样，官大夫（第六级）以上的爵级，乃可分为两个层级：一是食禄的官大夫、公大夫、公乘三级；一是食税邑的五大夫以上各级。《史记·蒙恬列传》谓赵高以"强力，通于狱法"，秦王"举以为中车府令"；后"高有大罪"，蒙毅"当高罪死，除其宦籍，帝以高之敦于事也，赦之，复其官爵"。[94] 则赵高任为中车府令时，列属"宦籍"；犯罪被赦后，却只是"复其官爵"，并未复其"宦籍"，则"官爵"低于或至少不同于"宦籍"。睡虎地秦简《法律答问》："可（何）谓'宦者显大夫？'宦及智（知）于王，及六百石吏以上，皆为'显大夫'。"[95] "显大夫"包括为王所知的宦者和六百石以上的吏，地位当高于五大夫，但仍然是食禄的官吏，而不是食税邑的贵族。

五、黔首

秦献公十年，"为户籍相伍"，即以五家为伍编排户口；[96] 秦孝公三年，商鞅变法，秦国渐次建立起严密的户籍制度与户口控制体系，"四境之内，丈夫、女子皆有名于上，生者著，死者削"。[97] 著籍的百姓被称为"民"，又以其归于秦国统治之早晚，而有"故民""新民"之别。《商君书·徕民》中说：应当"以故秦事敌，而使新民作本"，或"令故秦民事兵，新民给刍食"。[98] "故秦""故秦民"是指原属秦国统治的"秦民"，"新民"则是指新归附秦国或被秦国征服的"民"。故秦民"事敌""事兵"，新秦民"作本""给刍食"，这是秦国根据其入秦之早晚对治下之"民"所做的分划。

秦并天下后，采取了诸多措施，其中之一就是"更名民曰'黔首'"或"命民曰'黔首'"，亦即将全国百姓统称为"黔首"，而不再称为"民"。[99] "黔首"的本义，是指黑色的头。《说文》释"黔"，谓"黎也。从黑，今声。秦谓民为黔首，谓黑色也。周谓之黎民"。[100] "黎民"之"黎"，本字作"䵻"，意为"黑"或"黑黄"。以"黔首"指称庶民百姓，大抵是秦言，六国盖用"黎民"。《吕氏春秋·仲夏纪》"古乐"说大禹导河、疏三江五湖，注之东海，"以利黔首"。[101] 其《慎行论》"求人"篇也说禹"不有懈堕，忧其黔首"。[102] 而《尚书》中的《皋陶谟》录夏禹之言，则说"安民则惠，黎民怀之"。[103] 同时，《吕氏春秋》述及平民百姓，多用"黔首"，未见有使用"黎民"者；而《管子》各篇则多用"黎民"，未见用"黔首"者。因此，秦始皇二十六年统一官方用语，应当主要是用秦言统一六国之言。

更"民"名"黔首"，从统治者的角度，乃用秦言统一称谓；那么，这种改变，对于被统治的平民百姓（"民""黔首"）来说，究竟意味着什么呢？相对于秦国的"民"，秦帝国的"黔首"究竟有怎样的不同呢？

首先，天下百姓虽皆得称为"黔首"，然亦仍有故、新之别。[104] 岳麓书院藏秦简 1114："泰山守言：新黔首、不更昌等夫妻盗，耐为鬼薪白粲。"[105] 泰山郡辖区是齐国故地，昌有秦的爵（不更），仍被称为"新黔首"，当是被征服齐地的土著民。在上引张家山汉简《奏谳书》所录秦始皇二十八年的南郡狱簿中，苍梧县利乡发生反叛事件，苍梧守竃、尉徒令攸县发"新黔首往击"。令史"义等将吏卒、新黔首击反盗，反盗杀义等，吏、新黔首皆弗救援，去北"。在所发新黔首中，有来自攸县者，攸县令史毚，主管籍帐，"其二辈战北当捕，名籍副并居一笥中，毚亡，不得，未有以别智（知）

当捕者"。[106] 狱簿称苍梧、攸县等地为"所取荆新地",则秦据有其地未久,然已建立起版籍控制体系,并征发其新黔首往征盗贼,说明新黔首须受征从军。

与商鞅时代为鼓励"山东"之民归附秦国,规定"新民给刍食"、短期内不"事兵"不同,在统一后归于秦的新黔首,需应征从军。《史记·陈涉世家》说秦二世元年七月,"发闾左適戍渔阳"。"闾左"有不同解释,然陈郡为故楚东国之地,陈胜、吴广等皆为秦的新黔首,亦受征远戍渔阳。[107] 上引《史记·项羽本纪》记项羽所统"诸侯吏卒"乃来自关东六国故地,而其"异时故徭使屯戍过秦中",自是在秦始皇时受征前往秦中屯戍。里耶秦简9-2287所记,是秦始皇二十六年五月酉阳县与迁陵县间关于男子它处罚问题的来往文书。根据这份文书,它是新武陵县鞋上里的士伍。秦始皇二十五年八月,它所属的部队,在邦候显、候丞某(不知名)的率领下,前往迁陵县,攻击"反寇",候丞某战死。新武陵县属于洞庭郡,或者就是洞庭郡治所在的县。据里耶简8-461,"邦候"当即"郡候"。它为新武陵人,其所属的部队由洞庭郡的候和丞率领,去进攻迁陵县(也属洞庭郡)境的反寇,这支部队应当是由洞庭郡的新黔首编成的。据简9-452记载,"丹阳将奔命"在丹阳县尉虞的率领下,经过迁陵县,要求迁陵县供应"丹阳将奔命吏卒"的禀食。这份文书由丹阳县□里的士伍向送达迁陵县。丹阳原属楚地,"丹阳将奔命"的吏卒也都是新黔首。

　　在迁陵县屯戍的士卒，有相当多来自城父县。简8-26+8-752见有城父县安平里的不更□徒，与广武县的上造鼀、鱼（渔）阳县的簪褭□一起，到迁陵县库领取了弦、矢等军用物资。简8-466见有城父县繁阳里的士伍枯，因娶贾人之女为妻，遣戍迁陵四年；简8-850见有城父县阳里士伍郑得，在迁陵县更戍；简8-980见有来自城父阳糴里的士伍㑋，更戍迁陵，领取贷给的稟食；简8-1000是更戍的城父中里士伍简领取贷给的稟食；简8-1024是在迁陵更戍的城父蒙里的士伍□领取稟食；简8-1517背见有"更戍士五城父阳翟执"与"更戍士五城父西中痤"，二人在秦始皇三十五年三月受命携带迁陵县关于吏、徒的报告，送往洞庭郡的尉府；简9-757记载，秦始皇三十四年六月十一日，迁陵县尉当着迁陵守丞衔的面，检视更戍卒、城父县成里的士伍产的身高、肤色与年龄等；简9-885所记是同一天，令佐章在迁陵县守丞昌面前，检视更戍卒、城父西平里的公士贺的身高、年龄等；简9-1980见有更戍、城父左里不更节；简9-2203见有秦始皇三十四年八月，更戍卒、城父乐里士伍顺，受命跟从令史唐去参加传输转送之役。简9-2209+9-2215正面是尉广给县库的公文，大意是说派遣戍卒前往县库办理公事，请按律令从事；背面载有戍卒的名字："更戍簪褭城父□利□""更戍士五（伍）城父西章义""更戍簪褭城父平"。在短短的数年内，有如此多城父县的士卒到迁陵县来更戍，说明更戍卒应当是以县为单位征发、调配的。在上引简文中，来自城父县的更戍卒（或遣戍卒）大都注明了其户籍所属的"里"，说明他们来到迁陵更戍，仍当是按其原属的"里"编制的：在更戍地，同"里"的更戍卒仍当尽可能编在同一个军事单位里，编成"伍""什""屯"等。因此，对六国故地新黔首的征发应当是全面的、系统性的。

统一前，秦大抵以"新民""作本""给刍食"，而以"秦民""事敌""事兵"；统一后，六国故民与新拓疆域之新黔首，均须应征从役，屯戍征战，这是秦统一前后"民"与"黔首"地位的重要变化之一。

其次，统一前，秦"民"（无论"故民"，还是"新民"）均得受田，立功获爵得益其田；统一后，六国故地与新拓疆域并未普遍授田。新黔首不再能受田，则是统一前后"民"与"黔首"地位的另一个重要变化。

商鞅变法以来，秦国即实行授田制度（"名田宅"），即秦国的"民"，可以按照其所获得的军功爵及相关地位，获得国家分配的数量不等的田地；投附秦国的"新民"，也可以得到国家授予的一部分田地。[108] 睡虎地秦简《秦律十八种》"田律"规定："入顷刍稾，以其受田之数，无垦（垦）不垦（垦），顷入刍三石、稾二石"，即每户按照其所受田亩数（无论其是否垦种），交纳刍、稾。故至少在制度规定上，秦在统一前是实行授田的。[109]

　　云梦龙岗秦简 116/102/102/180："廿四年正月甲寅以来，吏行田赢律诈☒"，其中所说的"行田"，一般认为即授田；所谓"行田赢律"，则是授田超过了律令规定的标准。根据这条简文，秦在统一之前，确曾授过田；然简文抄录的内容，重点应当是对"行田赢律"行为的限制和惩罚，说明当时存在诸多授田违反法律规定的现象。换言之，授田制正受到破坏。[110] 龙岗秦简 151/104/104/182 规定："田及为诈伪写田籍，皆坐臧（赃），与盗□☒。"[111] 说明秦政权已实行田地登记制度（"田籍"）。而法律特别规定了对"诈伪写田籍"的处罚，正说明其时存在较多此种情形；而"田籍"之所以能够"诈伪"，或正因为它可能历史久远。换言之，统一后六国故地的田籍，很可能沿袭了六国时期的田籍，只是略加改动，并未全面重新分配田地。

　　迁陵县是秦在统一前不久新开拓的疆域，秦始皇二十五年方得置县。里耶秦简 8-1519 记录了秦始皇三十五年迁陵县全县及启陵、都乡、贰春三乡的田亩数与应纳田税数：

　　　　迁陵卅五年狼（垦）田舆五十二顷九十五亩，税田四顷□□

　　　　户百五十二，租六百七十七石。衡（率）之，亩一石五；户婴四石四斗五升，奇不衡（率）六斗。

　　　　启田九顷十亩，租九十七石六斗。

都田十七顷五十一亩，租二百卌一石。

贰田廿六顷卅四亩，租三百卅九石三。

凡田七十顷卅二亩。·租凡九百一十。

六百七十七石。[112]

　　秦始皇三十五年，迁陵县新垦田五十二顷九十五亩，折合税田四顷五十一亩（按每税田每亩纳税一石五斗计算），田租（税）合计为六百七十七石（下文三乡合计为六百七十七石九斗，多出九斗），分由一百五十二户承担，户均四石四斗五升稍多。全县共有田地七十顷四十二亩，应纳田租（税）九百一十石，则旧有田地十七顷四十七亩，应纳田租二百三十三石，约合税田一顷五十五亩。[113]换言之，在秦始皇三十五年之前，迁陵县仅有著籍田地十七顷四十七亩，户均十一亩半（秦亩，百步一亩），远不足一顷之数。其时距迁陵立县已有十年，则秦在迁陵县并未实行授田，而册载著籍田亩数也不会是迁陵县编户实际耕种的田亩数。那么，本年新垦的田地，是秦王朝"授予"的吗？

　　据里耶简 9-15 载，秦始皇三十五年三月二十七日，贰春乡守兹在一份爱书中报告说："南里寡妇憖自言：谒狠（垦）草田故枭（桑）地百廿步，在故步北，恒以为枭（桑）田。"憖将本来即属于自己的桑地上报为新垦的"草田"，请求仍将之作为"桑田"。无论如何，这块地不是政府"授"给她的。

简 9-2344 是秦始皇三十三年六月十八日迁陵田官守武向县廷上报的"黔首垦草牒"，亦即垦荒报告书。武报告说："高里士五（伍）吾武自言：谒狠（垦）草田六亩武门外，能恒藉以为田。典缲占。"这是一份正式的垦草田牒：垦田人吾武自己提出申请，里典缲予以登记，田守武以牒文的方式上报县廷。这块田完成了法律上的手续，成为吾武的田。

里耶秦简 9-543+9-570+9-835 题为"刍稾志"，应是迁陵县征收刍稾的年度报告。其中记都乡黔首在启陵乡境内有田一顷四十一亩，纳刍稾钱八十五；在贰春乡境内有田二顷四十七亩，纳刍稾钱一百四十九。都乡黔首分别在启陵乡、贰春乡拥有田地，显然是户籍与田地相脱离的结果，而户籍与田地相对应，却正是"授田"的基本原则。所以，都乡黔首在贰春乡、启陵乡拥有的田亩，也不会是国家授予的。

如果迁陵县这样的边地县份均未能实行授田制，那么，在大部分土地已有明确占有者或使用者的六国故地，秦政权大概也很难实行授田制，重新分配田地。[114]

第三，田租与户赋（"顷刍稾"）皆按户征纳，户赋由纳实物渐改为纳钱、布，并与编户占有的田地数相脱离。

"租禾稼"与"顷刍稾"是秦代编户两种主要的赋税负担。岳麓书院藏秦简《秦律令》（一）"田律"说："租禾稼、顷刍稾，尽一岁不膞（毕）入"者，要由"县官"负责督催；催交满三十日仍未交纳，"赀其人及官啬夫、吏主者各一甲，丞、令、令史各一盾"。[115] "租"当指田租，又称田税，纳"禾稼"即谷物；"顷"与"租"对应，显系另一种赋税名目，纳"刍稾"即粗粮草料。张家山汉简《二年律令》"户律"："卿以上所自田户田，不租，不出顷刍稾。"[116] 也是以"租"与"顷刍稾"并列，说明二者乃当时的赋税类别。

在岳麓书院藏秦简"田律"中，负责交纳"租禾稼"与"顷刍稾"的是"人"（若久不交纳，则"赀其人"）。在上引里耶秦简 8-1519 中，简文在说明税田四顷余、每亩税一石五斗之后，特别说明平均每户要承担四石四斗五升，说明田租当是按户征纳或至少是要落实到户的。张家山汉简"户律"中，享受"不租，不出顷刍稾"待遇的，是"卿以上所自田"的"户田"，亦即在其户名下的田地，也说明田租是以户为单位征纳的。据上引里耶秦简 8-1519，秦始皇三十五年，迁陵县著籍户一百五十二户，旧有与新垦田地合计七十顷四十二亩，折合税田六顷六亩，应纳田租九百一十石，亩均一石五斗，户均约六石。显然，迁陵县的田租总额是按税田总数计算的，然后均摊到每户头上，故在实际征收过程中，应当是按每户六石征收的（无论其占有田地多少）。

据睡虎地秦简《田律》，顷刍稾的标准是刍三石、稾二石。"顷"的本义当然是田亩面积，而一顷（百亩）是商鞅变法时代所确立的庶人一户授田基数；若该户人立功受爵一级，复受田一顷，则其所纳顷刍稾即为二倍，依次类推。因此，顷刍稾仍然是以户为单位征纳的，而"一顷"乃其基数。据上引里耶秦简 9-543＋9-570＋9-835 迁陵县"刍稾志"，都乡黔首在启陵乡境内的一顷四十一亩田，纳刍稾钱八十五，每顷约合六十钱；在贰春乡境内的二顷四十七亩田，纳刍稾钱一百四十九，每顷亦合六十钱。这里的田亩数当是折合的税田数，其所纳刍稾钱则当是折算的钱数。岳麓书院藏秦简"金布律"规定：

> 出户赋者，自泰庶长以下，十月户出刍一石十五斤；五月户出十六钱，其欲出布者，许之。十月户赋，以十二月朔日入之；五月户赋，以六月望日入之，岁输泰守。十月户赋不入刍而入钱者，入十六钱。吏先为（？）印，敛，毋令典、老挟户赋钱。[117]

不入刍则可入钱，说明户赋本来是要纳刍的。然则，户赋就是顷刍稾。十月户赋每户出刍一石十五斤，值十六钱，五月出钱十六钱，合计为三十二钱。据张家山汉简《二年律令》"田律"："卿以下，五月户出赋十六钱，十月户出刍一石，足其县用，余以入顷刍律入钱。"[118] 知户赋收入实分为两部分：一半纳县廷留用，另一半输送朝廷。岳麓书院藏秦简"金布律"所规定的户赋，应当只是输送朝廷的一半。所以，秦时每户户赋当为六十四钱。据上引迁陵县"刍稾志"，知刍稾每顷合纳六十钱左右，正与每户所当纳的户赋钱相近。这也说明岳麓书院藏秦简"金布律"所说的"户赋"就是睡虎地秦简《田律》所说的"顷刍稾"。[119]

里耶秦简8-1165是一支残简，存"户刍钱六十四。卅五年"数字。六十四钱正是一户所当纳的户赋钱数，则所谓"户刍钱"就是户赋。里耶秦简8-559也是一支残简，前后均残，仅留下"十月户刍钱三百"七字，颇疑"百"字下当可补出"二十"。三百二十钱，当是十户所纳十月份的户刍钱。里耶秦简9-743记秦二世元年二月二十九日，少内守疵接受了右田守纶所纳的"田刍稾钱千一百卅四"。田官所领"公田"由徒隶耕种，无所谓户赋，仍按田亩数计征刍稾钱。[120]而据上引迁陵县"刍稾志"，知田刍稾钱也当是按每顷六十钱左右折算的，仍以顷、户对应为准则。

第四，朝廷与地方征发的各种徭役不断增加，黔首的徭役负担越来越重，特别是"传输之役"与"更成之役"均大为加重。

在睡虎地秦简《秦律十八种》（统一前抄录）中，"徭律"有九支简，主要涉及五个方面的规定：（1）应征朝廷徭役（"御中发征"）失期的惩罚；（2）征发徭役兴建县邑工程（"兴徒以为邑中之功"）的规定；（3）禁苑、公马牛苑（牧养马牛的官府苑囿）所在的县，负责征发民工（"兴徒"）修理苑囿围墙篱笆、壕沟的规定；（4）县廷衙署房舍（"公舍官府及廷")维修工程的规定；(5)征发徭役所兴工程的工程量的计算。[121] 这五个方面，除第一方面外，其余四个方面均涉关对县邑征发徭役、徭役工程的管理。显然，抄录者关注的重心，乃地方官吏在徭役及其工程方面的责任。

岳麓书院藏秦简《秦律令》(一)收录了七条"徭律"(统一后抄录)。(1)关于县乡征发徭役的规定(简1232+1257+1269+1408)，其所涉及的徭役，主要是指"御中发征"与"给邑中事"，而其核心则是"传送委输"之役，对应征发何种人及何种人、何种情况下不能征发做了详细规定。(2)兴办地方工程征发徭役的规定(简1255+1371+1381)，涉及"补缮邑院、除田道桥、穿波(陂)池、渐(堑)奴苑"等工程事务，"皆县黔首利也"，故规定："自不更以下及都官及诸除有为殹(也)，及八更，其睆老而皆不直(值)更者，皆为之。"(3)禁止临时征调人员从事杂役(简1374+1406-1)，规定："毋敢倳(使)叚(假)典居旬于官府，毋令士五(伍)为吏养、养马，毋令典、老行书，令居赀责(债)、司寇、隶臣妾行书。"(4)关于免征条件的规定(简1295+1294+1236+1231)，其中特别规定："载粟乃发敖童年十五岁以上，史子未傅先觉(学)觉(学)室，令与粟事"；"当行粟"的敖童，只有"寡子独与老父母居，老如免老，若独与瘅(癃)病母居者"，方得免征。(5)征发徭役的程序(简1241+1242+1363+1386)，规定："岁兴繇(徭)徒，人为三尺券一，书其厚焉。节（即）发繇（徭）。乡啬夫必身与典以券行之。"（6）关于"委输传送"（简 1394+1393+1429），具体规定了重车、空车与徒行的每日里程，并要求优先使用徒隶，只有在徒隶不足时，才可征发黔首。（7）关于"更戍之役"（简 1305+1355+1313+0913+1420+1424），规定自不更以下去更戍，"自一日以上尽券书，用署于牒"；"当繇（徭）戍，病不能出及作盈卒岁以上，为除其病岁繇（徭）"。[122] 显然，岳麓书院藏秦简《秦律令》抄录者关注的重心，乃徭役的征发，特别是征发哪些徭役、征发哪些人，以及怎样征发。

睡虎地秦简、岳麓书院藏秦简中保存的律令条文，都是抄录者根据需要"选抄"的秦律令条文，其所抄录的条文，反映了抄录者需要并关注哪些法律规定及其实施。比较睡虎地秦简抄录的"徭律"与岳麓书院藏秦简抄录的"徭律"，统一前后抄录者所关注的律令条文的差别是明显的。首先，"传送委输"在"御中发征"（朝廷征发）的徭役中，所占的比重大为增加。无论是统一前，还是统一后，由朝廷征发的徭役均居于最重要的地位，但在统一前，运输之役没有得到强调，说明其时在朝廷征发徭役中，所占的比重还不是甚大。在岳麓书院藏秦简抄录的"徭律"中，虽然强调传送之役要尽可能使用徒隶，在徒隶够用的情况下，不要征用黔首，但实际上，连未傅的"敖童"和"史子"都有可能被征去"行粟"，大约没有徒隶够用的时候。因此，大幅度增加的运输之役，很可能是统一后黔首最重的负担之一。其次，"郡县之役"也增加了。在统一前，对于县邑修建衙署房舍，采取了严加控制的政策，地方官府所兴发的工程之役，应当是受到限制的。统一之后，在"皆县黔首利"的旗帜下，鼓励地方官府兴办各种地方公共工程，包括通往田地的农村道路网络、农田水利系统。在这个过程中，已践更八次的人（"八更"）和不再需要践更的"脘老"都要被征发。最后，"更戍之役"（兵役）也有大幅度增加。在睡虎地秦简中，只抄录了一条"戍律"，规定"同居毋并行，县啬夫、尉及士吏行戍不以律，赀二甲"。[123] 睡虎地秦简《除吏律》中说：一个人已任"驾驺"四年，却仍不能驾御，要"赏（偿）四岁繇（徭）戍"。然则，统一前一人一生繇戍的时间，当不低于四年。[124] 统一之后，兵役应当更重。岳麓书院藏秦简"繇律"规定：征发繇戍之役，不得"多员少员"，禁止"隤计后年繇（徭）戍数"，亦不得"伪为其券书以均"。[125] 律令对上述行为的禁止，正说明这些现象在当时非常普遍。

六、徒隶

据上引岳麓书院藏秦简"治从人令"及里耶秦简 8-769、8-389+8-404、9-557 等，知徒隶与吏卒、黔首并列，是秦对其统治对象的一种身份划分。《管子·轻重篇》假托管子之言，说："今发徒隶而作之，则逃亡而不守。发民，则下疾怨上。"[126]
则知"徒隶"不是"民"（"黔首"），其地位比"民"低得多。

"徒"是刑徒，"隶"是隶臣妾。里耶秦简 9-2283 所记，
是秦始皇二十七年二月十五日，洞庭郡守礼给各县啬夫及郡
府卒史嘉、假卒史穀、属尉的命令。他先引用朝廷的"令"，
说"传送委输，必先行城旦舂、隶臣妾、居赀赎责（债）。急
事不可留，乃兴繇（徭）"；然后，他接着说："今洞庭兵输内史，
及巴、南郡、苍梧输甲兵，当传者多。节（即）传之，必先
悉行乘城卒，隶臣妾、城旦舂、鬼薪白粲，居赀赎责（债）、
司寇、隐官践更者"，因为正是农作之时，"不欲兴黔首"。
他要求嘉、穀、尉等，"各谨案所部县卒，徒隶，居赀赎责（债）、
司寇、隐官践更县者薄（簿）"，只要这些人够用，就不要征
发黔首。上下文相比较，知"乘城卒"就是"卒"，"徒"大
致相当于"城旦舂、鬼薪白粲"，"隶"大致相当于"隶臣妾"。
隶臣妾（隶），城旦舂、鬼薪白粲（徒），居赀赎责（债）、司
寇、隐官践更县者（践更者），则是除"乘城卒"（卒）之外
要优先征发的三类人。

对于官府而言，无论隶臣妾，还是刑徒，或者践更的居
赀赎责（债）、司寇、隐官，都是可供使用的、不得自由的劳
动力，所以，在官府文书中，往往将上述三类人合称为"徒隶"
或者径称为"徒"，而不加区别。[127] 里耶简 8-495 是迁陵县的
"仓课志"，见有"徒隶死亡课""徒隶产子课""徒隶行繇（徭）

课"三种课。而在简 8-481 所记"仓曹计录"中，则作"徒计"。显然，"仓曹计录"的"徒"，就是"仓课志"中的"徒隶"，都是指县仓所管领的各种强制性劳动人员。

　　官府文书虽然可以将各种强制性劳动人员合称为"徒""作徒""官徒""徒隶"，但这些被强制劳动之人员的身份差别却是非常清楚的。里耶简 8-686+8-973 是秦始皇二十九年八月乙酉迁陵县库守悍提交的"作徒簿"：县库从县司空接收了城旦四人、丈城旦一人、舂五人，从县仓接收了隶臣一人，总计十一人。其中城旦二人被指派"缮甲"，一人"治输"，一人及丈城旦一人"约车"，隶臣一人负责看门，三位舂去编织（"织"）。其所列"作徒"的顺序是城旦（丈城旦）、舂、隶臣。简 8-1143+8-1631 是秦始皇三十年八月迁陵县贰舂乡的"作徒簿"：这个月在贰舂乡劳作的"作徒"共有二百九十二人，其中城旦、鬼薪九十人，丈城旦三十人，舂、白粲合计六十人，隶妾一百一十二人。在这里，城旦（包括丈城旦）、舂，鬼薪、白粲，隶妾，是"作徒"的三个等级。简 9-2289 是迁陵县司空守图上报的"徒作簿"，记录当时县司空所管的徒共有二百二十六人，其中成年男性一百二十五人，包括城旦司寇一人，鬼薪二十人，城旦八十七人，丈城旦九人，隶臣系城旦三人，隶臣居赀五人；成年女性八十七人，包括白粲八人，舂五十三人，隶妾系舂八人，隶妾居赀十一人，隶妾七人；未成年的小城旦九人，小舂五人。其所列徒隶的顺序是城旦司寇、鬼薪白粲、城旦（包括丈城旦）春、隶臣妾系城旦春、隶臣妾居赀、隶妾（无隶臣）。

上述官文书列举各种徒隶的顺序，应当是按照其地位高低分别开来的。据上引简 9-2283，"居赀赎责（债）、司寇、隐官践更县者"之上，即是"黔首"，故"隶臣妾，城旦春、鬼薪白粲，居赀赎责（债）、司寇、隐官践更县者"的地位顺序应当是从低到高的。"居赀赎责（债）、司寇、隐官践更县者"地位最高，其次是鬼薪（男性）与白粲（女性）、城旦（包括丈城旦，男性）与春（女性），再次是隶臣系城旦（男性）和隶妾系春（女性）、隶臣居赀（男性）和隶妾居赀（女性）以及隶臣妾。

在法律意义上，"居赀赎责（债）、司寇、隐官践更县者"，大概都不属于徒隶，而应当是"庶人"（黔首中地位较低者）。[128] 但由于他们与城旦春、隶臣妾等一起劳作，故地方官府往往将之合并统计，并称为"作徒"或"徒隶"。"居赀赎责（债）"乃以劳役抵免债责，其身份地位仍属于黔首（庶人）。在里耶简 9-2283 中，"居赀赎责（债）"就没有被列入"徒隶"的范畴。里耶秦简 7-304 是秦始皇二十八年迁陵县"隶臣妾及黔首居赀赎责作官府课"，谓二十七年留存的隶臣妾一百一十六人，二十八年新入三十五人，合计隶臣妾一百五十一人，当年有二十八人死亡；"黔道（首）居赀赎责作官"有三十八人，当年死亡一人。[129] 所谓"黔首居赀赎责作官"，当是在"官"中劳作以赎免债责的黔首，故简文将之与隶臣妾区分开来。睡虎地秦简《秦律十八种》"司空律"规定："公士以下居赎刑罪、死罪者，居于城旦春，毋赤其衣，勿枸椟欙杕。""大啬夫、丞及官啬夫有罪、居赀赎责（债），欲代者，耆弱相当，许之"；"一室二人以上居赀赎责（债）而莫见其室者，出其一人，令相为兼居之。居赀赎责（债）者，或欲籍（藉）人与并居之，许之，毋除其繇（徭）戍"；"百姓有赀赎责（债）而有一臣若一妾，有一马若一牛，而欲居者，许"；"居赀赎责（债）者归田农，种时、治苗时各二旬"。[130] 显然，"居赀赎责（债）者"只是因欠赀赎罪而作于"官"，其本身仍是相对自由的。

司寇，大致可判断为"刑满释放人员"。睡虎地所出《秦律十八种·司空律》中见有"城旦、春之司寇"及"城旦司寇""春司寇"，整理小组释为城旦、春减刑为司寇者，大致可从。这样的司寇有的仍留在原服刑地点，与城旦春、隶臣妾等一起劳作。城旦司寇可以担任二十名城旦组成的作徒队队长（"及城旦傅坚、城旦春当将司者，廿人，城旦司寇一人将"）；如果需要，可把劳动已满三年以上的城旦，免为城旦司寇（"司寇不蹊，免城旦劳三岁以上者，以为城旦司寇"）。[131] 里耶秦简 8-2151 见有城旦司寇一人，鬼薪二十人，当是由一位城旦司寇督率二十位鬼薪。简 8-2156 所见，则是城旦司寇一人，领鬼薪十九人。"司寇"的本义，或即指徒隶的监督者。在里耶秦简 8-19 中，见有"司寇"一户，是指其"户人"（户主）的身份是司寇。简文将"司寇"排在士伍之下，小男子、大女子之前。简 8-1027 又见有"成里户人司寇宜"，及其"下妻嬎"。简 8-1946 见有"阳里户人司寇寄"。显然，"司寇"可以作为"户人"著籍。岳麓书院藏秦简 1864 记有一条令，规定"诸军人、漕卒及黔首、司寇、隶臣妾有县官事不幸死"，死所官吏要予以妥善处置。[132] 在这条令文中，司寇正处于黔首与隶臣妾之间。

　　"隐官践更者"，又见于岳麓书院藏秦简 0587。简文记泰上皇时内史言，谓："西工室司寇、隐官践更，多贫不能自给稷（粮）。"议称："令县遣司寇入禾，其县毋（无）禾当貣者，告作所县，偿及贷。"[133] 隐官和司寇一起，受县派遣，前往内史所属西工室践更，其地位当与上述得著籍的司寇相似。简 0793 所记为司空律条文，谓"黔首及司寇、隐官、輓官人、居赀赎责（债），或病及雨不作，不能自食者，贷食，以平贾（价）"折算。[134] 其中，隐官列在司寇之后、輓官人与居赀赎责（债）之前，在"官"中践更，需要自食或贷食。岳麓书院藏秦简 1975+0170 说寺车府、少府、中府等机构的隶臣，可"免为士五（伍）、隐官"，"及隶妾以巧及劳免为庶人"。则隐官可与士伍、庶人并列。[135] 据张家山汉简《二年律令》，隐官与司寇受田宅各五十亩、半宅，为公卒、士伍、庶人所受田宅的一半。[136] 颇疑"隐"当作"没"解，"隐官"即"没于官"的编户，盖相当于后世的匠户、船户等特殊的户口类别（"官户"）。[137]

鬼薪、白粲与城旦、舂，按照卫宏《汉官旧仪》的解释，分别是三年和五年的刑期，前者是男犯，后者是女犯。[138] 对于秦及西汉初律令是否有服刑期限的规定，学界有不同看法，但对于鬼薪、白粲的惩罚轻于城旦、舂，则并无异议。同是城旦、舂，还有完、黥之别。睡虎地秦简《法律答问》说："五人盗，臧（赃）一钱以上，斩左止，有（又）黥以为城旦；不盈五人，盗过六百六十钱，黥、劓（劓）以为城旦；不盈六百六十到二百廿钱，黥为城旦；不盈二百廿以下到一钱，迁之。"[139] 张家山汉简《二年律令》"盗律"作"盗臧（赃）直（值）过六百六十钱，黥为城旦舂。六百六十到二百廿钱，完为城旦舂。不盈二百廿到百一十钱，耐为隶臣妾"。[140] 两相比较，可知斩足且黥最重，黥而且劓次之，黥最为普遍；"完"为城旦，在同类刑罚中最轻。

隶臣妾基本上是一种终生身份，其地位当低于城旦舂。[141] 睡虎地秦简《秦律杂抄》有一条律令，规定："战死事不出，论其后。有（又）后察不死，夺后爵，除伍人；不死者归，以为隶臣。"另一条规定："寇降，以为隶臣。"[142] 未死归来者及投降的敌寇均"以为隶臣"，意味着其终生都是隶臣。岳麓书院藏秦简0185又说："阑亡盈十二月而得，耐。不盈十二月为将阳，毄（系）城旦舂。"[143] "耐"即耐

秦始皇陵所出"百戏俑"

为隶臣妾，"系城旦舂"当释为罚作城旦舂，是一种单独刑罚，故"耐为隶臣妾"要重于"系城旦舂"。岳麓书院藏秦简1975＋0170＋2035＋2033：

> 寺车府、少府、中府、中车府、泰官、御府、特库、私官隶臣，免为士五（伍）、隐官，及隶妾以巧及劳免为庶人，复属其官者，其或亡盈三月以上而得及自出，耐以为隶臣妾；亡不盈三月以下而得及自出，笞五十；籍亡不盈三月者日数，后复亡，辄数盈三月以上得及自出，亦耐以为隶臣妾，皆复付其官。[144]

属于诸官署的隶臣妾，与隐官、庶人相对应，性质是官奴婢。岳麓书院藏秦简0168＋0167规定："奴亡，以庶人以上为妻，婢亡，为司寇以上妻，黥奴婢颎（颜）頯，畀其主。以其子为隶臣妾。"[145]其所说的奴、婢，各有主，是指私奴婢；而以其子为隶臣妾，当是没为官奴婢，则官奴婢的地位要低于私奴婢。

"隶臣妾系城旦舂"是附系于"城旦、舂"之下的"隶臣妾"，亦即其本来的身份是隶臣妾，又要被强制从事城旦舂的劳作。睡虎地秦简《秦律十八种》"司空律"规定：系于城旦舂的隶臣妾、司寇及居赀赎责（债）者，"勿责衣食"；"其与城旦舂作者，衣食之如城旦舂"；系城旦舂的"人奴妾"（私奴婢），亦由官府贷予衣食。[146] 所谓"系城旦春"，就是与城旦春从事同样的劳作，受到同等的对待，由官府供给衣食。睡虎地秦简《法律答问》说："当耐为隶臣，以司寇诬人"，"当耐为隶臣，有（又）系城旦六岁"。[147] 本即当耐为隶臣的人，又因诬人而被加重惩罚，从事城旦的劳作六年。岳麓书院藏秦简 2129+2091+2071：

> 奴婢毄（系）城旦春而去亡者，毄（系）六岁者，黥其颜（颜）頯；毄（系）八岁者，斩左止；毄（系）十岁、十二岁者，城旦黥之，皆畀其主。其老小不当刑者，毄（系）六岁者，毄（系）八岁；毄（系）八岁者，毄（系）十岁；毄（系）十岁者，毄（系）十二岁。皆毋备其前毄（系）日。[148]

奴婢系城旦春者，当是作为城旦春从事劳作的私奴婢；其虽然"系城旦春"，但仍然属于其主人。然私奴婢本非徒隶，其因逃亡而被"系城旦"，实为受刑，并非加刑。岳麓书院藏秦简 2065+0780 背："诱隶臣、隶臣从诱以亡故塞徼外蛮夷，皆黥为城旦春。"[149] 受诱逃亡的隶臣，被抓捕后黥为城旦春，方是"隶臣（妾）系城旦春"。

"隶臣妾居赀"，则当是居赀赎责（债）的"隶臣妾"。岳麓书院藏秦简 2047+1947+1922+1946：

十四年七月辛丑以来，诸居赀赎责（债）未备而去亡者，坐其未备钱数，与盗同法。其隶臣妾殹（也），有以亡日臧数，与盗同法。隶臣妾及诸当作县道官者、仆、庸，为它作务，其钱财当入县道官而逋未入去亡者，有（又）坐逋钱财臧，与盗同法。[150]

隶臣妾逃亡期间欠下的工日，可折合赀财；其在"官"中劳作，则可能挪占、贪污钱财。其罪既与盗同法，则只能以劳役充抵其欠赀与罪责。居赀的隶臣妾大抵亦多从事城旦春之类的劳作。

徒隶由官府供给禀食。睡虎地秦简《秦律十八种》"仓律"说："隶臣妾其从事公，隶臣月禾二石，隶妾一石半；其不从事，勿禀。小城旦、隶臣作者，月禾一石半石；未能作者，月禾一石。小妾、春作者，月禾一石二斗半斗；未能作者，月禾一石。"[151]"仓律"的另一条规定说：城旦从事筑垣等劳动，"旦半夕参"（早饭半斗，晚饭三分之一斗）；"城旦春、（春）司寇、白粲操土攻（功），参食之；不操土攻（功），以律食之"。[152]说明城旦春、鬼薪白粲及司寇，在从事官府劳役时，均由官府供给禀食。

里耶秦简 8-212+8-426+8-1632 记载：秦始皇三十一年正月初四，司空守增、佐得发放了春、小城旦渭等四十七人四十七日的禀食，每日按四升又六分之一升计算，共计粟米一石九斗五升又六分之五升。正月二十九日，启陵乡守尚、佐取、稟人小发放了大隶妾□、京、窋、苊、并、□人、乐、眘、韩、欧毋等人正月的稟食，前后三十九日，每日三升泰半半升，合计粟米一石六斗二升半升（里耶简 8-925＋8-2195）。同年三月丙寅，仓武、佐敬与稟人援向大隶妾某发放了稟食一石二斗半斗（里耶简 8-760）；八月壬寅，仓守是、史感与稟人堂一起给隶臣婴儿槐庳发放了六月份的稟食，稻四斗八升少半半升（里耶简 8-217）。凡此，都是徒隶领取官府发放稟食的记录。

徒隶的部分衣服亦由官府配给。睡虎地秦简《秦律十八种》"金布律"有一条规定：夏衣从四月至六月发给，冬衣从九月至十一月发放，并详细规定了褐衣的用料与价值。简文没有说明其所说的夏衣与冬衣向何人发放，但说到褐衣是为"囚有寒者"准备的；而在下文述及某种衣料时，说"隶臣妾、春城旦毋用"。[153] 那么，授衣的对象，当即城旦春、隶臣妾等。"金布律"的另一条规定说："稟衣者，隶臣、府隶之毋（无）妻者及城旦，冬人百一十钱，夏五十五钱；其小者冬七十七钱，夏卌四钱。春冬人五十五钱，夏卌四钱；其小者冬卌四钱，夏卅三钱。隶臣妾之老及小不能自衣者，如春衣。亡、不仁其主及官者，衣如隶臣妾。"[154] 那么，隶臣妾及城旦春等亦可自备衣服，若不能自备，可向官府领取，但需要计算钱赀。

七、秦人的身份与社会结构

综上可知，（1）"吏卒"包括吏与卒，吏又分为长吏（大致与"有秩吏"相对应）与少吏（属吏，大致与"月食者"相对应）两类，"卒"主要包括屯戍卒和求盗卒。吏、卒在任职、服役期间，均由国家发放禀食，其中长吏除月食外，还可以按等级享受秩禄。获得公士、上造、簪裊、不更、大夫等五级爵位，即可以担任相应的吏职。（2）统一后所称的"黔首"，与统一前所说的"民"含义基本相同，乃指著籍的编户齐民。较之于统一前的秦民，统一后新黔首皆须应征从军，故黔首的更戍之役也大为增加；六国故地与新拓疆域的新黔首大抵未得普遍授田，其所承担的田租与刍稾渐变为按户交纳；传输之役更是大幅度加重。（3）徒隶包括刑徒和隶臣妾，都在官府强制下从事各种劳作。徒隶又具体别为鬼薪白粲、城旦春、隶臣妾（包括隶臣妾系城旦春、隶臣妾居赀）等，在服刑劳作时得由官府配给禀食和部分衣服。司寇、居赀赎责（债）、隐官等也可能被编入"作徒簿"，在劳作时被视同徒隶。在隶臣妾之外，还有大量的私属奴婢，其地位或比隶臣妾稍高。私奴婢由其主人支配，并不在国家直接控制之列。

吏卒、黔首与徒隶三种身份的人，是秦的基本统治对象。在吏卒之上，有管治一方、领受禀食俸禄的官僚阶层（拥有官大夫、公大夫与公乘三级爵位者）和拥有食邑的军功贵族阶层（拥有五大夫以上爵位者），他们是秦的统治阶级。吏卒、黔首与徒隶三种身份的人群，则基本上可以看作为被统治阶级。吏卒虽然包括负责县以下军政管理事务的各种各样的吏以及军队的基层军官与兵卒，其相当部分拥有较为低级的爵（包括大夫、不更、簪裛、上造和公士等五级），但他们不担任吏职和应役从军时，就是普通的黔首（民）。黔首就是编户齐民，包括未担任吏职和应役从军的前五级爵位获得者，公卒、士伍、大男子、大女子及小男子、小女子等普通庶民，以及地位大抵同于贱民的司寇、隐官等。吏卒与黔首的身份，实际上是不断变动的：黔首立功受爵任吏或应征从军就是吏卒，吏卒谢任或返乡即成为黔首。因此，吏卒更主要是一种职役身份，并非较为稳定的社会等级。他们虽然担任吏职或参军打仗，成为秦的统治工具，但他们主要是被统治者，绝不是统治阶级。徒隶（以及私奴婢）是被强制劳作、地位低下的人群，是社会的底层。吏卒、黔首当然易于因罪、欠赀等原因而沦为徒隶，然一旦沦为徒隶（以及私奴婢），则很难再取得黔首的身份，更难以成为吏卒。在黔首与徒隶之间，又存在着一个"贱民"阶层，包括司寇、隐官及居赀赎责（债）者。

在秦代，吏卒、黔首与徒隶（以及私奴婢）是被统治的人民群众，他们构成了秦代人口的主体。在秦帝国的边缘小县迁陵县，即使是担任长吏的欧、昌等人也只有上造的爵，可能连领取俸禄的官僚阶层都算不上，更遑论拥有食税邑的贵族阶层。因此，可以说，迁陵县的吏卒、黔首与徒隶（以及私奴婢），都是被统治的人民。那么，在可统计的社会总人口中，上述三种人各自占有怎样的比重呢？

据里耶秦简 9-633 所记"迁陵吏志"，迁陵县编制吏员应为一百零三人，在任五十一人，徭使三十五人，合计八十六人。据上引里耶简 8-132+8-334，迁陵县尉所领士卒合计六百二十六人。这两组数据均没有准确系年，但不会出于秦始皇二十七年至秦二世元年间。大概言之，在秦稳定控制迁陵县的十余年时间里，迁陵县的吏卒合计，应当在七百一十人上下。

迁陵县分为都乡、贰春、启陵三个乡。里耶秦简 8-487+8-2004 记载了一组"见户"数，简文说明是秦始皇三十四年八月十一日户曹令史龏所疏二十八年到三十三年的"见户"数："廿八年见百九十一户。廿九年见百六十六户。卅年见百五十五户。卅一年见百五十九户。卅二年见百六十一户。卅三年见百六十三户。"简 9-1706+9-1740 明确记载："廿九年迁陵见户百六十六。"正与简 8-487+8-2004 所记廿九年的见户数相合。因此，简 8-487+8-2004 所记的这组见户数，应当就是这六年间迁陵县的见户数，即其实存的著籍户数。六年平均，也大约是一百六十六户。如果以平均每户 5.8 口计算，约为九百六十二人。[155]

据上引里耶简 9-2289 秦始皇三十二年迁陵县司空守

圉上报的"徒作簿",当时迁陵县县司空所管各种徒隶共有二百二十六人,分别被派往贰春乡(九人)、都乡(四人)、启陵乡(三人)、尉(六人)、少内(四人)、库(四人)、畜官(四人)、田官(五十七人)、仓(五人),其余的由司空直接管领,从事各种劳作,或者受派随从小吏去徭使。此徒作簿所记,当即其时迁陵县全部徒隶数。

从秦始皇二十七年到秦二世元年,如果迁陵县的吏卒以七百一十二人、黔首以九百六十二人、徒隶以二百二十六人计,三种身份的人群在统计的总人数(一千九百人)中,分别占37.5%、50.6%和11.9%。吏卒基本上可被视为统治阶层进行社会控制和管理的力量,而徒隶则基本上属于社会底层人群。在秦统治下的边区小县里,控制和管理力量占可统计总人口的37.5%,社会底层人群占据统计人口的10%强(考虑到大量存在的私奴婢未能进入官府统计系统,社会底层人群所占的比例应当更高),至少在一定程度上反映出秦统治下社会结构的部分特征。

喜及其家人的社会身份,大概就摇摆在黔首与吏卒之间。喜父、喜以及喜的兄弟,是否获得爵级,无以确知,但喜长年为吏,又曾从军,当然属于吏卒。其最高的职务,也只是主管狱讼的令史;解职回乡之后,大约只是较为富裕的黔首。

八、邻里

　　根据《编年记》（《叶书》）的记载，秦王政十三年，喜二十八岁，"从军"。这一年，秦军大举进攻赵国，在太原、邺等地，与赵军展开激战。《编年记》（《叶书》）在秦王政十四年没有记事，然在十五年下记载说："从平阳军"。平阳在邺的东面，今河北省临漳县西。其时秦军已经攻下平阳，所谓"从平阳军"，当是指在平阳屯守。那么，两年前，喜"从军"之时，所加入的，很可能就是进攻邺一线的秦军。

　　喜在从军之前，已经在安陆、鄢县做过令史，并且审理过鄢县的司法案件，所以，他从军之后，应当担任相应位置的军职，大约不会是普通的士卒；秦军占领平阳之后，在军中喜也可能担任佐、史或令史之类的吏职，作为占领军的基层官吏，参与平阳占领区的军政管理。而喜在从军时所属的部队，则很可能是由安陆子弟兵编成的。

　　秦军的编制，按照《商君书·境内》的说法，是以五人为一伍（或"屯"），百人置一将。[156] 百人之将（百人队）乃秦军最基本的编制单位。一个百人队的士卒，基本上来自同一个地方。里耶秦简 9-1114 所记是秦始皇二十六年十一月鄢将奔命尉沮与迁陵县贰春乡乡守后交涉的文书。沮是鄢县的尉，他率领一支由本县壮丁组成的快速反应部队经过迁陵县，有部分士兵因伤病，不得不留在迁陵县治疗，沮将他们的情况登记在"牒"上，移交给迁陵县贰春乡，请给予口粮，病愈后即让他们归队。简 9-452 所记应当与此相同时。另一支快速反应部队，"丹阳将奔命"，在丹阳县尉虞的率领下，经过迁陵县，要求迁陵县供应"丹阳将奔命吏卒"的禀食。这份文书由丹阳县□里的士伍向送达迁陵县。显然，这一支部队是由丹阳县的子弟兵编成的。

里耶秦简 9-2287 所记，是秦始皇二十六年五月酉阳县与迁陵县间关于男子它处罚问题的来往文书。根据这份文书，它是新武陵县鞋上里的士伍。秦王政二十五年八月，它所属的部队，在邦候显、候丞某（不知名）的率领下，前往迁陵县，攻击"反寇"，候丞某战死。新武陵县属于洞庭郡，或者就是洞庭郡治所在的县。据里耶简 8-461，邦候当即郡候。它为新武陵人，其所属的部队由洞庭郡的候和候丞率领，去进攻迁陵县（也属洞庭郡）境的反寇，这支部队应当是由洞庭郡的子弟兵编成的。

简 9-705+9-1111+9-1426 残缺较甚，然其大意仍可大致推知。秦始皇二十七年十二月，时任迁陵守拔报告说：迁陵县的守兴、尉瞷、丞阴等均战死于"郭中"，其时迁陵县的"里卒"皆暂归司马（当是洞庭郡的司马）媱、夷道县尉得统领；现在，仍将迁陵县士卒的籍移交给迁陵县，夷道尉得、州陵县尉獨亦交出临时统领权。迁陵县受命编组部队，到前线作战，由县守（县的长官）、尉、丞亲自统领，三位长官且全部战死，所领部队不得不暂由郡司马及同郡别县的尉统领。这虽然是一个特殊事例，但足以说明，秦军的基本编制与地方郡、县编制是相关联的，应征作战，大抵即以郡、县为建制单位，分别由郡、县守、尉、丞、候等官吏担任本郡县所编部队的各级军职，指挥部队作战。

秦时邻、里编排的意义，由此而得以突显出来。睡虎地秦简《法律答问》说："可（何）谓'四邻'？'四邻'即伍人谓殹（也）。"[157]本身一家，加上四家邻居，共五家，编成一个"伍"，是为"伍人"；同"伍"之人，应征从军，在军队中也编成一个"伍"，也是"伍人"。所以，在家乡是"四邻"，到军队里就是"同伍"，邻居也就是袍泽。将居民编制与军事编制对应起来，使兵民一体，是秦邻里制度的实质。

《史记·商君列传》叙述秦孝公三年商鞅主持的第一次变法，说：

> 令民为什伍，而相牧司连坐。不告奸者腰斩，告奸者与斩敌首同赏，匿奸者与降敌同罚。[158]

"令民为什伍"，司马贞《索隐》引刘氏所云，说是"五家为保，十家相连"；张守节《正义》说："或为十保，或为五保。"亦即或者十家，或者五家，编成一组，互相担保。"相牧司连坐"，司马贞解释说："牧司，谓相纠发也。一家有罪而九家连举发，若不纠举，则十家连坐。恐变令不行，故设重禁。"
这就是所谓"什伍互保连坐制"。

这种什伍编制与互保连坐制，都来自军队编制与军法。
《尉缭子·伍制令》说：

> 军中之制，五人为伍，伍相保也。十人为什，什相保也。
> 五十为属，属相保也。百人为闾，闾相保也。

如果一伍之中有人干令犯禁，同伍之人举报则可以免罪，
如果知而不报，则全伍均予诛杀。一个什、属、闾，都是如此。
这样，"什伍相结，上下相联，无有不得之奸，无有不揭之罪，
父不得以私其子，兄不得以私其弟，而况国人聚舍同食，乌
能以干令相私者哉？"[159]军中就不会有人敢于作奸犯科、投
敌谋反，偶或有之，也必被"战友"举报，无以得逞。睡虎
地秦简《法律答问》问：如果有盗贼进入甲家里，打伤了甲，
甲大声呼喊有贼寇，然他的四邻、里典、父老都外出不在家，
没有听见甲的呼喊，对于他们，是否应当论处？（"贼入甲室，
贼伤甲，甲号寇，其四邻、典、老皆出不存，不闻号寇。问
当论不当？"）回答是：如果审查发现其四邻果然不在家，即
不当论处；里典、父老即使不在家，也要予以处罚。[160]换言
之，如果四邻在家，听见了甲呼喊，而未予援救，那也要论罪。
这种规定，正源于战阵之上同列受伤而不救须予治罪之例。"不

存"，则无罪，亦是战场上无力相救则不加责罚之例。

　　岳麓书院藏秦简《秦律令》抄录了五条"尉卒律"，其第一条规定：沿着原来秦与六国边境的各县（原属秦国）以及在六国之地设置的郡县，黔首及各县属吏如果要出行，必须向县尉报告（"必谒于尉"）；县尉审查其请求，对于许可者，要规定出行的时间及可以前往的县（"尉听，可许者，为期日、所之它县"）；如果不去报告，出行超过五天，黔首或县属吏本人要罚赀一甲，没有报告的里典、父老也都要受到处罚。如果尉给出的命令本身不明确，黔首无法执行，尉、尉史、士吏主者要被各罚赀一甲，丞、令、令史各罚赀一盾。[161]这说明黔首百姓的出行（包括去更戍），是由县尉负责管理的，县丞、令只是第二责任人。

　　"尉卒律"第二条规定：黔首到处游荡或者逃亡，无论其是否有"奔书"（应当是一种旅行许可证），只要满了三个月，就要削去他的爵，降为士伍；有爵寡要改为无爵寡；小爵及公士以上年满十八岁的儿子，也都要削去其小爵或继承爵位的资格，已经继承了爵位并且拥有相应权利的公士以上的儿子，则都要登记为士伍。[162]这一条规定列入"尉卒律"中，说明黔首爵位的授予与削夺是由尉负责的。

　　岳麓书院藏秦简抄录的"尉卒律"第四条是关于乡里籍帐的审计，规定：乡啬夫及里典、父老每个月都要条列本乡里黔首纳粟、迁走以及逃跑与死亡的情况，向县尉报告；县尉将之分门别类，按月整理成牒；到十月，即排比各月的牒，再以里为单位，得出全面结论。如果逃亡的黔首到年底仍未回家，要在"计"上单独系上一支小简，写清楚其最初逃跑的年月，妥善保管，以便于查找其人。[163] 看来，各乡里民户的户口、赋役籍帐并不由县尉管理，但各乡里户口的变动，却要上报县尉。

"尉卒律"第五条明确规定了里典、父老的设置、任职资格、任用方式及其职责：每一个里，三十户以上置里典、父老各一人；不足三十户，根据便利情形，或者与相邻的里共设里典、父老，或者只设置里典，不设置父老。里典、父老都要在里中推选产生，其任职资格是公卒、士伍"年长而无害者"，如果本里没有年长适任之人，可以请"它里年长者"来担任。不得任用公士及"丁者"为邻近里的里典或父老，如有违反，尉、尉史、士吏主者要各罚赀一甲，丞、令、令史各罚赀一盾。原则上应任用没有爵位的人为里典、父老，如果本里没有合适的公卒和士伍，则从低爵位的公士起用，但也不得任用不更以上爵位者。有的人已获免徭役，或者不再需要去更戍（"未当事戍"），有的则虽未获免徭役却无力去应徭役（"不复而不能自给者"），凡此，只要其爵在不更以下，无论其是否获免徭役，都可以轮充里典、父老。[164] 然则，里典、父老的迁任、资格审查与考评，大抵都是由县尉负责的。

秦时县尉是军职。由县尉主管黔首（百姓）、属吏的出行，爵位的授予与削夺，户口的变动，以及里典、父老的选拔任用与考评，反映出军事权力已全面渗透到民众社会生活的各个方面。秦政权正是通过户籍制度、军功爵制、邻里的军事化编排，以及"军政一体化"的行政体系，将每一个黔首，都固定在国家政治军事与社会控制体系的特定位置上，使之从军应役，立功受爵，交纳租赋，互相伺察，有必要或有利时举报同伍、同里的邻居，但也在战场上生死与共，同荣辱，共进退，构成一种生存共同体。

这种军政一体的社会控制体系，在索捕逃亡、镇压政治反对派、追查流言等各方面，均显示出强大的力量。

大量的逃亡，即以各种方式逃脱或逸出于国家权力的控制体系，可能是秦统一前后最大的社会问题。在睡虎地秦简所抄录的律令中，并没有"亡律"之目，相关的法律大抵是"游士律"。"邦亡"之罪，主要指秦人逃出秦国本土，逃亡他邦，罹其罪者似乎并不太多，所以，仅在《法律答问》中有所涉及。其时法律所关注的，大概主要是隶臣妾的逃亡。而在岳麓书院藏秦简《秦律令》中，"亡律"则占有相当大的比重，现整理公布的《秦律令》（一）第一组简牍，几乎全部是"亡律"，或者与"亡律"有关。其中，对于帮助亡人逃亡、隐匿亡人等行为，都引用了邻伍连保之法，并规定了里典、父老、伍长以及乡部吏的责任与处罚。如简2088规定：自（秦王政）二十五年五月以后，凡隐匿亡人及游荡之人（"将阳者"）者，若所匿亡人犯有"赎死"以上的罪,房主要按同罪予以处罚("皆与同罪")。[165]如果亡人所犯罪轻于"赎死"之罪,让他留居的房主要罚赀二甲,房主满十八岁的家人要各罚赀一甲。里典、田典及伍长也都要罚赀一甲。[166]如果房屋的主人隐匿、收留逃亡的隶臣妾,自身要被罚为隶臣妾("主匿亡、收隶臣妾,耐为隶臣妾"),其年满十八岁的家人,亦比照相关法律予以处罚;里典、田典及伍长不告,罚赀一盾。[167]最为严酷的是,如果"父母、子、同产、夫妻"中有人犯罪,家里其他人将之藏匿在家中,或者帮助他在外藏匿,他的家人都将被按照留居、隐匿罪人的法律("舍匿罪人律")受到处罚。[168]简 2106+1990+1940+2057+2111 规定:函谷关外及原秦国边地["鄳(迁)郡、襄武、上雒、商、函谷关外"]的男女如果逃亡到畿内的县、道("中县、道")来,住在当地人家中,给他提供住宿的屋主,知道实情,要按律处以流放("迁之"),里典、伍长不去告发,典罚赀一甲,伍长罚一盾;若不知其实情,房主罚赀二甲,里典、伍长没有报告,罚赀一盾。亡人居留超过十天,就要予以论罪。[169]如此周密而严酷的法律条文,恰恰说明当时逃亡现象非常普遍。

"从人"("从"读作"纵",曾经参与过联合抗秦的六国故人)可能是秦统一后重点打击的"政治犯"。对"从人"及其家属的追捕与处罚既甚为严酷,对于帮助其逃亡、隐匿者的处罚也十分重。岳麓书院藏秦简《秦律令》(二)明确规定:

"敢有挟舍匿者，皆与同罪。"又进一步阐明：同居、室人、典老（里典与父老）、伍人见到他们（"从人"）并帮助他们居留、藏匿（"挟舍匿"），以及虽然没有看到，但听有人说起却并未去抓捕或报告（"虽弗见，人或告之而弗捕告"），都与"挟舍匿者"同罪。"其弗见及人莫告，同居、室人，罪减焉一等，典老、伍人皆赎耐。"如果"挟舍匿者"是奴婢，其主人也要受与典老、伍人同样的惩罚。[170] "弗见及人莫告"，即完全不知道，也可能受到株连而被处罚，而六国故人又大抵皆可被指为"从人"。在这种法律下，人人自危，朝不保夕，权力通过法律"制造"或"建立"起一个"合法的"恐怖体系，并使每一个人都匍匐在这个体系的制造者或建立者面前。

为 吏

秦王政三年八月，喜"揄史"，即获得担任"史"的资格；三个月后，即翌年十一月，喜被任命为安陆县的"乡史"；两年五个月后，秦王政六年四月，喜被任为安陆县的"令史"；过了不到一年，七年正月，他被调往鄢县，仍任令史；至秦王政十二年四月，喜奉命"治鄢狱"，应当是以令史的身份负责审理刑狱；又过了九年，秦王政二十一年，他升任南郡的"属"。[1]

"史"字的本义，就是书写及书写者。所以，最初的"史"（甲骨文中所见的"史"），是与"卜""贞"联系在一起的，负责将卜辞记录下来（"大史""卿史"），并掌管、保藏相关的文字记录（"作册""守藏史""内史"）；到西周时，逐步发展出名目各异、层次不同、职掌不断细化的"史"职系统，包括太史（史正）、内史、祝史（太祝）、外史、御史、女史以及州史、间史、小史（太史之佐），从周天子至诸侯国、大夫、士、家臣，都有不同层级的多种"史"，分别负责不同层级、不同部类的文书书写、保管、收发等事务。春秋战国时期，列国大都置有太史（掌历法、祭祀、记事，或称"司星""左史""尹史"）、内史（掌策命）、外史（掌记各地之事）、御史（掌文书、记事）、小史（南史，太史之佐）、史（掌一般记事）之类史官，而祝、卜因亦有记录之责，也得称为祝史、卜史或祭史、筮史，卿大夫家臣则或置有史（掌记事）、笔吏（掌卿大夫文书）、掌书（掌管文书）、侍史（大官秘书）、尚书（又称为"刀笔"，大官的秘书）等。而有的"史"，职权范围不断扩大，如御史，即国君的御用秘书，因常在君前记事，而渐有监察之权；内史，则由掌管书写、宣示策命，渐次扩展其权力，得掌京师监察、治理；长史则以诸"史"之"长"，作为国君的秘书长，而得以掌管朝政（李斯）。秦国从中央各官署到郡、县、乡各级管理机构，又设置了众多的"史"，其职掌，其实就是起草、收发文书，大致相当于后世的文书、"书记"或秘书。喜就是这些众多的"史"中的一位。

郡府的"属"，大约起源于郡府长吏的"舍人"。战国以来，贵族、显宦家中，大都养有一些门客，为他出谋划策，接待宾客，处理事务，其中得到主人信任、与主人较为接近的，称为"舍人"。睡虎地秦简《秦律十八种》"工律"规定：如果应征去服朝廷征发的徭役，以及应郡县之役修治衙署官舍（"邦中之徭及公事官舍"），可以委托他自己的徒、舍人负责相关公事；
如果受委托人死亡，要让他别的徒、舍人负责完成他委托的
事务，就像他们随从他来应役一样 ["其叚（假）公，叚（假）
而有死亡者，亦令其徒、舍人任其叚（假），如从兴成然"]。
这说明舍人会随从主人应役，并受主人委托处理某些事务。[2]
主人做官，舍人（以及"徒"）随之进入衙署，受主人之命，
帮助处理公务，就是"掾"或"属"（主人的"徒"则可能受
委为"卒史"或"假卒史"，负有监督之责）。睡虎地秦简《效律》
述及会计中的责任人，有"其它冗吏、令史、掾"，其中的"掾"
就应当是长吏派到其下辖机构的亲信，是长吏在该机构中的
代表。[3] 下文中的"司马令史、掾"，则当是司马衙署的令史
与掾。[4] 里耶秦简 9-2283 所记，是秦始皇二十七年二月十五日，
洞庭郡守礼给各县啬夫及郡府卒史嘉、假卒史穀、属尉的命
令，其中特别要求"嘉、穀、尉在所县"在向郡泰守府报告时，
要特别写明他们三人的意见（"书嘉、穀、尉"）。[5] 显然，卒
史嘉、假卒史穀、属尉都是由泰守府派出，到各县去监督传
送转输之役的代表，他们都是泰守（或其他长吏）任用的属吏，
大致相当于汉代太守的"门下吏"。假卒史的地位当然低于卒
史，具有临时性质，但更可能本非泰守的舍人、亲信，只是
临时被作为泰守的亲随任为卒史。属的地位、性质很可能与
假卒史相似，亦本非泰守的舍人、亲信，也只是受征召作为
泰守的亲信，帮助泰守处理部分事务。

喜所"为"南郡的"属"，就应当是这种性质的属。喜墓所出简牍文书中，有一种被命名为"语书"，其上半部分乃秦王政二十年四月，时任南郡守腾给南郡所属县、道啬夫的指令。正是在这份指令发出之后的第二年，喜被任为南郡的属；任其为郡属的，很可能就是南郡守腾。无论腾是否做过内史以及南阳郡的假守（代理泰守），喜都不会有机会做过腾的舍人。所以，他被征为南郡的属，或者只是因为其吏事练达，或者熟习律令，所以，被作为泰守的亲信而予以任用。

但无论如何，喜在南郡郡府任过职。他长期在安陆、鄢县担任令史，对县廷的行政运作及其下级单位乡、上级领导机关郡府都不会陌生。所以，喜的小吏生涯，是在秦统一前后的地方行政系统中展开的。

一、县廷长吏

喜所任职的安陆、鄢县的主官，应当称为"啬夫"。

睡虎地秦墓竹简《语书》起首即谓："（秦王政）廿年四月丙戌朔丁亥，南郡守腾谓县、道啬夫。"[6] 这里的"县、道啬夫"，显然是指各县、道的负责人。《秦律十八种》"金布律"规定：县、都官在审计中发现有亏欠，判定要予以赔付［"都官坐效、计以负赏（偿）者，已论"］，啬夫就把应当偿还的钱数，分配给县、都官所属机构的责任人、吏员（包括编外的吏员），每个人都给一支三分的券（上面写明应偿付的钱数），而由少内负责收取［"即以其直（值）钱分负其官长及冗吏，而人与参辨券，以效少内，少内以收责之"］。[7] 这里的啬夫，也是指县、都官的负责人。岳麓书院藏秦简《秦律令》（一）"置吏律"规定：各县任用有秩吏，要尽可能任用县中之人；也可以任命能够胜任的他县之人及前来投附且得到接纳安置的人（"有谒置人"）"为县令、都官长、丞、尉有秩吏"；"县及都官啬夫"被免职或改任他地（"其免、徙"），允许他解除其所任用人的职务（"而欲解其所任者，许之"）。[8] "县及都官啬夫"，显然就是上文中提到的"县令、都官长"。又有一条律令规定，如果里典、父老将未满十八岁的小男子及女子登记入"数"，"县、道啬夫赀，乡部吏赀一盾，占者赀二甲，莫占吏数者，赀二甲"。[9] 这里的"县、道啬夫"与"乡部吏"、里典父老，正是县、乡、里三级行政管理机构的负责人。

县（道）、都官直属机构（"官"）的负责人，即称为"官啬夫"，其中的"官"指各种机构、衙署。睡虎地秦简《效律》说官啬夫免职，县令命人去审计他所负责的官署（"县令令人效其官"）。如果官啬夫在审计中被发现有罪（"官啬夫坐效以赀"），"大啬夫及丞"不需要负责；如果县令免职，新任的县啬夫本人负责审计，如果发现有亏欠，其前任县啬夫、丞都要承担责任。[10] 在这里，大啬夫指县令，官啬夫指县中诸"官"的啬夫，即县属机构的首长。《效律》又规定：如果审计时适用法律不严谨而导致审计结果有盈余或亏欠，要按审计盈余、亏欠的律令予以罚赏："官啬夫赀二甲，令、丞赀一甲；官啬夫赀一甲，令、丞赀一盾"，负责的吏（"其吏主者"）和官啬夫一样予以罚赀、斥责。[11] 在这里，官啬夫也是指县属机构的长官，而不包括县中的长吏令、丞（以及尉）。岳麓书院藏秦简《秦律令》（一）"仓律"规定："县官"称量出入的粮食、物资，一定要使用统一标准，谷粟要好坏搭配。大宗的物资出入（"大输"）要由令、丞监督，令史、官啬夫检查是否合乎标准（"大输，令、丞视，令史、官啬夫视平"）；较小量的物资出入，则由令史负责检查。[12] 这里的县官指县里主管粮食、物资储存、发放的机构"仓"，官啬夫即指县仓的负责人。其"司空律"说：犯罪而判以赀赎罪或因债务而被系于县官 ["有罪以赀赎及有责（债）于县官"]，劳作一天，折抵八钱；如果需要县官提供禀食，则只算六钱（"食县官者，日居六钱"）；居于官府又食于县官者，男子每日算三钱，女子算四钱。如果应当折抵而未予折抵，官啬夫、主吏要各罚赀一甲，丞、令、令史各一盾。[13] 这里的县官，当是指县里主管工程与徒隶的司空；官啬夫则是指司空的长官。同样，县里的少内、田官、畜官、库、仓等机构的长官，皆可称为"官啬夫"。

诸乡的负责人，乡啬夫，也属于官啬夫。岳麓书院藏秦简《秦律令》（一）"田律"规定，征收的租赋都要在年终前交清，如未交清或者欠其他县官的债，要报告给主管的县官；如果满三十天仍未能交清或逃亡不交的，其人及"官啬夫、吏主者"要各罚赀一甲，丞、令、令史各罚赀一盾。[14] 这里的县官，当包括县中诸乡；官啬夫，则当指对征收租赋负有责任的乡啬夫。简 2106+1990+1940+2057+2111 规定：如果有函谷关外及原秦国边地的人逃亡到畿内的县、道（"中县、道"），并留居下来，"乡部吏弗能得"，却为他人捕获，无论男女少长，若有五个人，要"谇乡部啬夫"；二十人，"赀乡部啬夫一盾"；三十人以上，"赀乡部啬夫一甲，令、丞谇，乡部吏主者，与乡部啬夫同罪"。[15] 这里将"乡部啬夫"与"乡部吏主者"并列，显然是指乡部的负责人。

因此，所谓"官啬夫"，大抵是指县（道、都官）所辖诸官的"啬夫"。里耶秦简 9-633"迁陵吏志"记迁陵县有官啬夫十人，[16] 当即县直属的少内、司空、田官（分左、右）、畜官（司马、厩）、仓、库等七个"官"（见下文）以及都乡、启陵、贰春三个乡的负责人。

"啬夫"的本义，就是"穑夫"，亦即收谷的人，引申为收取租赋的人。[17] 所以，被称为"啬夫"的职位，大抵都是主管行政事务的负责人；而军事主官得称为"啬夫"，盖因为其负责发放禀食之故。[18]

啬夫虽然是对于县（都官、道）及其所属诸"官"与乡的负责人的称谓，但县级长官及其所属诸官、乡的负责人的正式称谓，却并不是啬夫。这些职位，均各有其正式的官称。

　　一县首长的正式官称，是"令"与"丞"。自商鞅变法以来，秦国即以令、丞作为一县的长官。[19] 睡虎地秦简《语书》前半部分是秦王政二十年四月南郡守腾给南郡所属"县、道啬夫"的指令。文中述及所属各县道吏民的"私好、乡俗"未加改变，"犯法为间私者不止"，"自从令、丞以下"知而不举，而令、丞则对此并不了解（"弗明知，甚不便"）；又说：如今派人前往巡视，检举未能遵从相关命令者，按照法律论处，论处的范围，包括令、丞（"今且令人案行之，举劾不从令者，致以律，论及令、丞"）；又要考察各县的诸"官"，对于其中违反律令较多，而令、丞未予报告者，要追究令、丞的责任［"有（又）且课县官，独多犯令而令、丞弗得者，以令、丞闻"］。[20] 文中的"令""丞"并列，显然就是指文首所说的"县、道啬夫"，丞不会是令之佐贰。其下文述及如发现"恶吏"之行，其所在衙署要报告给令、丞（"当居曹奏令、丞"），令、丞若以为其人其行确有不当（"令、丞以为不直"），要报告给郡府（"志千里使"），并且记录在档案中，标明他是"恶吏"［"有（又）籍书之，以为恶吏"］。[21] 在这里，令、丞也是平级的，分别向郡府负责。里耶秦简 8-959+8-1291 记狱东曹书一封，用令印，诣洞庭守府；简 9-1593 则记秦始皇三十年五月，金布曹的书一封，用丞印，送往洞庭泰守府。凡此，均说明迁陵令、丞都可以代表迁陵县向洞庭郡泰守府发文。

　　睡虎地秦简《秦律十八种》"仓律"规定：凡是交纳的

粟谷入仓，县啬夫，比如丞，会同仓、乡啬夫，一起用印封存（"县啬夫若丞，及仓、乡相杂以印之"）。"县啬夫若丞"，则丞自当就是县啬夫，亦即县的长官。[22] 其"金布律"规定：官府受钱，以千钱为一畚，"以丞、令印印"；出钱，"献封丞、令"，之后才可以打开钱封，使用那些钱。[23] 在这里，丞、令各有印，都是负责任的长官；而"丞"置于"令"前，也不能说令是丞的佐贰官，二者只能是并列的关系。[24]

睡虎地秦简中又见有"大啬夫"，且往往与"丞"并列。如上引《效律》中见有"大啬夫及丞"。《法律答问》有一条问答，问曰：所谓"假造'丞'作为'令'"["侨（矫）丞令"]是什么意思呢？回答说：是指"有秩"假造自己的官印，为大啬夫的印。[25] 显然，令是大啬夫。令与丞都是县啬夫，而令的地位要高一些，故称为"大啬夫"，丞则只是县啬夫。

那么，令何以比丞高一些呢？迁陵县于秦王政二十五年置县，其首任的长官可能就是禄，称为"迁陵守"。秦始皇二十六年十二月八日，"迁陵守禄"报告说："沮守廖"致书称：在二十四年沮县的考课中，畜官卖幼畜所得收入最少，应当由前任沮县守周负责。周现在被任为新地吏，请迁陵县协助追查。禄报告查问的结果，说迁陵县并没有周这个人。这份文书用上"荆山道丞"的印发出，在迁陵县启陵乡任"乘城卒"的秭归某里的士伍顺受命传送这份文书。[26] 在这里，"迁陵守禄"与"沮守廖"互通文书，显然分别是迁陵县与沮县的首长，就是二县的大啬夫。其所以不被任为"令"，而仅得称"守"，则当因为其爵级不够。根据秦制，只有爵已至大夫，方得被委任管理一方政务，并同时得晋爵为官大夫。[27] 禄与廖的爵位显然不够高，所以虽然是迁陵、沮县的长官，却不能被任为令，只是守。但是，"守"也是"负责"的意思，并非指"代理"，因为并没有别的正式长官。

在禄之后，担任迁陵县守的，应当就是兴；兴之后，是拔。秦始皇二十七年十二月，时任迁陵守拔报告说：迁陵县的守兴、尉瞗、丞阴等均战死于"郵中"，其时迁陵县的"里卒"皆暂归司马（当是洞庭郡的司马）媱、夷道县尉得统领；现在，仍将迁陵县士卒的籍移交给迁陵县，夷道尉得、州陵县尉猏亦交出临时统领权（简 9-705+9-1111+9-1426）。迁陵守兴与拔都可以率领本县里卒，拥有军事权。[28] 拔大概在秦始皇二十六年六月至二十八年八月间担任迁陵县的守；[29] 在此之后，一直到秦始皇三十五年七月，见有"迁陵守建"（秦始皇三十五年七月在任），[30] 到秦二世元年见有迁陵守加与顾，[31] 其间未见有其他人得任迁陵守。那么，在秦始皇二十九年至三十五年间，迁陵县似未置守，而以丞作为长官。在这期间，长期担任迁陵县丞的，就是昌（秦始皇二十九年正月至三十四年六月间在任）。[32]

何以会如此？最合理的解释就是守有兵权，而丞无兵权。当秦始皇二十六年至二十八年间，天下初定，迁陵亦刚刚建县，故置守综理军、政，迁陵守兴并携手尉睢、丞阴，率领本县"里卒"前往郡中作战，战死在那里；继任的迁陵守拔亦得领有本县兵权。秦始皇二十九年之后，迁陵地区不再有战事发生，故昌任丞，作为迁陵县的长吏。至三十五年，地方或又多有动乱发生，故又任命建为迁陵守。

"守"本身即有负责之意，故在政区、机构名之后缀以"守"，就是指此一政区、机构的负责人。[33] 所以，迁陵守、沮守，实际上就是迁陵、沮县的长官，也就是县啬夫。虽然其爵级不够任为令，但其职守却与令相同，亦得掌兵。因此，令与丞的区别，就在于令得掌兵，而丞不掌兵。在一县同置令、丞时，令得称"大啬夫"，丞虽然也是县啬夫，但事实上沦为令（大啬夫）的副手。依次类推，田守（田官守）、少内守、司空守以及乡守等县中诸"官守"，也就是官啬夫，是诸"官"的负责人（见下文）。他们也不是这些机构的代理长官，而是正式长官，"守"就是其职位的正式称谓；[34] 而守的官邸，就是"守府"。[35]

在守、丞之外，里耶秦简中又多见有"守丞"，论者一般解释为"代理县丞"。[36] 可是，从秦始皇二十九年至三十四年，昌久任迁陵县丞（已见前文）；在昌之前，有迁陵丞阴死于郡中战事（简 9-705+9-1111+9-1426），欧曾于秦始皇二十七年三月至八月间任迁陵县丞，[37] 膻在秦始皇二十九年十二月时任为迁陵丞。[38] 在昌之后，秦始皇三十五年八月间，则有

秦始皇陵所出文官俑

迁在任为迁陵丞（里耶简 8-137、8-378+8-514）。也就是说，从秦王政二十五年迁陵建县至秦始皇三十五年大约十年间，迁陵县一直是有丞的。而在同一时期,迁陵县也一直设有守丞，有的年月里，同时在任的守丞还不止一位（见下表）。里耶简 9-728 所记，一般认为是秦二世元年迁陵县守（这一年的迁陵守是加和顺）、佐、守丞、令史的视事记录，其中见有三个守丞（枯、平、固）。如果守丞是代理县丞的话，那么，在已任命县丞的情况下，何以又要任命代理县丞，甚至同时有几位代理县丞在任或在同一年里轮流视事呢？ [39]

秦始皇二十六年至三十五年间迁陵县的守丞

人名	在任时间	简文出处
戊	秦始皇二十六年十一月	简 9-1114
敦狐	秦始皇二十六年二月、四月、五月、六月、八月、九月、秦始皇二十七年十一月、十二月、三月	简 6-4、简 8-135、简 8-138+8-174+8-522+8-523、简 8-406、简 8-1510 背、简 8-1743+8-2015、简 9-23、简 9-705+9-1111+9-1426、简 9-1112、简 9-1408+9-2288、简 9-1861 背
敬	秦始皇二十七年十月	简 8-63
巠	秦始皇二十七年八月	简 8-133 背
膻之（膻）	秦始皇二十八年十二月、正月、三月、七月	简 8-75+8-166+8-485、简 8-657 背、简 8-1563、简 9-298、简 9-470 背、简 9-995、简 9-1095 背、简 9-2107、简 9-2346、简 9-3160+9-3162

人名	在任时间	简文出处
胡	秦始皇二十八年九月	简 8-1463 背
色	秦始皇三十二年四月	简 8-155、简 8-158、简 8-904+8-1343、简 9-2251
都	秦始皇三十二年八月、九月，三十三年十月、二月、五月	简 8-154、简 8-664+8-1053+8-2167、简 9-21、简 9-756、简 9-1420+9-1421、简 9-2721
有	秦始皇三十三年六月	简 9-795、简 9-2314、9-1438+9-2199
殷	秦始皇三十三年四、五月	简 9-1871 背 +9-1883 背 +9-1893 背 +9-2469 背 +9-2471 背
说	秦始皇三十四年十月	简 8-183+8-290+8-530、简 9-1864 背
巸	秦始皇三十四年正月、二月、七月、八月	简 8-197、简 8-730、简 8-896、简 8-912、简 8-1525、简 8-1538+9-1634、简 9-49、简 9-453、简 9-1695、简 9-2203、简 9-2314 背、
衔	秦始皇三十四年六月	简 9-757、简 9-336、简 9-1223
兹	秦始皇三十四年八月、后九月	简 8-1449+8-1484、简 8-1456 背、简 9-1886 背、简 9-2224
绎	秦始皇三十五年十一月	简 9-1088+9-1090+9-1113
律	秦始皇三十五年五月	简 8-770

　　岳麓书院藏秦简《秦律令》(一)第三组简 0019 前文缺失，揣其意，应当是规定黔首在应役期间不得回乡，以免耗费时日；如果黔首无病而装病，"黔首为故不从令者，赀丞、令史、执法、

执法丞、卒史各二甲"。⁴⁰"执法丞"显然是"执法"的助手，或者说是"执法"的"丞"。睡虎地秦简《秦律杂抄》中有一条律规定：如果在年度考核中位居末位（"省殿"），工师要罚赀一甲，"丞及曹长"罚赀一盾。⁴¹这里的"丞"是"工师"的"丞"。里耶秦简9-708+9-2197见有"洞庭发弩守丞"，则应当是洞庭郡"发弩守"（即睡虎地秦简《秦律杂抄·除吏律》所见的"发弩啬夫"）的"丞"。"执法丞""工师丞""发弩守丞"的称谓，说明"守丞"当是指"守"的"丞"，也就是"守"的长史，即秘书长。⁴²无论县"守"称为"令"，还是称为"丞"，他都有一个秘书长，这就是"守丞"，亦即县政府的秘书长和办公室主任。

里耶秦简中守丞所涉及的职责非常广泛，论者颇有罗列。然细究其事，守丞实际上所负担的责任，主要是在文书方面，并不真正涉及对事务的处理。如里耶简8-75+8-166+8-485所记文书，实际上由三部分组成：一是由犯书写，说明秦始皇二十八年十二月癸未守丞膻之用这份文书，确认之前少内发出的公文（"迁陵守丞膻之以此追如少内书"）；二是抄录上一年七月辛亥少内守公关于郪县少内要求迁陵县协助追讨缪所欠金钱的调查结果和处理意见（"缪任不在迁陵"，"后计上校以应迁陵，毋令校缪"）；三是抄录七月壬子迁陵守丞膻之将上述少内守公的报告转致郪县丞的函。虽然文书首尾均以"守丞膻之"为主体，但其实际作用，却不过是转发、确认少内守公的调查结果和处理意见。简 8-770 是秦始皇三十五年五月十二日（庚子）迁陵守丞律致启陵乡啬夫（乡司）的指令，说乡守恬受到指控（"有论事"），要他在早饭时自行到达县廷（"以旦食遣自致"），接受检查。简 9-1871+9-1883+9-1893+9-2469+9-2471 所记，是秦始皇三十三年三四月间库守□为追讨某物的一系列文书，到五月二十二日，"迁陵守丞殷告库主：书皆已下，听书，以律令从事"。这说明，守丞的职责之一，就在于发送、转呈文书。

守丞应当负责县廷的日常工作程序以及令史、史等文书吏的调配。里耶秦简 8-138+8-174+8-522+8-523 所记是秦始皇二十六年六月迁陵县守丞敦狐关于县廷令史轮流巡视县庙（"行庙"）的通知。通知要求负责行庙的吏认真检查各自负责行庙之日的吉凶宜避，并说明行庙的顺序是按照县廷诸曹的排列安排的，以各曹令史的"坐次相属"。显然，县廷诸曹令史的日常工作，是由守丞统筹安排的。在简 6-4 中，守丞敦狐致函船官，说令史廑到沅陵去校核有关律令，需要借用两只船，不得拖延不给（"令史廑雠律令沅陵，其假船二艘，勿留"）。很明显，令史是一县长官（令、县啬夫、丞）的"史"，故统由守丞具体调配。秦始皇三十四年正月初五日，迁陵守丞巸报告说：县廷在职的吏员多被征发从事徭役，可以任用的吏员人数少，"不足以给事"。秦始皇三十三年六月八日，迁陵守丞有说：根据守府关于呈报吏员编制（"吏缺式"）的规定，现呈上迁陵县的"吏缺式"。上引里耶简9-633所见的"迁陵吏志"，很可能就是由守丞负责编制的"吏缺式"，二者之间至少存在某种关联。

二、列曹与诸官

县廷所属机构，分为"曹"与"官"两种。列曹是县廷的办事机构，而诸官则是县廷直属的管理机构。

据"迁陵吏志"，迁陵县编制令史二十八人，其中十人受命"徭使"，十八人在职。据上引里耶秦简8-138+8-174+8-522+8-523，知令史分曹治事，诸曹盖即以令史为负责人。参与行庙的令史，共有十二人（庆、廆、阳、夫、韦、犯、行、莫邪、釦、上、□、除），可能都是在县廷列曹和诸官任职的令史。简8-269记资中阳里釦的履历（"阀阅"），说他在秦王政十一年九月获得"史"的任职资格，做乡史九年一日，田部史四年三个月十一日，任令史两个月，年三十六岁，通过了审计程序，"可直司空曹"，当即以令史身份主持司空曹。[43]在令史之下，各曹又有若干名"史"（"曹史"），处理日常事务。

县廷列曹，当包括令曹、吏曹、户曹、金布曹、司空曹、仓曹等六曹。[44]

（1）令曹，主律令。里耶简8-1859见有"廷令曹发"，

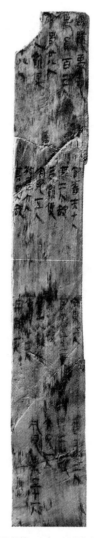

里耶秦简 9-633 "迁陵吏志"

当指县廷令曹发出的文书；简 9-593+9-1274 见有"令曹书一封"，用县丞的印，送往酉阳。简 8-602+8-1717+8-1892+8-1922 应当是迁陵丞□（人名，缺，很可能是昌）的报告，其中说有"志四牒"，"有不定者，谒令饶定"。这里的饶，应当就是主管令曹的令史。简 8-1511 记秦始皇二十九年九月二十日，迁陵丞昌报告说："令令史感上水火败亡者课一牒。有不定者，谒令感定。"这里的"令令史"，显然就是主令的令史，亦即令曹令史。"水火败亡课"是金布曹的考课项目，而由主令令史感加以检定。对于县中不同部门编集的"志"，令曹要负责加以规范、修订，说明令曹有责任监督律令的执行。简 9-713 中，"酉阳报充，署令发"；"迁陵报酉阳，署主令发"。其中的"令"与"主令"，也都是指令曹。

据上引里耶简 6-4、8-173，主令的令曹令史要负责校雠律令。睡虎地秦简《秦律十八种》"尉杂"规定每年都要到御史处"雠辟律"，即校核刑律。[45] 盖其时律令多经辗转抄写，或有舛误，故需要仔细校雠。睡虎地十一号墓所出法律简中，收入《秦律十八种》的"效律"共有八条，十七支简；而《效律》（被认为是一篇首尾完具的律文）全文则有二十九条，六十支简，所以，前者被认为只是《效律》的摘抄本（简本）。收在《秦律杂抄》中的十一种律，更是根据需要摘录的一部分律文，有一些条在摘抄时还可能对律文做概括和删节。换言之，当时抄录律令的书手（史或令史）可能根据需要或自己的理解摘抄律令文字，甚至根据己意改写律令文字，故形成诸多结构与内容均不相同的摘抄本（简本）。而当此种简本不敷使用时，就需要寻求全本或详本予以补充。所以，校雠律令并非仅仅校核律令文字，还当包括补充律令条文，而后者可能更为重要。

然令曹最主要的职责，可能还是解释律令，明确其适用范围与程度。律令详密繁多，所用语汇、表达多生涩冷僻，其内涵、意义或模糊不明，非专业人士往往不能把握。故律令之学，乃成为一种专门之学。睡虎地十一号墓所出《法律答问》，很可能就是此种学问的教材，也是司法官吏在司法实践中的重要参考书。《法律答问》有187条、210枚简。简文采用问答形式，对秦律的一些条文、术语以及律文的内涵、意图做出解释，对律令条文的适用范围、特例以及相关案例做出说明，特别是对法律条文中未能做出明确规定的某些特殊情况，提供了处理办法。因此，《法律答问》不会是主要面向黔首百姓的，而是面向司法官吏的；其所提出并回答的诸多问题，主要是司法官吏在审理案件、处理司法事务的具体实践中所遭遇的。其中所引述的律令条文的成文年代，贯穿于商鞅时代至秦王政初年，说明这个文本是经历较长时间、不断累积形成的。所以，它很可能是墓主喜学习律令的"教材"，他得任为令曹令史并在鄢县"治狱"，在很大程度上可能得益于《法律答问》。[46]

（2）吏曹，又称为"主吏"，当负责吏员的考评、晋升与推荐等。《史记·高祖本纪》："沛中豪杰吏闻令有重客，皆往贺。萧何为主吏，主进。"裴骃《集解》引孟康曰："主吏，功曹也。"[47]萧何正式的职位，应当是沛县吏曹的令史。里耶秦简 8-52 见有"廷主吏发"，简 8-98 见有"吏曹当上尉府"，8-241 所见"廷吏曹"等，都是指吏曹。

（3）户曹，又称为"主户"，当负责户籍、田地垦殖及赋役籍帐之事。里耶秦简 8-487+8-2004 所记，是秦始皇三十四年八月十一日户曹令史龏所整理的、二十八年至三十三年六年间迁陵县的实存著籍户数，说明户籍与户口统计均由户曹负责。而简 8-488 则罗列了户曹统计与审计的项目（"户曹计录"），包括乡户计、繇（徭）计、器计、租质计、田提封计、髹计、鞫计等七计。其中，"乡户计"当是各乡所管领的著籍户口统计，"徭计"当是诸乡徭役帐，"器计"当是诸乡农具帐，"租质计"当是各乡田租（税）与交易税统计帐，"田提封计"当是田官所管的公田数与收入总帐，"髹计"当是田官所属漆园的收入帐，"鞫计"则当是田官所属的"鞫"（似当释作"鞾"）生产的皮革制品的计帐。那么，户曹所管籍帐事务，包括了户口、租赋、田地以及手工业产出的籍帐。简 8-769 说县廷下"令书"，要启陵乡送鲛鱼和山今鲈鱼，启陵乡报告说无人认识这种鱼，文书末署"户曹"，说明县内物产的调查与统计，也应当是归户曹掌管的。而与户曹对应的机构，则主要是各乡及田官。

（4）金布曹，是县廷的财政机构，负责金钱、布帛的收支、帐目及相关政策，然并不直接管理、经营金钱、布帛等财物（属少内的职能）。[48] 里耶秦简 8-454 当是金布曹所做的收入帐目录，包括漆税收入（"枲课"）、官营作坊的经营收入（"作务"）、竹园收入（"畴竹"）、湖池税（"池课"）、栗园收入（"园栗"）、铁冶收入（"采铁"）、市场交易税（"市课"）；并且注明当年没有赀赎、赀债，在这方面没有收入；又扣除了"县官"购买铸锻工具和竹箭所花销的钱，以及竹栗园和采金因水火灾害而造成的损失。据此做出的统计，实际上就是迁陵县除了租赋之外的各种财政收入（田租与户赋应当是上交给国家的，属于国家财政范畴；金布曹所统计的，应当是县地方财政的收入）。简 8-493 则是金布曹关于支出的统计、审计目录，共包括六项："库兵计"是库官所掌管的各种兵器的统计，"车计"是库官所掌管的车的统计，"工用计"应当是库官所用人工的统计，"工用器计"是库官所掌管的诸种器物用具的统计，"少内器计"是少内官所掌管的器用工具的统计，"金钱计"则是少内所掌管的金钱布帛的统计。简 9-1115 见有秦始皇二十九年金布计，就包括了库、工用器、车、少内器等项，并谓各项都有"出入券"。所以，县廷的金布曹，主要对应着少内、库两个县直属机构。

（5）司空曹，是县廷里对应司空官的管理机构，其主要职责当是编制工程的人工与物资籍簿，并不直接管理工程事务与务工的徒隶。[49]里耶秦简 8-480 所记是司空曹的统计、审计目录，包括"船计"（当是造船及拥有的船只统计）、"器计"（当是县中使用的各种工具的统计）、"赎计"（当是赀赎的人数与赎赍的统计）、"赀责计"（当是赀债的人数与其所欠、还债款的统计）、"徒计"（当是县中使用各种徒隶的统计）等五计。简 8-1428 见有秦始皇二十八年十月司空曹所作的"徒簿"。司空曹的职责重点，应当是对县中所用工徒与赀赎、赀债的掌握。

（6）仓曹，又称为"主仓"，负责县中财产物资的登记、出入审核与统计等，并不负责物资的实际保管、出入（后者是仓官的职责）。里耶秦简 8-481 所记，是仓曹的审计目录（"仓曹计录"），包括"禾稼计"（应是入仓的谷粟刍稾的统计）、"贷计"（应是借出物资的统计）、"畜计"（应是入仓的各种牲畜的统计）、"器计"、"钱计"、"徒计"（应是仓官所使用的徒隶数的统计）、"畜官牛计"、"马计"、"羊计"（以上三计，当是关于畜官所有牛、马、羊的统计）、"田官计"（应当是田官经营收入的统计）十计。这十计，涉及仓官、畜官与田官。那么，县廷的仓曹，主要是对应这三官的。简 8-776 记仓曹已"计"秦始皇三十年四月至九月间所当计的"禾稼出入券"，并上报给县廷。简 8-1201 见秦始皇二十九年"仓曹""当计出入券甲箅"，简 8-500 见有秦始皇三十七年，"廷仓曹当计出券"，说明仓曹主要是负责统计与审核。仓曹内可又分设若干"筐"，分别对应不同的"官"事（至少"计券"是分筐存放的。"筐"是文书分类单位）。

少内、司空、田官、仓、库、畜官等诸"县官"，则是县廷直属机构（县官，即县属机构）。[50] 诸官大抵皆以"守"（啬夫）为长官，"佐"为副手（有的佐称为"令佐"，应当是指由县廷派出的佐，对所在的"官"有监督权），"史"为秘书。

（1）少内。又称为"府中"，是掌管县政府金钱财物的机构。[51] 与县廷金布曹主要负责财政收支籍帐不同，少内具体负责政府金钱财物的收纳、支出乃至经营。里耶秦简 8-493 所记县廷金布曹的"计录"中，有"少内器计"和"金钱计"两项，说明少内所管，主要有金钱与器两项。金钱，除了金银铜钱之外，还包括丝帛等。里耶秦简 8-914+8-1113 见少内沈于秦始皇三十五年八月十日接收"丝十八斤四两"；简 8-1751+8-2207 见少内守绕在秦始皇三十五年九月一日出锦缯一丈五尺八寸，以为献，少内令佐俱监督其事。少内所掌管的钱，主要有两个来源：一是田官交纳的刍稾钱（黔首的刍稾或刍稾钱当交到仓官）。据里耶秦简 9-743，秦二世元年二月二十九日，少内守疵接受右田守纶移交的田刍稾钱一千一百三十四，令佐丁在旁监督。二是各种罚赀、赎赀。睡虎地秦简《秦律十八种》"金布律"规定：县、都官若在考核、审计中被判定要赔付亏欠者，县、都官的长官（"啬夫"）

就把应当赔付的钱款分配给所属机构的各级官吏，并责成少内收取。简 8-1783+8-1752 记载，秦始皇三十年九月十九日，少内守扁接受了佐䣆、斗、史章以及乡守歇、发弩囚吾、佐狐等人交纳的罚赀共二十五甲四盾。原注释称：简 8-1783 右侧刻齿为"八万五千一百"。则知所谓赀甲、盾，也都是折算为钱交纳到少内的。据简 9-86+9-2043，秦二世元年八月二十九日，少内壬接收了寡妇变交纳的赀钱若干，令佐赣在旁监督。

少内所管的"器"大抵是一些比较精致的器具。据里耶秦简 9-14 记载，秦始皇三十三年十一月戊戌，城父安秌里的不更□从迁陵县少内守宓处接受了莞席一领、一合竹笥、一合竹小笥、三合竹筥，一条三丈长的、用枲搓成的三股绞合在一起的绳子。秦始皇三十四年九月二日，少内守狐付给牢人□竹筥一合（简 8-1170+8-1179+8-2078）。莞席、竹笥、竹筥、绳索，都是个人生活和办公用品，不更□和牢人□都应当是低级的吏。少内可能负责向县里的各级官吏提供必要的生活与办公用品。据简 8-1457+8-1458，秦始皇三十五年正月二十五日，迁陵少内壬付给"内官"翰羽千余镞。少内掌管的器大抵均属此类。

少内负责向县中政府机构发放经费。在里耶秦简 9-1872 中，秦始皇二十六年六月二十五日，少内守不害报告说：支出钱二千二百四十四，用于给徒隶添置夏衣。现将十份证明

支出的中辨券（三分券书的中间那份）呈上存档。据简 9-1144
和 8-838+9-68，秦始皇三十四年九月十六日，少内守狐付出
钱二千六百八十八；后九月六日，少内守就支给司空守痤钱
二千六百八十八。据简 8-888+8-936+8-2202，秦始皇三十五
年六月十九日，少内沈报销了一笔市场工程的人工费（"市工
用"），二千一百五十二钱（此前的代理少内唐曾经手这笔用
项）。这些零星的材料，说明县府各部门的部分经费，是由少
内支给的。

　　睡虎地秦简《法律答问》说："府中"管理的"公金钱"
如果私自借用，等同于"盗"罪（"府中公金钱私貣用之，与
盗同法"）。[52] 这条规定，反过来说明，"府中"（少内）所管
的官钱，是可以依法借贷的。可是，如果出现亏欠，少内是
要赔付的。里耶秦简 8-890+8-1583 记录了秦始皇三十年九
月五日的一份"赀券"，规定少内增出钱六千七百二十，"环
（还）"，显然是填补少内官的亏欠。同时，令佐朝、义，佐盍
各赀一甲，史犴赀二甲，应当是根据共同负责的规定，分担
少内官的亏欠。

　　少内还要负责跨郡县追讨欠赀，并传送所得的金钱。简
8-60+8-656+8-665+8-748 记录了一个案件：迁陵县少内臦
报告说：郪道西里的公士亭现在迁陵县任冗佐。他被罚赀三
甲，值钱四千三十二。他自称家里可以交纳这笔罚赀，所以
迁陵县移书郪道，要求郪道县帮助追讨。可是，亭的妻子胥

亡却声称：家贫，无力交纳这笔钱。她要求告诉亭所在的官署，让亭亲笔写一封信来，说明要还这笔钱。亭要纳的这笔罚赀，是列入少内二十八年的"金钱计"上的，所以，迁陵县少内要移书菆道，设法追讨。据简 8-75+8-166+8-485，迁陵县少内应郪县的要求，代为追讨缪的欠赀；而据简 8-1023，迁陵县付给郪县少内"金钱计，钱万六千七百九十七"。二者虽然未必是同一事，但迁陵少内与郪县少内之间存在金钱往来，却是没有疑问的。

（2）田官。田官是主管官营田地园林的机构，其长官称为"田啬夫""田官守""田守"或者"田"，有"佐"（田佐、田官佐）为其副，"史"为其秘书。

里耶秦简 8-383+8-484 和 8-479 分别记有"田课志"和"田官课志"，其下各有一课，即"鬏园课"和"田提封课"。[53]那么，田官所管，主要是鬏园和"提封"之田，而所谓提封田，当即公田或官田。简 8-672 见有秦始皇三十年二月十四日田官守敬的报告，说是将"官田自食薄（簿）"上呈给泰守府。在简 8-63 中，秦始皇二十六年三月二十二日，旬阳县的左公田丁报告说：本县州里人烦曾是公田吏，担任左公田的佐，因为征收豆田的租赋不够标准（"事苔不备"），被处罚赔付三百一十四钱，并徙往迁陵县任冗佐。其中，丁是左公田的守，烦是左公田的佐。所谓"左公田"，也就是"左田"。这说明，田官所管的田，是公田、官田，亦即政府直接掌管的

田地。这些田地的来源，则是"提封"，亦即征用和查封。其
所管的鬶园，也当是官园。[54]

在田官所管的公田（官田、提封田）及鬶园中劳作的，
主要是徒隶。里耶秦简中，多有田官接受徒隶的记录。简
8-1566 是秦始皇三十年六月十八日，迁陵县田官守敬所管
理的田官隶徒每天口粮（"日食"）簿，包括城旦、鬼薪十八
人，小城旦十人，舂廿二人，小舂三人，隶妾居赀三人，共
五十六人。这可能是在迁陵县田官劳作的徒隶总数。

在上引简 8-63 中，旬阳县见有"左公田"；简 9-743
中，见少内守疵接收了"右田守纶"移交的刍槁钱。简
9-1418+9-1419+9-2190 是令佐义的爰书，其背面记录了诸官
佐所当出的粟米数，其中见有右田佐意三斗，田官佐□（下
残）。看来有的县（如旬阳、迁陵）分置左、右田官，亦即有
两个田官。

（3）司空。司空的本职，当是掌管工程，因工程多用刑
徒与隶臣妾，遂得兼管徒隶。里耶秦简 8-486 所记"司空课志"
颇为残缺，然结合上引简 8-480"司空曹计录"及简 8-495"仓
课志"，仍可推知，司空官所管，主要有三项。一是徒隶。"司
空曹计录"中有"徒计"；在"司空课志"中，第四行为"舂
产子课"，其前面的三行，或可补出为"□［受］（为）［隶臣
课］""［徒］课"和"［隶臣死亡］课"。此四课，皆当与司空
所管理的徒隶有关。二是作务。"司空课志"中，第七行作"作

务□□"，应当是与作务相关的考核。司空官所管的作务，包括城垣建设、基础设施等工程以及一些手工业。简 8-478 是秦始皇三十二年正月初九日，少内守是接收司空色移交办公用品的清单，包括带柄的斧头二具（"斧二，有柯"），长木柯三件，盛钱的木匣一个，木椟及木梯各一个，还有其他一些木制品。凡此，都应当是司空作务的产品。三是制造、修理并保管船只。"司空课志"第五行作"□船课"，"司空曹计"中见有"船计"。简 8-2008 所记，当是司空□（人名，缺）关于司空所管徒隶的劳作安排，其中有一个人受命"治船"。在简 8-1510 中，秦始皇二十七年三月四日，迁陵县库守后报告说：收到命令，要向内史输送兵器，需要使用六丈以上的船四艘，请县廷下令司空，派吏员、船工（"船徒"）交送船只。凡此，都说明船只的制造、维修与保管，皆当属于司空官；具体负责其事的，或者就是"船官"。[55]

（4）仓。里耶秦简 8-495 "仓课志"记对仓官的考课，包括"畜彘鸡狗产子课""畜彘鸡狗死亡课""徒隶死亡课""徒隶产子课""作务产钱课""徒隶行繇（徭）课""畜雁死亡课""畜雁产子课"，共八课，涉及县仓保管的畜彘鸡狗、畜雁，其所管理和作务生产的产品与收入，以及在县仓劳作的徒隶三个方面。此三项考课内容，大致相当于上引简 8-481 "仓曹计录"中的畜计、器计和徒计。"仓曹计录"中所涉及的禾稼、钱和贷则不见于"仓课"中。然据睡虎地秦简《秦律十八种》"仓律"，禾稼（田租）与刍稾（户赋）当然都是交纳到县仓中，由县仓保管；而且，收纳、保管禾稼（谷粟）、刍稾（可折为钱布），实际上是县仓最重要的职责。[56]

县仓的长官是仓啬夫，或者称为"仓守"。县廷多派出令史，监督县仓事务。县仓另置有佐、史以及稟人。仓中发放粟谷，一般由仓守、佐或史和稟人共同办理，而由令史监督。如据里耶秦简 8-211，秦始皇三十一年九月庚申，仓守是、史感和稟人堂三个人一起，发放了给隶臣某的稟食，共稻五斗，令史尚在现场监督（"视平"）。在简 8-760 中，秦始皇三十一年三月丙寅，仓守武、佐敬和稟人援发放给大隶妾宽粟米一石二斗半，令史尚监督。在同一个月癸丑日，仓守武、史感与稟人援发放了粟米一石二斗半给大隶臣妾并，在现场监督的，则是令史狂。显然，守、佐、史是县仓固定的吏员，而令史则是由县廷派出的，所以频繁更换，但也可能常驻县仓。

（5）库。库，实际上是武库，是保管兵器等军事物资的仓库，与仓主要储藏禾稼、刍稾等物资有很大不同。简 8-458 所记当是迁陵县库实存物资（"库真"）的部分清单，包括甲三百四十九副、甲宽二十一具、鞮督四十九副、冑二十八副、弩二百五十一具、臂九十七具、弦千八百一根、矢四万九百□支，戟（戟）二百五十一支，全部是军用物资。在简 8-26+8-752 中，库守武、佐横向屯戍的士卒上造竉等发放了三根弦、一根旌弦、五十支矢，以及一个枭□、一只竹篮，说明武库负责向驻守的士兵发放武器等军用物资。在简9-1887中，秦始皇三十三年二月三日，库守䣃报告说：县廷要求少内䣃、令佐勇一起核查县库，查出库中的前袭甲不合规格（有的甲袖上及前下部分缺少甲片，有的部分却又多出了甲片），判定库守武和佐都应当负责，给予罚赀的处罚。在简8-686+8-973中，秦始皇二十九年八月乙酉，库守悍在作徒簿中记录说：接收司空和仓转来的徒隶共十一人，其中分配两个城旦去"缮甲"，则库不仅是保管兵器，还要负责维修。

在简8-493"金布计录"中，见有"库兵计"和"车计"。"兵"与"车"应当是库所管理的重要军用物资。上引秦始皇二十九年库守悍的作徒簿记录，说派了城旦一人去"治输"，两个城旦去"约车"，当都是指修理车。简8-405见有"车曹"佐般与库守建一起，接受了仓守择付给的券。简9-49中，则见有"兵曹"，受迁陵守丞膇的指令，提供"乘车"。兵曹与车曹，都应当属于县库。

（6）畜官。畜官，是管理官有畜产的机构。简8-490+8-501"畜官课志"包括"徒隶牧畜死负、剥卖课"（徒隶与牧畜死亡减损数与死亡牲畜剥卖收益统计）、"徒隶牧畜畜死不请课"（未报告的徒隶与牧畜死亡减损数）、"马产子课"、"畜牛死亡课"、"畜牛产子课"、"畜羊死亡课"、"畜羊产子课"，共八课。简8-481"仓曹计录"中，包括"畜官牛计、马计、羊计"

三计。所以，畜官主要是使用徒隶牧养马、牛、羊。

畜官的长官，一般称为"厩啬夫""厩守"或"畜官守"。睡虎地秦简《秦律杂抄》规定：马服役的劳绩被评为下等，厩啬夫要罚赀一甲。成年母牛十头，有六头不产小牛，啬夫、佐也要各罚赀一盾；母羊十头，四头不产小羊，啬夫、佐也要各罚赀一盾。[57]这里的厩啬夫负责管理马、牛、羊的畜养，就是畜官的责任。里耶秦简8-163所记，是秦始皇二十六年八月十三日厩守庆的报告，说根据县廷的命令，司空佐贰改任为厩佐，已于七月二十八日到任。所以，县中的厩就是畜官，厩守、佐就是畜官的长、副。

三、尉官与狱官

尉官（县尉的衙署）虽然属于县廷的组成部分，但因为尉乃县中长吏，且接受郡尉的"垂直领导"，[58]故其衙署应当是相对独立的。在里耶秦简8-657背简文中，秦始皇二十八年八月，迁陵守丞膻之转发上级文书给本县尉官，告诉他"以律令行事"，并请尉官抄录一份文书，送到贰春乡卒长奢的军营（"傅别书，贰春，下卒长奢官"）。显然，尉官并不与县廷在一起，而是另有官衙。在简9-2283中，秦始皇二十七年三月，迁陵丞欧转发上级文书给本县尉，请他"听书从事"，并"别书都乡、司空"，也说明迁陵县的丞与尉并不同衙，且县尉得分管都乡、司空。所以，虽然在对上级或外地同级的文书中，尉官也可称为"尉曹"，但并不直属于县廷，县廷列曹中，当没有尉曹。[59]

　　尉官的负责人，称为"尉"或"尉守""尉主""尉官主"。[60] 里耶秦简8-482记县尉的考课项目，包括"卒死亡课""司寇田课""卒田课"三课，说明县尉管辖的，除士卒外，还包括司寇。简8-132+8-334是一支残简，其大意是说尉守狐在十一月己酉至十二月辛未间视事，期间所领诸种士卒合计六百二十六人，死亡一人，显然就是简8-482所说的"卒死亡课"。简8-1552应当是迁陵县廷给县尉的文书，要求尉"以书到时，尽将求盗、戍卒枲（操）衣、器诣廷，唯毋遗"。则知县尉所领部队，分为"求盗"和"戍卒"两部分，分别负责治安与屯戍。无论是求盗还是戍卒，各基层部队的指挥官，都是"校长"。据上引"迁陵吏志"，迁陵县编制有校长六人；则每位校长所领士卒，大约为一百人。

　　尉守有佐，为其副手，[61] 而以尉史实际负责尉官的日常行政事务。在岳麓书院藏秦简《秦律令》（一）"尉卒律"中，"尉史"一般列于"尉"之后。有一条律特别规定：县尉处理相关事务（"治事"），不要让史单独处理，尉与士吏一定要参与（"毋敢令史独治，必尉及士吏与"）。[62] 这恰恰说明，尉史实际上主持尉官的日常行政事务。里耶简8-717见尉史福为了与发弩守安有关的事务，向县廷"上"呈文书；简8-761

见有尉史过与发弩绎一起，领取贷给罚戍士伍禄的稟食。显然，尉史在尉官的职责地位，有类于守丞在县廷中的职责地位，是尉的秘书长和办公室主任。

尉官中，大抵分列爵曹、发弩（官）等。简 8-1952 是一支残简，第一行存"迁陵尉计"四字，第二行存"主爵发敢言之"六字。按：简 8-247 见有"尉府爵曹卒史文、守府戍卒士五（伍）狗"，可知郡尉府设有爵曹，以卒史为负责人，则简 8-1952 所见的"主爵"应当是迁陵县尉下属的主爵，亦即尉官的爵曹。秦时黔首的爵级是由县尉主管的，[63] 所以，尉官的爵曹（主爵）当不仅主管尉所部士卒军功授爵的上报等事宜，可能还负责普通黔首的爵位审核及相关事项。在上引简 8-761 中，见有发弩绎与尉史过一起领取士卒的稟食，发弩显然是县尉的下属。简 8-141+8-668 是秦始皇三十年十一月十七日发弩守涓给县廷的公文，他引用县廷所下御史书的要求，"书到尉言"，然后说："今已到，敢言之。"那么，这封公文是代表尉回复县廷的，发弩守是县尉的属吏。简背注明：十一月丙子（十七日）早饭时（"旦食"），"守府定以来"。这里的守府，显然是指发弩守的府，定是发弩守派来致送公文的。那么，在尉官中，应当有一个以发弩守为负责人的机构（"发弩官"），主要负责士卒的训练。

狱官的性质与地位也比较特殊。县狱官的负责人称为"狱史"，又称为"牢监"，其副手称为"狱佐"（见下文）。在体制上，狱史应当属于县廷，但同时接受郡府卒史的垂直领导，可以受命审查本县的长吏，所以，狱官大抵与尉官相似，也具有相对独立性。

秦始皇二十七年八月十三日，时任迁陵县丞的欧受到迁陵守拔的讯问。案子的起因大约是：有一位名叫"毋害"的男子，以造假的方式获得了爵级，欧没有能够觉察（"弗得"）。狱史角参加了案件的审理。他调查发现，当年六月，欧曾因为不恰当地授予大男子赏、横以爵级而受到论处，被罚赀二甲（里耶秦简 8-209、9-2318）。在这个案子里，狱史角与迁陵守拔一起审理作为同僚的县丞欧。

欧并未因为此事而立即停职。半个月后，八月二十八日，他与拔一起徵讯了启。启应当是某乡或某官的负责人（"守"），他被指控在审计、检查过程中犯有错误，甚至没有报告检查结果（"启计校缪，不上校，大误"）。狱史角监督了这个案件的审理，即"史［角］（有）视狱"。[64]

秦始皇三十年某月的丙申日，时任迁陵县丞昌接受了狱史堪的讯问。昌被指控对乡守渠、史获罚赀三甲的处罚"不应律令"。昌承认处理不当，并声称没有其他过错。狱史堪亲自记录了这次讯问的情况（里耶秦简 8-754+8-1007）。

在以上三个案件中，狱史角和堪参与或主持了对本县同僚的讯问，而被讯问的欧与昌都是迁陵县的丞。显然，狱史绝不是普通的史，其地位比令史还要高，大致与守丞相近似。

在里耶秦简 8-406 中，秦始皇三十六年六月，迁陵守拔、守丞敦狐与史畸共同审理了男子皇梃的案子。这里的畸应当是狱史。在里耶秦简 9-2203 中，秦始皇三十四年八月己未日，迁陵守丞巸为令史唐参与输送之事，致书狱史，起首说："迁陵守丞巸谓覆狱狱史□"，使用的是平行文书的行文。令史唐亲自致送此件文书。岳麓书院藏秦简《秦律令》（一）有一条规定："狱史、令史、有秩吏及属、尉佐以上"，在近两年内给人家做赘婿的，均予以免职。[65] 有秩吏当指县中诸官（包括乡官）的守。在这里，狱史置于令史、有秩吏之前。所以，狱史的地位，大概在守丞与令史之间，比守丞略低，较令史高，较之县中诸官守更高一些（尉史的地位，大约与狱史近似，或者略高一些。县廷的守丞与尉史、狱史，地位大致相近而略有差别）。

在岳麓书院藏秦简《狱状》"魋盗杀安、宜等案"中，狱史触、彭沮、衷三人受命负责案件的侦破、审讯，并提出定罪量刑建议。破案后，长吏在状文中表彰其功绩，建议提升其考课等第（"任谒课"），晋升为郡府卒史。[66] 在"同、显盗杀人案"中，狱史洋也被评为"清洁毋害，敦愨守事，心平端礼"，建议予以晋升，任为卒史。[67] 在张家山汉简《奏谳书》"南郡卒史盖庐、挚、朔，假卒史鼌复攸庫等狱簿"中，南郡卒史盖庐、假卒史鼌等受御史之命，审理苍梧郡攸县令庫的案子。[68] 凡此，说明在朝廷御史、郡卒史、县狱史之间，存在着垂直领导的关系。换言之，县狱史应当受到郡卒史与县啬夫（令、丞或守）的双重领导。

在"迁陵吏志"中，没有狱史，但却单列有"牢监一人"。里耶简 8-270 是关于出稟（发放口粮）的记录，接受稟食的，有牢监襄和仓佐某。牢监应当是狱史的另一个称谓。而在睡虎地秦简中，并没有狱史之职。在《封诊式》所收录的诸多案例中，往往是让令史前往现场勘查案情（"告臣""争牛""贼死""经死""穴盗"等）、执行逮捕（"盗自告""告子""出子"等）。当秦王政十二年，喜受命审理鄢县的司法案件，《编年记》（《叶书》）记载说是"治鄢狱"，并未说其受命为狱史。那么，在统一之前，或者是从令史中挑出一位熟谙律令的人，委任他专门负责审理案件；后来（统一后），才逐步发展成为相对独立的狱史。即便如此，狱史仍多由令史升任。[69]

狱史有独立的官署，很可能与牢在一起。岳麓书院藏秦简《秦律令》（一）"尉卒律"规定：凡是有关黔首爵级及其变动的情况，各乡与诸官（"乡官"）要立即以"奔书"上报给县廷（"辄上奔书县廷"），县廷将之转给狱史保管。狱史逐月核查，统计日期，如果满三个月，就要召问乡、官的责任人；对于未报告的情况，即按律令论处，削夺其爵级，并予以审查（"狱史月案计日，盈三月即辟问乡官，不出者，辄以令论，削其爵，皆校计之"）。[70] 根据这个规定，狱史要负责审核黔首军功爵的变动，并保管相关记录，其衙署则显然与县廷不在一起。

　　狱史的属下，有狱佐、牢人。上引里耶秦简 8-988 见有迁陵狱佐谢，他是来自朐忍县成都里的士伍。在简 9-786 中，秦始皇三十四年六月十八日，狱佐□负责初审女子□的案子，需要进一步侦讯，未予判决（"须辟未决"）。据简 5-1 所记，秦二世元年七月八日，零阳县的狱佐辨、平以及士吏贺一起，到迁陵来办理结案手续（"具狱"）。在简 8-255 中，沅陵狱佐己受命到迁陵来核查案件（"覆狱"），并将所审理的案件情况上报洞庭郡（"覆狱，沅陵狱佐己治所迁陵，传洞庭"）。在简 8-877 中，狱佐瞫讯问戍，因为戍私自在苑中居留。凡此，均说明狱佐参与案件的审理、复查等事务。

　　牢人则是狱官中的役人，有类于仓官中的稟人。里耶简 8-1401 见有牢人城，身份是更戍的士伍；简 8-1855 则见有"牢人大隶臣□"；简 8-2101 又见有"牢司寇守"囚、婢等。看来担任牢人的，既有更戍卒，也有徒隶。

　　狱官分曹治事。里耶秦简 8-728+8-1474 说"狱南曹"发出了两封信，用迁陵县印，一封送往洞庭泰守府，一封送往洞庭尉府。这里的狱南曹，当是迁陵县狱的南曹。在简 8-273+8-520 中，有一封"狱东曹"的书，由牢人佁送往洞庭泰守府。简 8-2550 见有由覆曹签发的、通过邮传发往洞庭郡的文书。覆曹当负责覆狱，即重新审理案件。简 8-389+8-

404+9-1701 见有 "讇曹",负责解释律令 ("主令")、追查 "从人" 的三族 ("主三族从人讇")、检举追究盗贼 ("主盗贼发讇") 以及究问贰春、都乡、启陵及田官所属吏卒、黔首和奴婢。讇曹大抵是预审科。那么,迁陵县狱官所属,至少有南曹、东曹、覆曹与讇曹等四个曹。[71]

狱史审理案件,似乎有较强的独立性,长吏并不予以太多干预,或者无权干预。里耶秦简 8-141+8-668 中,秦始皇三十年十一月十七日,发弩守涓报告说:县廷下发了御史府下达的 "书",说县中负责审理及复审案件的吏员,往往一个人独自审问囚犯 ("或一人独讯囚"),作为负责人的长吏 (长、丞) 以及监督人 (正、监) 却不能参与。治狱、啬夫与正监三方不能同时参加,实有所不便 ("不参不便")。这一要求,恰说明狱史审理一般案件,经常是独立办案的。

尉与狱皆具有相对的独立性,严格说来,并不是县廷的下属机构——当县廷以令为长官时,自然可以指挥、节制县尉;而以丞为长官时,则大抵很难视尉为下属;狱史在受到上级 (郡卒史) 指令时,可以讯问县丞,地位也十分特殊。

四、乡史与令史

迁陵是一个边地小县,秦王政二十五年才建县;安陆与鄢则在楚时就已是县邑,到喜时入秦已有数十年,规模与重要性均远大于迁陵。可是，县廷诸种官署的设置、长吏员佐的配备，诸种机构间的相互关系，却大抵是一致的。

喜在秦王政三年八月获得史的任职资格，这一年他十九岁。在此之前，他应当读过十多年的书。睡虎地秦简《秦律十八种》"内史杂"规定：不是史的儿子，不能到"学室"去学习，"犯令者有罪"。又规定：下级小吏即使会书写，也不能从事史的职业（"下吏能书者，毋敢从史之事"）。[72] 那么，秦时的史基本上是世袭的，只有父亲是史，儿子才能进入学室去学习，也才可能在长大以后获得做史的资格。《说文解字》《叙》引汉《尉律》说："学僮十七已上，始试。讽籀书九千字，乃得为〔史〕（吏）。"[73] 而岳麓书院藏秦简《秦律令》（一）"徭律"述及征发黔首运输粮食（"载粟"），"史子未傅先学学室"者，也不能免役。[74] 据《编年记》（《叶书》），喜是在十七岁时"傅"的。那么，在十七岁之前，他应当是在学室就学的；十七岁"傅"之后，他很可能就开始就"试"，即参加任史的资格考试。他应当考了至少两次，十九岁时考试合格。"讽"的本义是背诵，这里是指默写；"九千字"当是默写的范围。"讽籀书九千字"，应当是在九千个字里任意选择，要求考生用籀文默写出来。掌握九千字，应当是秦汉时吏员考试的基本要求。

史的基本职责既然是撰写、收发、保管官府的各种文书，所以，只是会写字，是远远不够的，最重要的，其实还是会写文书。按照书写的材料，秦时官府文书主要有"牍"与"牒"

两种。牍就是木方，或木片；牒则由若干支小木片或竹片编连在一起。岳麓书院藏秦简《秦律令》（二）有一组关于书写、发送、分类、保管文书的令。简 1698+1707+1712+1718+1729+1731+1722+1814+1848+1852+1702 规定：如果用牍书写文书，一牍上所写，不要超过五行。牍的规格，如果是写五行，宽一寸九分寸八（约 4.6 厘米）；写四行，宽一寸泰半寸（约 4 厘米）；写三行，宽一寸半（约 3.5 厘米）。每一行的字数，如果牍长一尺二寸（标准长度，约 27.7 厘米），不超过二十六字；若牍长一尺（约 23.1 厘米），则不超过二十二字。县廷与诸官上呈给郡府、朝廷的文书，牍的厚度不得低于十分寸一；写两行字的牒，厚度也不得低于十五分寸一；但厚度也不能超过标准的一倍半。在书写时，每写一章，要分开段落；行文应当中止的地方，要用一个中止符分别开来，以便于理解（“书过一章者，章□之；辞所当止，皆腏之以别，易知为故”）。牒的标准长度，本来是一尺六寸（约 37 厘米），根据朝廷下达的“制”，应改为一尺一寸（约 25.4 厘米）。如果用牒，要根据所陈事由，分别编连，一事别为一编；事由不同，不得编连在一起（“诸上对、请、奏者，其事不同者，勿令同编及勿连属，事别编之。有请，必物一牒，各徹之，令易知”）。如果写一件事情，用牒超过百支，则要分开编连，不得合编在一起，那样容易散开（“其一事而过百牒者，别之，毋过百牒而为一编，必皆散”）；同时，要选摘其中的关键语

句或规定、结论，另外写一份提要，以便于知悉事由（"取其
急辞令约，具别白，易知也"）。如果上报司法案件的审理情况，
则要附上所涉及的律令，并将之与所对应的案件合编在一起，
在律令下写明它对应何种案件，并注明犯罪人是否抓获（"其
狱奏也，各约为鞫审，具傅其律令，令各与其当比编，而署
律令下曰：以此当某某，及具署罪人系、不系"）。[75]

在书写文书之前，要仔细地打磨、修理木牍或竹、木简，
使之美观，适于书写［"皆谨调䕙（护），好，浮书之"］。[76]
文书确定后，则要给它加上"封"，即封缄。封缄之法，大抵
是将牍或牒置于木匣中，用绳索捆缚（"封缠"），或者径以绳
索缠绕，然后盖上长吏或其他负责人的印。律令规定：上报
的公文，无须在封上写明内容；如果是通过邮传传递的或各
县依次传送的文书，则在封上就写明内容（"封书，毋勒
其事于署；书以邮行及以县次传送行者，皆勒"）。[77]书写
文书前"调护"木牍与竹、木简，写好后封缄勒署，应当都
是史的职责。

在里耶秦简中，文书的书写者多署名，写作"某手"，即
某经手书写。其中，相当部分文书的"手"是史。如感是迁
陵县仓的史，在简8-45、简8-48、简8-448+8-1360、简8-606、
简8-763、简8-766、简8-800、简8-1063、简8-1153+8-1342、
简8-1177、简8-1540等县仓出禀的记录中，他既与仓守一
起出禀，也是出禀记录的"手"。简8-1540是秦始皇三十一

年五月二十二日县仓的出禀记录：仓守是、史感、禀人堂一起发放给身份是隶妾的婴儿揄粟米五斗，令史尚负责监督检查，史感记录。在简 8-645 中，秦始皇二十九年九月二十日，贰春乡守根报告说：现将本乡水火灾害损失统计（"水火败亡课"）的牒书呈上。文书的背面写明：这天早上，史邛将此件文书送到了县廷，本件文书也是邛写的（"邛手"）。邛应当是贰春乡的史。

乡史是乡廷的秘书。秦时的乡吏，一般包括乡守（乡啬夫）、佐和史三人。在里耶秦简 8-754+8-1007 中，迁陵丞昌向狱史堪解释说：他要去贰春乡，可是乡守渠与史获却把他误导去了另一个乡，枉走了一百六十七里的路；于是，他与史义判定渠、获各罚赀三甲。这里的获就是贰春乡的史。在简 8-1041+8-1043 中，秦始皇三十六年十一月一日，都乡守桦命史写一份牒书，声称他应当因乡境安宁而得到晋升（"受嘉平迁"）。这里的史是都乡的史。

可是，在里耶秦简中，乡的文书，有一部分却并不由史书写，而是由守（啬夫）或佐为"书手"。如简 8-1443+8-1455 是秦始皇三十二年六月二十八日由都乡守武署名的爰书，由乡佐初书写并送往县廷。秦始皇三十四年八月四日，贰春乡守平向县廷报告说：贰春乡的枳枸树，在三十四年没有结果子（"不实"）。这份文书是平自己写的（简 8-1527）。如此细小的事情，竟然由乡守平亲自书写报告，其时贰春乡或者没有史。简 8-1550 是启陵乡发放禀食的记录：秦始皇三十一年七月乡守带、佐冣和禀人小一起，发放给佐蒲、就稻三石泰半斗，作为七月里二十三天的口粮，令史气负责监督，乡佐冣负责记录。在另一份记录中，启陵乡守增、佐盉与禀人小一起发放了大隶妾徒十二月的口粮，令史逐监督，盉是书手（简8-1839）。出禀是日常事务，乡守、佐都参加，县里派来的令史负责监督，却并不见乡史的影子。其时启陵乡也很可能并没有史。

据上引简 8-269 所记，钘于秦王政十一年九月即获得史的任职资格，做了九年零一天的乡史、四年三个月十一天的田史才晋升为令史。喜在秦王政四年十一月被任为安陆乡史，至六年四月即晋升为令史，任乡史的时间，只有两年半。其所任职的乡，很可能就是安陆的都乡，所以《编年记》（《叶书》）笼统地写作"安陆乡史"，而未具体指明为何乡。在获任正式的史职之前，有的人需要担任从史、史佐或史冗。从史，大致相当于见习秘书，不能独立撰写、收发文书；[78] 史佐，应当是史的助手；[79] 史冗，则当是没有正式编制的、编外的史。[80] 喜也没有担任过这些地位较低的职位。所以，喜的父亲在当地一定有相当的影响力，才能使喜的吏途较为顺畅。

令史的本义是令的史，即县府长吏的秘书。虽然也称为"史"，但令史和一般的史实有着本质的差别。首先，令史是责任人，需要对其负责的部门或事务承担相应的责任。岳麓书院藏秦简《秦律令》（一）"田律"规定：如果租禾稼（田租）和顷刍稾（户赋）未能按时收齐，官啬夫、吏主者要罚赀一甲，丞、令、令史罚赀各一盾。[81] 在这里，县廷负责租赋的令史（应当是直户曹的令史）和丞、令对于租赋收入具有同样的责任。田律、金布律、尉卒律、仓律中诸多关于失职或审计所发现问题的处罚规定，都是将令史与丞、令并列，说明令史和丞、令等长吏一样，都是责任官吏。睡虎地秦简《秦律十八种》"置吏律"规定：如果官啬夫不在任，可以让有爵位、未犯过错的人，如令史，负责官署事务，不能让官佐、史负责 ["官啬夫节（即）不存，令君子毋（无）害者若令史守官，毋令官佐、史守"]。[82] 这说明令史一般拥有爵位，可以列入"君子"行列，而且可以代替官啬夫，负责官署事务。

这里的官，包括县属诸官，即少内、司空、田官、仓、库、畜官及各乡官。在上引简 8-1550 与简 8-1839 中，令史气与逐负责监督乡守、佐的工作，并不是乡廷的吏，而是县廷派往启陵乡监督乡务的。上引岳麓书院藏秦简《秦律令》（一）"仓律"规定，县仓出入粮食等物资，大宗须令、丞亲临监督，令史、官啬夫（当指仓啬夫、仓守）检查是否合乎标准；较小的物资发放，则由令史监督、检查。[83] 这里将令史置于仓啬夫之前，显然不是仓官的属吏。"关市律"规定："县官"有卖买，"必令令史监，不从令者，赀一甲。"[84] 县府诸官，大抵都会涉及买卖，故诸官大抵都有县廷派出的令史，代表县廷行使监督权。在简 8-811+8-1572 中，秦始皇三十五年八月七日，少内守沈悬赏三百五十钱，以捕获城父的士伍得，令史华监督其事，华就是县廷派在少内的令史。秦始皇三十一年六月六日，田官守敬、佐郜和稟人媭一起贷给罚戍的簪裹悍一部分稟食，郜记录其事，令史逐负责监督、检查（简 8-781+8-1102）。同年七月二十三日，田官守敬和佐壬、稟人蓉一起，向屯戍的簪裹黑等人发放了粟米一石八斗泰半，壬做记录，"令史逐视平"。逐是县廷派在田官的令史（简 8-1574+8-1787）。秦始皇三十五年六月十二日，库守建、佐般出卖祠窨剩下的"彻酒"二斗八升，每斗二钱，令史歊监督其事。歊是县廷派在县库的令史（简 8-907+8-923+8-1422）。秦始皇三十三年三月十九日，司空色与佐午一起发放了一些稟食（"出以食□"），"令史圂视平"。圂是县廷派驻司空的令史（简 8-1135）。秦始皇三十一年后九月二日，迁陵丞昌告诉仓啬夫，说令史言本当于二日到任视事，根据律令，他可以享受使用厨师的待遇。请让他沿用令史朝的侍从启（"袭令史朝走启"），并检定他的凭证（"符"）（简 8-1560）。这正说明令史是由县廷派到诸官去的，而令史在前往诸官就任时，持有县廷颁给的"符"。在简 8-173 中，秦始皇三十一年六月二十九日，库守武引用县廷的书说：令史要带着律令，到县廷来校雠。那么，县廷派驻各官的令史，主要是负责相关律令在各官所主持事务中的执行。在简 9-30 中，秦始皇三十一年后九月二十六日，启陵乡守冣报告说：乡佐冣（他与乡守同名）代理令史，自今日起视事，他请求按照令史的标准，享受厨师、侍从的待遇（"谒令官假养、走"）。过了十天，三十一年十月六日，启陵乡守冣又写报告，询问代理令史冣是否应当享受厨师与侍从的待遇，并特别请户曹给予明确指示（"署主户发"）。显然，令史的地位与待遇不仅高于乡佐，可能比乡守还要高，所以，启陵乡守冣在自己的佐冣代理令史后，显得非常焦虑。

县廷列曹，则由令史当直，令史实际上就是列曹的负责人。在上引简 8-269 中，令史釦受命"直司空曹"，就是司空曹的负责人。在简 8-487+8-2004 中，秦始皇三十四年八月十一日，户曹令史雠按年度分列了迁陵县自二十八年到三十三年间的著籍户数，并亲自书写了这份文书。在简 6-4 中，迁陵守丞敦狐通告船官说：令史廪到沅陵去校雠律令，需要借用两只船，不要为难他。令史廪负责校雠律令，应当是主律令的令曹的令史。在上引简 9-2287 所记男子它的案子里，迁陵县的狱史已经给它判刑，允许他回到故乡西阳；可县廷又让令史畸将之追回，准备重新审讯。它被羁押在县狱中，设法逃跑，令史受命确定他的名字、身份与居里（"定名事里"），说明它逃亡的年月日以及它被控的罪名事由、是否进行复查等。这里的令史受命干预狱史已定谳的案子，也应当是县廷令曹的令史。在简 8-1511 中，秦始皇二十九年九月二十日，迁陵丞昌命令史感前往郡府，上报"水火败亡者课一牒"，并授权给感，对于审计过程中发现的不确定现象，做出决断（"有不定者，谒令感定"）。据上引简 8-454，知金布课中有"水火所败亡"一项。则这里的感，应当是金布曹的令史。

令史出身于史，是文职吏员。《迁陵吏志》记迁陵县编制令史二十八人，十人徭使，见在十八人；编制官佐五十三人，七人缺，二十二人徭使，见在二十四人。官佐，应当主要是军吏出身，是武职吏员，包括令佐与佐。令佐的地位大抵与令史相近。简 8-149+8-489 所记是一份罚赀名单，令佐圂、冣、逌与司空守彗、司空佐敬等县中诸官的守、佐一起受罚，分别被罚赀一盾、七甲、二甲，属于县中应当承担责任的吏员。在简 8-919 中，令佐唐被任为代理畜官。秦始皇三十五年六月，令佐华报告说：他做尉史的时候，分配给自己的厨师（"养"）、大隶臣竖欠了他五百钱（简 8-1008+8-1461+8-1532）。如上所述，尉史实际上是尉官的行政负责人，华由尉史转任为令佐，说明令佐的出身大抵与军卒有关。在简 8-988 中，令佐冣登记了迁陵县狱佐、胸忍县成都里的士伍谢的身高、年龄等。冣是谢的舍人，应当也是出身军旅，却由县廷派往狱官担任令佐。

与令史一样，令佐也可能被派往诸官，但却不会出掌县廷列曹。秦始皇三十年九月五日，少内守增拿出六千七百二十钱，偿还此前令佐朝、义和佐盍所纳的罚赀各一甲，以及史狂的二甲罚赀（简8-890+8-1583）。增、盐、犴分别是少内的守、佐和史，那么，令佐朝和义显然是县廷派驻少内的史。在简8-891+8-933+8-2204中，秦始皇三十五年九月，少内守绕献出锦缯一丈五尺八寸，"令佐俱监"。在简9-1032中，秦二世元年十一月三日，少内守壬、佐说共同经手某事，"令佐瘦监"。显然，令佐的主要职责，就是监督。

里耶秦简9-728记有令佐获、贺、章三人，在秦二世元年分别视事四十四日、一百三十日、一百八十日。三位令佐显然是轮流视事的，和守、守丞、佐一样。令佐章又见于简9-885：秦始皇三十四年六月十一日，他在迁陵守丞昌的面前，检查了更戍卒、公士贺的身高等。在简9-2232中，秦二世元年五月七日，库守平、佐狐、工秉用铜八斤十二两做了车辖（车轴两头的键）两件，"令佐章监"；同月十日，库守平、佐狐、工秉用铜八两做了四个"靳负环"（当是一种马具），"令佐章视平"（简9-89+9-739）。而在简9-363中，仓守处与禀人婴向更戍的不更詹发放禀食，也是"令佐章视平"。显然，章作为令佐，频繁地被派往库、仓执行监督任务；而简9-728所记，则可能是他在县廷的视事时间。

里耶秦简9-600记录了一位令史（其名字缺）的自述，说他在迁陵做吏，离开家一千多里，希望能多挣些钱（"为迁陵吏，去家过千里，当以令益仆钱"）。喜做令史，却一直在自己家乡安陆和离家不远的鄢县。他的专长，应当是熟谙律令（喜墓所出的诸多法律文书，有相当部分并非喜手书，很可能是他父亲抄录的，喜家，或者就是一个律令世家），他在"治鄢狱"之前，在安陆与鄢县担任的令史，很可能是"主律令"的令曹的令史。

五、治狱

秦王政十二年至二十一年间，喜以令史的身份"治鄢狱"，负责鄢县的司法审理。喜不是狱史，只是负责治狱的令史，盖没有监察权。那么，喜是如何审理案件的呢？其所审理的案件，主要有哪些类型？

喜墓所出秦简《封诊式》第一条题为"治狱"，讲述审理案件的基本原则：要善于利用各种记录（"能以书"），从口供中追踪线索（"从迹其言"）；不用拷打而察知涉案之人与案情，是为上策，刑讯乃下策，它可能导致错案（"有恐为败"）。[85] 换言之，审理刑狱的基本原则有二：一是要根据案情记录与口供，追踪案情真相；二是尽可能不使用刑讯。当然，这两条是基本的原则，在具体的审理过程中，未必能得到遵守。

"讯狱""有鞫""封守""覆"四条所述，则是审理案件的四个步骤或四个环节。讯狱是讯问案情，要让被告、原告、相关证人充分地陈述其意见（"各展其辞"），全面听取其各自的言论，并记录下来（"必先尽听其言而书之"），即使发现破绽，也并不马上诘问["虽智（知）其訑，勿庸辄诘"]。待其陈述完毕且确认记录、没有分辩之后，再把在其陈述中发现的问题拿出来，加以追问["其辞已尽书而毋（无）解，乃以诘者诘之"]；记录下其分辩解说之辞，找出他没能说清楚的地方，再加以追问。这样一直追问下去，供述中的破绽、漏洞一定会越来越多（"诘之极而数訑"）。如果嫌疑人不服，试图翻供（"更言不服"），则根据律令，予以笞掠刑讯。如果使用了刑讯，一定要在爰书上写明白：因为某人多次翻供，又没有合理的解释，所以对他使用了刑讯。[86] 这是案件审理的第一个环节。

审理案件的第二个环节是有鞫，即拟定罪名并量刑，上报给县府长吏。《封诊式》提供了有鞫的格式文本，起首称"敢告某县主"，末尾说"敢告主"，显然是狱史（或主持案件审理的令史）向县府长吏的报告。有鞫文书包括五个内容：一是"定名事里"，即确定犯人的名字、身份与居里（"可定名事里"）；二是定罪量刑，即确定其所犯的罪行，提出拟定罪名和量刑意见["所坐，论云可（何）"]，或者确定其罪较轻，可予释放["可（何）罪，赦"]；三是说明是否进行复审["或覆问毋（无）有"]；四是安排了解情况的人去查封犯人的财产，看守其家属（"遣识者以律封守"）；五是说明此案文书是否应当移送相关机构，如有，则需报告所移送的机构（"当腾，腾，皆为报”）。[87]

第三个环节是封守，即查封犯人家产，看守其家人（并非每一个案件都有封守环节）。因为封守由犯人所在的乡负责，所以，《封诊式》提供的是由"乡某"具名的报告（"爰书"）。"封守"爰书首先说明，此次封守的根据，乃某县丞某日的"书"；查封的对象，乃已被逮捕定罪的某人（"有鞫者"）的家室、妻子、儿女、仆隶（"臣妾"）以及衣服、器物、牲畜等。然后是查封与看守的具体内容和对象。"封守"爰书还要说明封守的参与者与具体过程，以明确其责任人与当负的责任。[88]

审理案件的第四个环节是覆，即复审（也并非每一个案件都要经过覆）。《封诊式》"覆"条下所录，应当是负责复审的狱史（或治狱的令史）在复审完结后，给县廷长吏（"县主"）报告的格式文本，故其格式、内容与有鞫大致相同，只是增加了检查籍簿，确定其何时逃亡、逃亡多少日、脱漏应服的徭役几次与多少日的内容["几籍亡，亡及遝事各几可（何）日"]。[89] 显然，复审绝非因当事人鸣冤叫屈而引起，乃在当事人逃亡又被抓获之后进行的，其重点也是调查当事人逃亡期间所应承担的徭役，以便计算在其应受的惩罚中。

讯（调查审问）、鞫（定罪量刑）、封守（查封财产、捕系家人）、覆（复查审核，追加惩罚）应当是案件审理的四个主要环节，其中封守多指令犯人所在的乡里执行，所以，狱史（负责治狱的令史）直接负责的审理工作，就是讯、鞫与覆三个环节。由于县主才是案件判决的最终责任人，所以，狱史要向县主报告每一个环节。

《封诊式》在陈述了审理程序之后，列举了二十个案例。[90]这些案例，就其所涉犯罪而言，大致可别为六种类型：

一是盗案，包括偷盗、盗铸钱、强盗。"盗自告"爰书（某里公士甲自告与同里士伍丙，盗某里士伍丁千钱，令令史某往执丙）、"□捕"爰书（某里士伍甲盗牛，脱籍逃亡；丙贼人性命，逃亡为佣；甲执丙，送入官府，以图免罪）、"□□"爰书（男子丙丁盗铸钱，为某里士伍甲、乙所缚）、"盗马"爰书（男子丙盗马一匹，为甲所缚）、"群盗"爰书（男子丁、戊、己、庚、辛等强攻群盗某里公士家，抢劫万钱，逃亡山中，为某亭校长甲带领乙与丙等巡山时发现，戊被杀，其余人被抓获）、"穴盗"爰书（某里士伍乙家中被盗走复结衣一件）等所涉及的，都是与"盗"有关的案件。

二是死亡案件，有他杀与自杀两种。"贼死"爰书所述是一宗他杀案件：某亭求盗甲发现死者，令史某受命前往调查，并讯问求盗甲及某里士伍丙，书写爰书。"经死"爰书所述则是一宗自杀案件：某里里典甲报告，里人士伍丙被发现在自己家里自经死亡；令史某受命前往现场勘查，讯问相关人，写出爰书。

三是邻里、同伍纠纷案件。"争牛"爰书所述是某里公士甲与士伍乙争夺一头黑牝牛，令史某前往考察牛的年岁，以断其归属。在"出子"爰书中，某里士伍的妻子甲陈告说，自己已怀孕六个月，白天与同里大女子丙斗殴，互相抓住头发，丙把甲摔倒了。里人、公士丁来劝架，分开了丙与甲。甲回到家即肚子痛，到晚上就流产了。所以，她把胎儿包起带着，来控告丙。县丞乙即命令史某前往拘捕丙，检查胎儿情况；又命多次生育的隶妾某检查甲的身体情况；丞乙自己讯问了甲的家人，然后整理、撰写了有关本案的报告。"毒言"爰书说：某里公士甲等二十人，一起送来同里的士伍丙，说他有"毒言"，大家不能和他一起饮食。据丙供称，他的外祖母、同里的丁曾有"毒言"，三十多岁时被流放（"迁"）。平日里丙家有祭祀，邀请甲等，他们并不肯来；他们也不曾请他去参加宴饮。里中有祭祀活动，他去参加宴饮，别人也不与他共用餐具。实际上，丙并不带有"毒"。在这个案子里，里人都排斥丙，要求将之处以流放之刑，实际上是"里共同体"中大多数人对于边缘人的排斥。

"夺首"爰书与"□□"爰书则都是同伍争功的案子。前者是军戏某的报告，说尉某的私吏、某里士伍甲曾参加刑（邢）丘城之战，看见男子丙拿着剑，砍伤了男子丁，以抢夺一具首级，就把丙抓住，捆缚押到军戏处。军戏检查了送来的首级，并检查了丁及其受伤情况。后者说某里士伍甲与郑县某里公士丙，都声称自己在邢丘城战场斩了一个首级，他们拿着首级，希望能够确认这是自己的功劳。军戏检查所呈上的首级，并发出征求辨认首级的文书,要求了解内情的退伍士卒和被俘的敌军士卒前来军戏驻地,以辨明情况["有失伍及蔺(迟)不来者,遣来识戏次"]。这两个案件均当发生在军中,写作爰书的军戏应当是军吏。《封诊式》收录了这两个案例,或者是因为军功爵也需要得到籍属所在县的确认,或者是因为喜从军时也曾担任军中司法小吏。

四是家庭纠纷案。"告臣""黥妾""迁子""告子""奸"五种爰书所涉,都是家庭纠纷。在"告臣"爰书中,某里士伍甲绑缚着男子丙前来官府,说丙是他家的仆隶("臣"),骄悍,不做农活,也不听话,希望把他卖给官府,送他去充当城旦。丙承认甲所言大致确当,并声称自己身体健康,也没有其他过错。令史某受命检查丙,确认他没有疾病。少内某、佐某当着丞某的面,以市价买下了丙,然后丞某行文甲、丙所在之乡的"乡主",告以此事始末,让乡主记录在籍簿中。"黥妾"爰书也是说某里大夫乙家里的妾丙"悍",让其家吏、公士甲将之缚到官府,要求将丙施以黥、劓之刑。县丞讯问了丙,却并没有如乙所要求的那样,将丙施以黥、劓刑,而是行文甲、乙、丙所在乡的乡主,让他去调查清楚。在这两个案例中,男子丙和女子丙分别是士伍甲、大夫乙的臣与妾,按照当时的律令与观念,也就是甲与乙的"室人",所以,他们之间的矛盾纠纷,属于家庭纠纷的范畴,是主与奴间的纠纷。

在"迁子"爰书中,咸阳某里士伍甲向官府陈告,要求将他的儿子、士伍丙的腿打断，并把他流放到蜀郡边远县份，终生不得离开。官府的判决是如士伍甲之所愿，打断了丙的腿，将他及其家属流放蜀地，命人押送成都。在"告子"爰书中，某里士伍甲陈告说：他的儿子、同里士伍丙不孝，要求将之处死。令史己受命，带着牢隶臣某，前往抓捕丙，在家里抓到了丙。丞某讯问了丙，丙承认自己不孝顺甲，并无其他罪行。这两个案子，都是父子间的矛盾冲突。

"奸"爰书所反映的，则是夫妻关系。某里士伍甲送来男子乙和女子丙，说乙和丙通奸，昨日白天在某处被发现，将之抓起来送到官府。爰书没有说明，但甲很可能就是丙的丈夫。

五是亡人案。"亡自出"爰书由乡某具名，说明这一类案子主要是放在乡官处理的。爰书说：男子甲来乡官自首，说他是士伍，居住在某里，于二月某日逃亡，没有其他过犯。经调查，他在二月丙子日逃亡。逃亡期间，三月中有一次征发修筑宫殿的力役，二十天。籍簿上在四年三月丁未日，还记载了他另一次逃亡，共脱籍五个月十天。乡官把甲交给里典乙看守，再命乙把他押送到县廷论处。

六是疠病案。"疠"爰书说：某里典甲送来里人、士伍丙，怀疑他可能是麻风病（"疠"）人。经讯问与医生丁检查，确诊丙确实患有疠病。爰书没有给出对丙的处理办法。然根据《法律答问》，患有疠病是一种罪（"疠者有罪"），要集中安置（"处之迁所"），严重者要处以"定杀"；而所谓定杀，就是投水中淹死或活埋。

《封诊式》所收二十个案例，均未对案件的定罪量刑做出建议或说明，爰书叙述的重心大都放在案情与侦查过程上。实际上，治狱令史（或狱史）职责的重心，也是案件的侦破、调查，定罪量刑主要由县廷长吏做出决断。

岳麓书院藏秦简《狱状》共收录了十五个案子的文书。在"癸盗杀安、宜等案"中，秦王政二十年十一月己未日，县廷在接到私属喜发现宜、安尸体的报告后，立即命令狱史彭沮、衷前往查勘（"往诊"）。彭沮、衷查勘了案发现场，询问了报案人喜以及与死者有关系的衔，并做了记录。由于在现场发现了一套红色的衣服［"赤帬（裙）襦"］，像是城旦的服装，所以，彭沮与衷即不分昼夜地检查都官及周围各县的城旦，特别是有关城旦逃亡的报告，均一无所获。于是，县廷加派狱史触与彭沮、衷一起追捕凶手。触等人分别讯问与安认识的种田人，也都说不知情。他们派出司寇，夜晚分别蹲守在大小道路旁［"晦别居千（阡）佰（陌）、锲（彻）道"］，拦查看起来有问题的人［"徼（邀）迣苛视不仅（状）者"］，亦无所获。触等认为死者安的尸体旁留有红色的衣服（"赤衣"），杀人的应当是刑徒或隶臣，所以，扩大搜查范围，在栎阳及其他县里日夜搜求。派出的司寇发现一个人，持着一把配着新鞘的刀，看起来不同寻常，很凶恶的样子，即加以讯问。那人声称自己叫"同"，是大宫的隶臣，现为官署的随从仆人（"寺从公仆"），言辞闪烁，颇多破绽。他就被带到官署，由狱史进一步查问。同改口说自己的真名叫"黥"，本是魏城人，降秦后被作为隶臣，派到官署中做侍从，遂设法逃亡了。问他："既然在逃亡，怎么会有钱买衣服和大刀？"（"黥亡，安取钱以补袍及买鞞刀？"）不断追问下去，黥遂不得不承认自己就是凶手，并交代了具体的作案过程。狱史将黥定为"盗杀人"罪，建议施以磔刑。

在这个案子里，狱史触、彭沮、衷三人受命负责"安、宜被杀案"的侦破、审讯，并提出定罪量刑建议。这是一个大案，涉及包括栎阳在内的好几个县和都官（中央驻地方机构），触、彭沮、衷可能来自不同的县。这份文书的末尾，应当是县廷长吏所写的案件总结。其中说黥诡计多端，预谋杀人，先买好城旦的赤衣，杀人后放在尸体旁，以误导办案吏员；作案后，竟然敢入住邑中市场的客舍，胆识非常；又购置大刀，试图再度作案，以逃回魏国，确是百姓的大害。案情扑朔迷离，难以侦破（"甚微，难得"）。触等以聪明才智，识破隐曲["以智治鐖（纤）微"]，抓获凶犯，侦破案件。触做令史已二十二年，现年四十三岁；彭沮、衷服务年限也都符合规定标准（"劳年中令"）。三人都清廉高洁，没有贪腐行为（"清洁毋害"），朴实忠诚，忠于职守（"敦愨守事"），心地平正，遵守仪规（"心平端礼"），建议提升其考课等第（"任谒课"），晋升为卒史，以勉励其他官吏。[91]

"同、显盗杀人案"与此案相似。在接到大女子婴等关于发现被休的妇女毋忧死于田舍中的报告后，狱史洋即受命前往调查；他通过周密深入的调查，抓到了罪犯同与显，勘破了这一"微难"的案件。洋同样被评为"清洁毋害，敦愨守事，心平端礼"，且服务年限已合乎规定，故建议予以晋升，任为卒史。[92]

接下来，看看"猩、敝知盗分赃案"的始末。达与猩都是亡人，在一起捕鱼，获利甚少，借了一笔债。当时，上造禄也和达等一起捕鱼，对达说："我们逃亡居住在夷道境内，有庐舍。"达、猩于是就跟随禄到了夷道。猩一个人留在庐舍里做饭，达与仆徒蒔一起谋划发掘墓冢，没有让猩知道。在分配掘墓所得器物时，才告诉猩。蒔等不愿分给猩，只有达坚持要分给猩。根据醴阳县丞惍的报告，上造敝应当是这批盗墓贼的买家。敝供称自己本想得到锡。当他到达庐舍时，达已经分完了锡，对他说：没有锡了，只剩下一些器，愿意卖给他。蒔主张分一部分器给敝，达不同意，认为敝来晚了，后来才同意分给他一些。几个人一起到了墓地，见到有锡，敝买了锡，收取了自己应得的那份器。后来，事情败露，诸人分头逃亡。其中，猩逃到醴阳的"草中"（地名），在一个名叫"乐"的冗募（编制外的募）手下，挖掘铜料。

秦王政二十一年五月二十八日，江陵狱史宰让士伍去疾、号随他去运输铜。去疾、号二人推着小车（"轺"）到了醴阳，假装购买铜锡，将猩抓捕归案。可能在此之前，屏陵县狱史民已抓捕了同案的达、敝。三人都被集中到江陵受审。案件审理的结果，是认定达等人盗掘冢墓，未与猩、敝谋划，掘墓得到器物之后才告诉后者；而猩、敝参与分赃，所分得的财物超过六百六十钱，亦属实。建议将猩黥为城旦，敝耐为鬼薪，又特别说明二人符合"戊午赦"的标准。江陵守感、丞暨与史（当是狱史）共同讨论的判断是，对猩、敝免予处罚，赦为庶人。一年后，重审后的定谳维持了原判决。[93]

在这个案子里，江陵狱史窣带着士伍去疾与号，前往醴阳去抓捕猩，应当在此前已获知大部分案情（达、敝可能在此前已被捕）。案件涉及三个县（江陵、醴阳、屏陵）、一个道（夷道），却由江陵县为主导进行侦查、抓捕和审讯，可能其所发掘的墓葬与江陵有关。提出量刑建议，并特别指明猩、敝二人符合"戊午赦"条件的，也当是江陵狱史窣；而最后做出定谳的，则是江陵县的长吏（守、丞）。

"芮盗卖公列地案"是一宗经济案件，发生在秦王政二十二年。这年十一月十三日，江陵丞暨检举隶臣更不当承租市场经营区（"列"），更不得买卖，应当予以追责。在调查中，更分辩说，是公卒芮与大夫朵告诉他，棺木经营区（"棺列"）有一块经营区是官有的，空着，可以承租。他们本想承租，可亭佐驾不同意。如果更能承租下来，他们可以共同经营。于是，更就直接去找驾，租到了那块地。更等人试图将两块经营地合在一起规划建筑（"治盖相移"），材去设法争取，未能成功。

材分辩说，那块空着的官有经营地，本来就是他的。十多年前，官府要设置"市府"，征用了材的地；后来，市府取消，他想承租下来，未能成功。当时曾经多次去找守感，感对亭贺说："如果没有争议的话，就给材吧。"可是，走马喜提出争议。材与喜私下协商，共同经营，没有报告贺，就偷偷地建了市肆设施。还没有建好，芮又跑来说要共同经营，否则就要出来相争。贺于是不愿让材、芮、喜承租，带着他们三人，对感说："他们都曾经在棺木经营区有门面，没有让他们承租，就擅自建立设施，互相争夺。"感说："不租给他们。"后来，芮将自己的份额卖给了士伍朵，作价二百六十九钱。朵试图进入市场，材不同意。

芮的说辞又不相同。他说，那块空着的经营区非常便利，希望与材共同经营。喜来相争，才知道材并没有得到那块地，所以也不敢使用它。十一月时，因想与人一起捕鱼，却无钱，遂把那块地卖给了不明真相的朵的儿子方。由于这块经营区实际上是官有地，所以，江陵县对芮转让这块经营区并获利展开了调查。

调查应当是由江陵狱史猪具体负责的。他详细讯问了更、材、喜、芮、方等人，终于大致理清了这个复杂的"公列承租案"的始末。他采取快刀斩乱麻的方式，对于材、喜、更等人间的纠纷一概置之不论，只将重心放在芮与方的买卖上，建议对芮以"盗卖公地"论处，黥为城旦。[94]

在这个案子里，江陵县丞暨对更承租公地提出举劾，江陵县廷也直接检举芮转让公地一事，要求进行调查，而实际负责调查的，是狱史猪；做出判决的，也是猪。可以见出，在一般民事案件中，狱史应当具有较大的决定权。

在"田与市合奸案"中，夏阳县狱史相指令毋智去抓捕传闻有奸情的田（重泉县人）与市二人，并以奸罪论处，耐为隶臣，并系城旦十二年。田不服，要求夏阳县丞裯重新审理。裯虽然也认为相的处理与判决有所不妥，然并未予改正。田开始服刑，被系于罋（魏）县，又上诉于罋（魏）啬夫。罋（魏）啬夫复审的结论，是维持原判，而援用"己巳赦"，决定赦免田系城旦十二年的惩罚，然仍得为隶臣。[95] 在这个案子里，狱史相介入案情较多，甚至是主动发起了此案（他派毋智去抓捕田与市）。虽然案件经过夏阳县丞与罋（魏）县啬夫重审与复审，却全都维持了狱史相最初的判决。狱史在民事案件的决定性作用于此可见。

《狱状》所录十五个案件，除上述五个案子外，"癸、琐相移谋购案"发生在秦王政二十五年，负责定谳的是州陵守绾和丞越，史（当是狱史）获参与具体的审讯和案情讨论。监御史康认为判决不当，发回重审（"更论"）。重审的结论是癸、琐等"受人货材（财）以枉律令"，当适用"坐赃为盗"

的律令，原判决不当。狱史获具体经手此案（"获手"），与州陵守绾、丞越分别罚赀一盾。[96]"尸等捕盗疑购案"同样发生在秦王政二十五年，主持定谳的也是州陵守绾和丞越，具体负责审查（"诊"）、讯问（"问"）以及提出量刑建议（"吏议"）的，仍当是狱史获。[97]显然，狱史既负责案件的检举、调查、审讯，也是初审法官，在案件的定性、量刑过程中发挥着重要作用。

六、卒史与属

根据北京大学藏秦简《水陆里程简册》，从安陆治所（今云梦县城关镇）到南郡治江陵，是先经过郦乡（一百三十里）到竟陵（一百二十里），再从竟陵，经过井韩乡（九十八里）到江陵（一百零六里），合计四百五十四里，约为四天的路程。[98]郦乡，西汉时属竟陵县，为楚郦公故邑，应当在汉云杜县（今京山县）境内。这条路的东段，大致是从今云梦县西行，经今京山县，到今钟祥市（大致沿着国道347，从云梦经应城，到天门皂市，转省道311，到京山，再沿着国道347，到钟祥）。从竟陵经井韩乡到江陵，也是两日的路程，大致是从钟祥沿着国道347，西南行，到荆门市，转南行，沿着国道55（历史上著名的荆襄道），到荆州（江陵）。井韩乡应当在今荆门境内。

安陆与江陵间的水路，则大约由安陆（今云梦）沿涢水而下，至涢口转入汉水（其时汉水河道当在今汉北河一线），溯汉水而上，至杨口（当在今沙洋），通过杨水，到江陵。这条水路大致可分为三段，即涢水段（云梦到涢口）、汉水段（涢口到杨口）与杨水段（杨口到长利渠口）。杨水段，当即北大藏秦简《水陆里程简册》所记由江陵西北长利渠口经都船、橘津、下造、平阳等地，到杨口的水路，大约三百里（二百八十九里）。[99]杨口至涢口间的汉水段，约为二百里。[100]由安陆（今云梦县城关镇）到涢口的涢水段，则当不足百里。[101]那么，这条水路总长大约六百里。

由杨口溯汉水而上，数十里即可到竟陵。再由竟陵北行，亦数十里。由杨口至竟陵与从竟陵到鄢，分别为一日的路程。

因此，喜从安陆经郧乡、竟陵到鄢，走陆路，是三天的路程；由鄢经竟陵、井韩乡，到江陵，也是三天的路程。如果走水路，从安陆沿涢水而下，在涢口入汉水，溯汉水而上，到杨口，需要三天；再溯水而上，经竟陵，到鄢县，需要两天；则由安陆至鄢，水路五天可达。如果由杨口转入杨水到江陵，需要三天，则由安陆到江陵，水路至少需要六天时间。从秦王政七年任鄢县令史开始，在此后十余年中，喜应当多次往返于安陆与鄢之间，也应当多次由安陆或鄢赴江陵，对上述陆路与水路均当熟知。

县廷令曹令史、狱史（治狱令史）在郡府中对应的主管，应当是卒史。据上引岳麓书院藏秦简《狱状》，狱史触、彭沮、

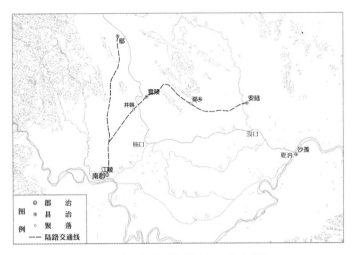

秦时安陆、鄢、江陵间的水陆交通示意图

衷、洋四人，均因办案有功，被推荐晋升为卒史，说明郡府
卒史乃县廷狱史可以晋升的直接职位。

卒史负责重要案件的审理，特别是案件的复查。张家山
汉简《奏谳书》第十八是"南郡卒史盖庐、挚、朔，假卒史
鼂复攸库等狱簿"。这个案子的案情比较复杂，审理过程也十
分漫长。库是攸县（属苍梧郡）令。其前任媱及丞魁、令史
䢺、义等奉苍梧郡守竈、尉徒之命，发新黔首去平定苍梧县
的叛乱者，义等人战死，征发的新黔首逃散大部，最后连负
责征发的令史䢺也逃跑了。御史下令南郡派出官吏前往攸县
督查（"复"），"复者"抓捕了很多逃跑的黔首，䢺也被定为

有罪。狱史氏奉命负责具体审理这些案件，同情被捕的黔首和甦，将实情向刚接任攸县令的庫做了报告。庫为人"别异"，与其他的令不同（"不与它令等"），见到被捕的罪人，不按照法律予以论罪，反而上书给皇帝，为这些新黔首说情，试图减轻他们的罪行［"上书言独财（裁）新黔首罪"］，希望皇帝下诏书让他来安抚黔首。御史见到庫的上书，乃以"欲释纵罪人"罪检举他。御史举劾的书于秦始皇二十七年二月壬辰到达南郡泰守府，甲午日即到达卒史盖庐的衙署。盖庐与假卒史鵰等具体负责审理，壬寅又增加挚参与审理。四五月间，鵰与盖庐相继因被论处而离职，乃增加益办案；至八月，益也因被论处而离职，遂由朔独立主持案件调查。审理此案前后共历四百六十九日，直到二十八年九月才结案。其间，"朔病六十二日，行道六十日，乘恒马及船行五千一百卌六里"，可谓大案要案。其最终的结论，则是将庫以"纵囚罪"论处，黥为城旦；又以其有上造的爵位，耐为鬼薪。[102]

在这个案子里，盖庐、挚、朔都是南郡的卒史，鵰是假（代理）卒史，说明南郡不止一位卒史。南郡卒史直接接受御史的指令，审理苍梧郡所属攸县令的案子。案卷题名称为"复攸庫等狱簿"，则在南郡卒史受理此案之前，庫案或者已在苍梧郡经过审理。既然郡卒史可以受御史直接指令，跨郡审理案件，那么，县狱史也可能受郡卒史的垂直领导，跨县办案。

在上引里耶秦简 9-2283 中，秦始皇二十七年二月庚寅，洞庭郡守礼在发给各县啬夫、卒史嘉、假卒史榖和属尉的指令中，特别要求嘉、榖、尉要分别检查所部各县正在服役的卒簿，以及徒隶、居赀赎债、司寇、隐官的籍簿，如果发现有可以用来运输的人力，却兴发了黔首，或者可以少征发黔首却未尽可能少征的，即刻向相关县检举，当事的县立即按律令处罚当事人，并上报给泰守府。看来，卒史与属是分县巡察的，并负责监督各县执行律令的情况。在简 8-167+8-194+8-472+8-1011 中，迁陵县的校长宽使用迁陵的船送卒史到西阳县去，由西阳县的校长徐接手。这里的卒史，应当是洞庭郡的卒史，迁陵与西阳二县显然都是他负责的区域。在简 8-135 中，秦始皇二十六年八月，己卒史衰与义负责覆狱（复查案件），曾审理过竟陵汉阴里狼的案子；后来，覆狱任务完成，二人即"不知所居"，应当是回到郡府了。己卒史显然是由洞庭郡府派出的卒史之一。

里耶秦简 9-472+9-1416 所记，当是庐江郡假（代理）卒史适给迁陵县的函，要求迁陵县对某案提供协助，如果已审决，请报告相关案情与结论，"毋有所脱"；如果案情尚未明了，则请不要判决，将案卷移交给庐江郡的卒史。函中要求迁陵县说明"令覆者久留事状何如"，即对于复查要求久拖未办做出解释，可知这应当是一宗复查案件。简 9-2305 是一支断简，其所记大致是说关于司空赀债的审计和有关付给枳县少内的金钱审计，经过洞庭假属其与巴郡假卒史丑的核查

（"校之"），未能通过（"弗受"），说明卒史与属要负责核查各种"计"（可能也包括"课"）。简 8-224+8-412+8-1415 所录应当是一种律令，规定如果两郡邻壤的县界不够详密，就要命令负责的卒史（"卒史主者"）拿着地图前往御史处，请御史检查审核，予以更改或认可，确定为"舆地图"（"操图诣御史，御史案雠更并，定为舆地图"）。请御史案雠郡界地图，大约是要到都城咸阳去了。

据上引里耶秦简 9-2283 与简 9-2305，属的职掌、作用与卒史大致相同。岳麓书院藏秦简《秦律令》（一）有一条规定：各县每年十月要检视徒隶的牒书，对于经过卒史、属根据律令进行拣选、被淘汰的徒隶（"须卒史、属粪兵，取省以令"），要写明应当出卖或送出就食的情况（"县恒以十月雠牒书，署当卖及就食状"）。[103] 也说明属与卒史职能相似。而且，其是洞庭郡的假属（代理属），说明属乃正式的职位，否则，就无所谓假（代理）了。可是，在上引简文中，属都列在卒史之后。在另一条令文中，规定"狱史、令史、有秩吏及属、尉佐以上"，两年以来新做了别人赘婿的，将予以免职。[104] 显然，属比狱史、令史的地位要高，而比尉佐低。不仅如此。据上引张家山汉简《奏谳书》第十八，卒史有自己的衙署（治所），有一个工作机构，而属则只是受郡府长吏委派，行使某种具体职能，并没有固定的衙署，也没有办事机构。

岳麓书院藏秦简《质日》的主人腾，很可能就是南郡的

一个属。据《廿七年质日》，秦始皇二十七年四月甲申，他在
归休六天之后，于甲申日（初十日）"视事"，十一日夜里赶
路（"夕行"），十二日（丙戌）"宿沮阳"，十三日到"介"；
二十九日（癸卯），又从江陵出发，三十日"宿阴娈"，五月
一日宿户灶，二日宿卢溪，五日宿下隽，六日到州陵，九日"起
归"，十日宿武强，十二日宿□亭，十三日宿"县内"，十四
日到波留，十六日宿杨口。他任职的地点，显然就在江陵；
而他前往公干的下隽、州陵，都是南郡属县。所以，他不会
是江陵县的吏，而只能是南郡属吏。这一年的九月二十一日
（癸亥），他又出发到鄢县，去"具事"。具事，当是指具狱事，
即办理案件审结手续。显然，他是去检查案件情况或复查案
件的。[105]

在《卅四年质日》中，腾记载说，自己于十月十一日（戊
申）"居右史"，即在右史（办公场所）办公（非谓其担任右
史的职务）。当月二十日（丁巳），他出发去安陆，至十一月
十三日（己卯）回。正月十五日（辛巳），腾"会逮监府"；
二月初六日（辛丑），他离开监府，重新视事（"去监府，视
事"）；初九日（甲辰），他因过失被判定为"纵不直"罪的指令，
传达给他（"失，以纵不直论，令到"）。纵不直，是指审理案
件时定罪量刑与实际罪行不合（或轻或重），说明腾的职责，
很可能就是审理案件。而这次他被传唤到监府，并受到羁押，
显然就是审查他所审理的案件。监府，很可能就是卒史的衙署。

在五月辛巳（十七日）下，腾记载说，"监公亡"。监公，应当是指卒史。

虽然被判定审案不公，他仍然于当月二十一日（丙辰）出发，前往益阳"具事"。二十三日（戊午），他应当还没有到益阳，就接到指令，让他停职（"不行视事"）。三十日，他又得到了一份"以纵不直论"的令。在第一次被判决"纵不直"之后，他显然做了申诉；这次收到的令，应当是维持原有结论，仍以"纵不直论"。

三四月间，他在为自己遭受的处罚而奔波。在四月庚子（初六日）下，他写下了一个"谒"字，应当是到某位官员处干谒请求。这些不顺利似乎击倒了他。在四月丁未（十三日）下，他写了一个"羸"；在壬子（十八日）下，写了一个"病"。

腾于五月二日（丙寅）重新视事。四日（戊辰），他与廷史一起，"治传舍"。廷史当即县中的狱史，或治狱的令史。这个廷史应当不是江陵县的，所以，二人在传舍中审理案件。这个月二十九日（癸巳），"廷史行南"；六月初九日（壬寅），"廷史行北"。显然，廷史是在外出调查。直到年末，这个案子才算结束。在后九月癸卯（十二日）下，腾写下了两个字，"事已"。[106]

秦始皇三十五年三月下旬，二十四日至二十七日，腾在销县审理案件（"治销"）。二十八日回到江陵，二十九日即启程前往咸阳。腾经过当阳、销、箬乡、邓、临沃邮、杏乡、丽、关、博望乡、康口邮、高平乡、戏等地，于四月十八日（丙子）到达咸阳。腾的咸阳之行，大抵也是为了某一个案件。他在四月己卯（二十一日）下写了一个"治"字，应当是向御史府的官吏汇报案情。二十七日（乙酉），他离开咸阳，启程回江陵。[107]

周家台秦墓所出《三十四年质日》的主人，也可能是南郡郡府的属。《质日》在十二月丙辰（二十日）的记事说：守丞登和狱史竖、除于当日到达；在丁巳（二十一日）的记事说：守丞登和狱史竖、除到某处去。《质日》主人的职责显然与狱史有关，登、竖、除三人是来与他会同办案的。在乙丑（二十九日）下的记事说：史但被逮捕（"史但系"）。他们共同审理的，很可能就是史但的案子。

正月丁亥（二十一日）下的记事说：史除不在郡府的掾曹办公（"不坐掾曹"），与自己一起，随从长官（"从公"），当晚宿在长道。在此后的十天里，他们一行人经过赢邑北上蒲、离涌西、□□邮北、罗涌西、离涌东、区邑、竟陵、寻平、竟陵、井韩乡，于二月戊戌（初三日）回到江陵。此行所经各地，均只停留一日（竟陵是两次经过），看来只是巡视。

二月十二日（丁未），他又从江陵出发，经过黄邮，十四日（己酉）即到达竟陵。十五日，他从竟陵出发；十六日，宿于都乡；十七日到达铁官，十八、十九两日均"治铁官"，应当是在铁官办案；二十日经过都乡，于二十一日回到竟陵；

从二十二日到三月二日，都在竟陵审理案件（"治竟陵"）；三月三日、四日，他经过□上、路阴，于五日回到江陵；七、八、九日，均在府中审理后（"治后府"）；至十九日（癸未），提交了审理报告（"奏上"）；二十二日（丙戌），后的案子结案（"后事已"）。后的案子应当发生在竟陵，而其时后已经被羁押在江陵的郡狱中，这个案子应当是复查案件。《质日》的主人前往竟陵调查取证，回来后重新审理，提交审理报告，然后结案，说明他当负责案件的复查工作。

三月二十三日（丁亥），他又到达竟陵审理案件，并于二十五日（己丑）提出对脩、赐二人的定罪量刑建议（"论脩、赐"）。所以，竟陵很可能是他负责巡察、复审案件的区域。

《质日》的主人并没有专门的衙署。在三月甲午（三十日）下，他记下了"并左曹"三字；至六月丁未，又记录说："去左曹，坐南荟"。左曹与南荟，应当是某一个衙署东侧与南面的办公区域。如上所述，县狱官中有东曹、南曹、覆曹和谳曹，左曹当即东曹，南荟很可能就是南曹的办公区。据此推测，郡府卒史的衙署也可能分为这些曹，只是称谓或有所不同。《质日》的主人并不是东曹或南曹的吏，所以，他在左曹办公，称为"并左曹"，意为与左曹一起办公；离开左曹，到南荟办公，书作"去左曹，坐南荟"。[108]

腾及周家台秦墓所出《三十四年质日》的主人，在南郡郡府活动的时间，都比喜晚一些，三人大抵不会有交集。但喜若确实进入南郡郡府担任属，其职责、活动当与腾、《三十四年质日》的主人大致相同。

七、为吏之道

秦始皇二十八年，在统一全国后，秦始皇第一次东巡六国故地，其重心是齐、楚故地。他登上峄山，封泰山，禅梁父；沿着渤海南岸东行，直到之罘、成山；南登琅邪，作琅邪台，徙黔首三万户于琅邪台下，遣人入海求仙人；复西南行，过彭城，渡淮水，经过衡山郡，进入南郡，尽伐湘山木；然后由南郡，经过武关，回到咸阳。[109] 应当是在由衡山郡前往湘山、南郡的途中，秦始皇经过安陆（今云梦）。喜在《编年记》(《叶书》)"廿八年"下，写下了四个字："今过安陆"。"今"是"今上"的简称。[110]

喜应当没到过咸阳。所以，他与"今上"距离最近的一次，也就是"今过安陆"时，他甚至有可能见到过"今上"。当时，他应当已退休回到安陆。对于"今上"经过安陆，喜明显地感到高兴与荣耀。隔了一年，他就死了。

始皇帝应当不会知道喜。伟大的始皇帝与一个普通的小吏之间，实在有太远的距离。但秦始皇知道，帝国权力的行使与运作要靠包括喜在内的无数官吏。在"琅邪刻石"中，他说自己东巡的目的之一，乃看望士兵与官吏（"以省卒士"）。他要求郡县长吏要根据朝廷的旨意，举措得当，依法治理（"方伯分职，诸治经易。举错必当，莫不如画"）；吏卒黔首，要尊卑有序，不能逾越位次，务必忠诚纯良，不得作奸犯科（"尊卑贵贱，不逾次行。奸邪不容，皆务贞良"）；事无巨细，皆尽力而为，绝不荒疏怠惰（"细大尽力，莫敢怠荒"）；为人则要端平正直，敦厚忠实，做事要持之以恒，坚守不懈（"端直敦忠，事业有常"）。至于忠于职守，重农抑商，使百姓致富（"勤劳本事，上农除末，黔首是富"），移风易俗，规划田地水利，抚恤百姓（"匡饬异俗，陵水经地，忧恤黔首"），以及"除疑定法"，"诛乱除害，兴利致福"，"节事以时"，更是各级官吏分内的职责。[111]

喜墓随葬简牍中，有一组文书，发现于墓主腹下部的右手下面，共十四枚。一至八简是秦王政二十年四月南郡守腾发给南郡所属各县、道官吏关于公布与执行法律的文告，定名为《南郡守腾文书》；九至十四简的主要内容是如何考察、确定良吏与恶吏，据最后一简背面的题名，故定名为《语书》。它首先说明什么样的吏是良吏：大凡良吏都能明习法、律、令，负责的公事都能做得很好 ["事无不能殹（也）"]；能够廉洁自律，忠厚诚实 ["有（又）廉絜（洁）敦愨"]；可以主动地辅佐上司（"而好佐上"），而且，因为了解任何一个衙门的事务都会涉及其他衙署 ["以一曹事不足独治殹（也）"]，所以能够从全局出发，照顾大局（"故有公心"）；又能摆正自己的位置，不喜欢与同僚争长论短，也不会给自己争功取利［"有（又）能自端殹（也），而恶与人辨治，是以不争书"］。这里说良吏有四个标准：一是明习律令，能够妥善处理公务；二是品行端正，忠厚诚实；三是能够顾全大局，有集体意识；四是能够摆正自己的位置，不争功夺利、搬弄是非。

恶吏当然就是良吏的反面：不明习法、律、令，不了解其所要负责的公务［"不智（知）事"］，也不能廉洁自守，不会主动辅佐上司，苟且懒惰，遇事推脱，搬弄是非，寡廉鲜耻，轻率地口出恶言，指责他人［"綸（偷）随（惰）疾事，易口舌，不羞辱，轻恶言而易病人"］。没有顾全大局的心胸，总是发些奇谈怪论，经常指责某事处理不当，又喜欢给自己评功摆好［"毋（无）公端之心，而有冒枨（抵）之治，是以善斥（诉）事，喜争书"］。归功于己，推咎及人，或者吹胡子瞪眼睛，振膊扼腕，以势压人［"恙（佯）瞋目扼掮（腕）以视（示）力"］；或者巧言令色，慷慨激昂，以言辞屈人［"讦询疾言以视（示）治"］；或者强词夺理，诬陷欺凌；又或故作谦恭，温言哄骗，以表明自己言必有据［"誙訑丑言麃砏以视（示）险"］；或者目空一切，自高自大，显示自己有能力［"阬阆强肮（伉）以视（示）强"］，让上司以为他很有才能。

这份《语书》，很可能是南郡守腾的讲话记录（或抄件）。盖"语书"的本义，就是指记录下来的言语，简文已特别指明（一

至八简，则是公示的文告，不当属于语书）。这段简文，口语
的色彩也相当突出，特别是描述恶吏的种种行为，"瞋目扼捝
（腕）""訐询疾言"，很可能就来自口语表达。在罗列了恶吏
的种种恶行之后，简文说："故，如此者不可不为罚。"其中
的"故"，很显然是口语表达时的总结之词。之后的几句话，
非常简略，颇为难解：

> 发，书，移书曹。曹莫受，以告府。府令曹画之，其
> 画最多者，当居曹奏令、丞。令、丞以为不直，志千里，
> 使有籍书之，以为恶吏。

大意是：检查有关吏的不良行为（"发"），将之记录下
来（"书"），把记录送给相关的曹。如果相关的曹无法受理，
则向府署报告；府再安排专门负责的曹审核检查，并将发
现的过错、不当行为标识出来。对于问题较多的吏，由其
所在的曹报告令、丞。令、丞若判断其行为"不直"，就通
报全郡，并在其档案中注明其为"恶吏"。这段简文，其所
以如此简略，盖因为乃记录稿，而相关吏员对其所省简的
语汇皆能明了之故。[112]

如果《语书》是南郡守腾关于吏的考评的讲话的话，那么，
喜墓所出的另一份文书《为吏之道》，就应当是用来训练官吏
的教材。[113] 关于这种文书的性质、结构，有诸多的讨论，认

识也各有不同。就其内容而言，主要可分为五个部分。[114]

第一部分，应当包括现行整理本的第一段（"凡为吏之道"）、第七段（"长不行"）与第四段（"戒之戒之"），是关于官吏道德品行方面的要求，可视为"为吏"基本原则的概述。第一段说：

> 凡为吏之道，必精絜（洁）正直，慎谨坚固。审悉毋（无）私，微密纤（纤）察。安静毋苛，审当赏罚。严刚毋暴，廉而毋刖。毋复期胜，毋以忿怒夬（决）。宽俗（容）忠信，和平毋怨，悔过勿重。兹（慈）下勿陵，敬上勿犯，听间（谏）勿塞。审智（知）民能，善度民力，劳以衛（率）之，正以桥（矫）之。反赦其身，止欲去顅（愿）。中不方，名不章，外不员（圆）。尊贤养孼（野）如廷，断割不刖。怒能喜，乐能哀，智能惧（愚），壮能衰，愚（勇）能屈，刚能柔，仁能忍。强良不得。审耳目口，十耳当一目。安乐必戒，毋行可悔。以忠为干，慎前虑后。君子不病殹（也），以其病病殹（也）。同能而异。毋穷穷，毋岑岑，毋衰衰。临材（财）见利，不取句（苟）富；临难见死，不取句（苟）免。欲富大（太）甚，贫不可得；欲贵大（太）甚，贱不可得。毋喜富，毋恶贫，正行修身，过（祸）去福存。

这一段说为吏之道，要高尚清洁，立场坚定，正直严谨，

大公无私，明察秋毫；又要宽容忠信，严刚适当，敬上而不
凌下，善于听取劝谏之言；要中方外圆，喜怒不形于色，刚
柔兼济，慎前虑后；见利不苟取，临难不苟免，更不嫌贫爱富。
凡此，都是关于官吏道德素养方面的要求，是对个人品性的
训练。[115]

就语义而言，这一段当下接今整理本的第七段：

> 长不行，死毋（无）名；富不施，贫毋（无）告也。
> 贵不敬，失之毋□，君子敬如始。戒之戒之，言不可追；
> 思之思之，某（谋）不可遗；慎之慎之，货不可归。

然后当接今整理本的第四段：

> 戒之戒之，材（财）不可归；谨之谨之，谋不可遗；
> 慎之慎之，言不可追；葊之葊之，食不可赏（偿）。术（怵）
> 愵（惕）之心不可长。以此为人君则鬼（惠），为人臣则忠，
> 为人父则兹（慈），为人子则孝。能审行此，无官不治，无
> 志不爵（彻）。为人上则明，为人下则圣。君鬼（惠）臣忠，
> 父兹（慈）子孝，政之本殹（也）；志爵（彻）官治，上明
> 下圣，治之纪殹（也）。

两段连读，是说官吏要时刻注意"正行修身"，谨言慎行，

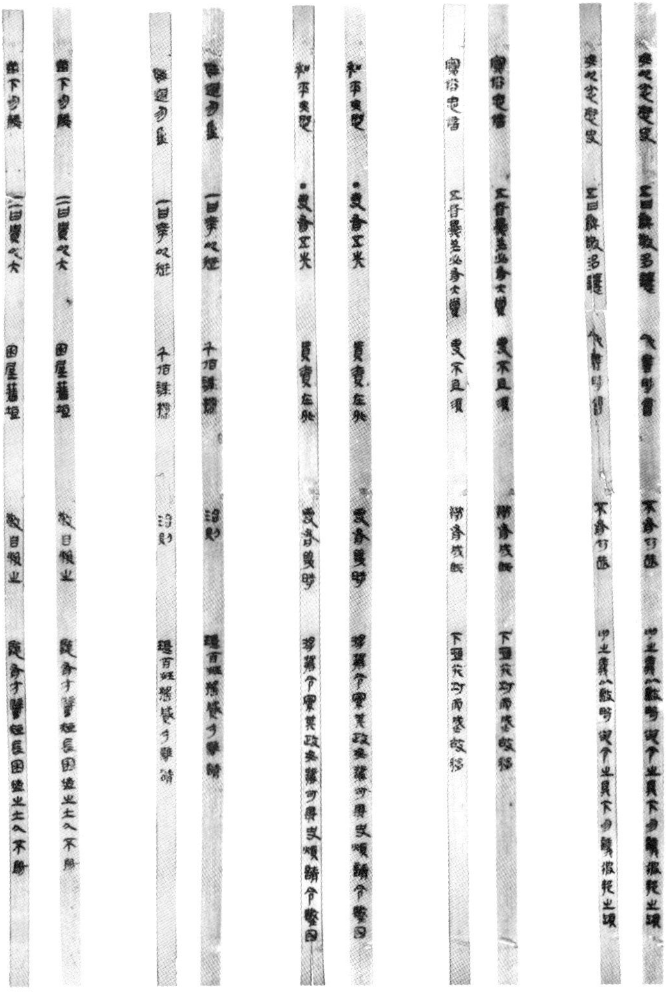

睡虎地秦墓十一号墓所出《为吏之道》

深谋远虑。如果能做到这些，则君惠臣忠，父慈子孝，政治清明，国家大治。这一部分的中心意旨，是讲为吏要立德修身，方能成为政治之本。

第二部分，应当包括今整理本的第二、三两段，列举吏的五善与五失。拥有五善［忠信敬上，清廉毋谤，举事审当，喜为善行，恭敬多让］的吏，就是《语书》所说的良吏。犯有五种过失的吏，则就是恶吏。至于哪五失，则有三种说法：第一种以狂妄自大（"夸以迣"）、骄纵自满［"贵以大（泰）"］、自作主张（"擅裚割"）、犯上无忌［"犯上弗智（知）害"］、轻士重商（"贱士而贵货贝"）为五失；第二种以傲视百姓（"见民倨傲"）、不安其位（"不安其朝"）、"居官善取"、玩忽职守（"受令不偻"）、"安家室忘官府"为五失；第三种则以对亲近的人不加督察（"不察所亲"）、不了解所任用的人（"不知所使"）、"兴事不当"、"善言惰行"以及妄议上级（"非上"）为五失。实际上，这三种五失乃不同层次的官吏所犯的五种过错：犯第一种的官吏地位最低，而有第三种五失的官吏地位较高。

第三部分，是今整理本的第六段，主要是讲为官立政应有怎样的态度，重点是怎样对待人民。简文首先说为官要持身严正［"处如资（斋）"］，谨言然诺（"言如盟"），行为持重（"出则敬"），不违常理［"毋施（弛）当"］，光明正大（"昭如有光"）。其后都是关于如何对待百姓的告诫之辞：对待百姓要施以恩惠，使之高兴，利用信仰祭祀加以动员，普施恩泽以凝聚民心，行宽大之政而非以严刑酷法实现治理（"施而喜之，敬而起之，惠以聚之，宽以治之，有严不治"）；告诉民众将要达致的目标，逐步争取实现，不要过快而使民众恐惧（"与民有期，安骀而步，毋使民惧"）。事情紧急也不要言语张皇，简明但不要失于低俗（"疾而毋諰，简而毋鄙"）；遇事即加以处理，无须后悔（"当务而治，不有可苴"）。使用劳力要有明确目标和结束时间，征发徭役更要在固定的期限和时节（"劳有成既，事有几时"）。治理民众，要利用信仰祭祀使之有所依赖，施给恩惠使之安宁平静，提供安全环境使之安心生产（"治则敬自赖之，施而息之，悈而牧之"）。听到民众有过失，要加以纠正 ["听其有矢，从而贼（则）之"]。沿用传统以动员民众，率领他们去开展事业，即使前有高山，也要鼓气而登（"因而征之，将而兴之；虽有高山，鼓而乘之"）。民众得到教化，当权者也不得骄纵（"民之既教，上亦毋骄"）；而道路既已修好，即无须再事更张，自可正确施为，无须担心发生大的失误，只要按部就班地行政，即可得到民众的拥护（"孰道毋治，发正乱昭。安而行之，使民望之"）。道路平易，车马精良，只要小心驱行，无须改易；若要改易更张，必须迅速果断，夜以继日 ["道易车利，精而勿致。兴之必疾，夜以椄（接）日"]。要充分了解民众的想法，坚守自己的信念，不要为民众的伪诈所迷惑（"观民之诈，罔服必固"）。总之，田地美好，城池

坚固，民心就会安宁（"地修城固，民心乃宁"）。诸事都已
稳妥地安排，民心安宁，就不会给未来留下忧患。不遗后患，
是从政的根本原则（"百事既成，民心既宁；既毋后忧，从政
之经"）。

第四部分，是今整理本的第五段，内容主要是基本的日
常行政事务及其具体应对措施，涉及司法、赋役征发、城乡
治安、农田水利、移风易俗等各方面。它起首说："除害兴利，
兹（慈）爱万姓"。这是亲民之吏为政的基本原则。然后，它
说：不要加罪于无罪之人，不要给可以赦免的人定罪 ["毋罪
毋（无）罪，毋（无）罪可赦"]。这是审理案件的原则。"孤
寡穷困，老弱独转。均徭赏罚。傲悍□暴。根（垦）田人（仞）
邑。赋敛毋（无）度"，"老弱癃病，衣食饥寒"。这几句简文
显然只是摘录，故语义并不完整，但仍可见出是与社会救济、
赋役征发、田地开垦、城邑营建有关。而紧接着所讲的，则
主要是城郭官衙等基础设施的建设与管理："城郭官府，门户
关龠（钥）。除陛甬道，命书时会"；"千（阡）佰（陌）津桥，
囷屋藣（墙）垣，沟渠水道"。再次是关于官府财物资产及其
管理："犀角象齿，皮革橐（蠹）突。久刻职（识）物，仓库
禾粟。兵甲工用，楼椑矢阅，枪闟（蔺）环殳。比（庀）臧
（藏）封印。水火盗贼，金钱羽旄，息子多少。徒隶攻丈，作
务员程。""槀靳渍，漏屋涂塈。苑囿园池，畜产肥胔，朱珠
丹青。"最后又回到官吏在处理政务时的原则与态度，列举了

一些不当表现："临事不敬，倨骄毋（无）人。苛难留民。变民习浴（俗）。须身籨（遂）过。兴事不时，缓令急征。夬（决）狱不正。不精于材（财），法（废）置以私。"

第五部分，是今整理本的第八段，主要是讲处理政务的原则、态度、策略与办法，所言涉及处理当官为政的八个方面。一是为政要固守原则，持之以恒（"敢为固"），遏制私心杂念（"谒私图"）；为政如弈棋，应预为筹划，做到胸中自有丘壑（"画局陈棋，以为伍耤"）；对待小人，则当心存疑惧，不要徒逞口舌之利以致见罪宵小（"肖人聂心，不敢徒语，恐见恶"）。二是领导人民，要以身作则（"凡戾人，表以身"）。百姓向表率看齐，自可走上正道；若表率不正，民心就会散乱倾移，难以凝聚（"民将望表以戾真。表若不正，民心将移，乃难亲"）。三是操持权柄，要审慎地考察"势"（权力的结构及其变化方向）与"数"（运用权力的谋略与手段）（"操邦柄，慎度量"），更不能忘记历史（"来者有稽莫敢忘"）。贤能与鄙陋皆应各尽其用，爵禄官位自当依法赓续，任何人都不能逾越［"贤鄙溉辤，禄立（位）有续，孰瞀上"］。四是治国的关键，在于建立起体制等级［"邦之急，在膡（体）级"］。能够利用民众的欲望，政治体制就可稳定地建立起来（"掇民之欲政乃立"）。统治者内部没有间隙，被统治者即使蠢蠢欲动，也将无济于事［"上毋间阹，下虽善欲，独可（何）急"］。五是要准确地把握民众的才智能力，以任用合适的官吏［"审民能，以赁（任）吏"]，而不仅只是根据官爵禄位决定其任职（"非以官禄夬助治"）。任非其人，只能暴露出长官的昏庸［"不赁（任）其人，及官之瞽，岂可悔"］。六是要伸张正义，打击邪恶（"申之义，以击畸"）。要使民众都了解、具备大义，不允许普通民众随意非议大义（"欲令之具下勿议"）；总是对民众行使雕虫小技，统治者的权威就会丧失，国家将会衰亡［"彼邦之㥛（倾），下恒行巧，而威故移"］。七是凡发布命令，都要务必正确明白（"将发令，索其政"），不要发布模棱两可的命令，引发混乱［"毋发可异史（使）烦请"］。如果朝令夕改，百姓疑惑，社会将不安宁［"令数囚环，百姓摇（摇）贰乃难请"］。八是要听取不同意见，分辨不同人才的长处与短处，不要使有才能的人久不得举用（"听有方，辩短长，困造之士久不阳"）。凡此八端，都关涉到为政方略，是地位较高的官吏才需要注意的。简文采用韵文形式，与其前各段均不相同，应当是来自另一种文本。

喜墓所出的这部分简文，前四个部分（今整理本的前七段），应当抄自一部首尾完整的著作，沿用旧有的命名方法，仍可称为《为吏之道》。第八段显然抄自另一部著作，根据其首句所云（"凡治事"），姑且命名为《治事》（今整理本的第九段，则可称为《魏律》）。就内容而言，《为吏之道》是给普通官吏特别是中下级官吏学习用的，而《治事》所说，都是治国方略，是给高级官吏看的。但《治事》使用的却是当时较为通俗的韵文方式，或者是给当时的军功贵族学习用的。无论如何，《为吏之道》和《治事》，都是当时学做官吏的教材。

《为吏之道》与《治事》的思想内涵杂糅了不同的思想流派：强调官吏要正行修身，宽容忠信，君惠臣忠，父慈子孝，乃为政之本，与儒家的政治理念相同；而关于"操邦柄，慎度量"以及"邦之急，在体级"的说法，似乎又更倾向于法家。也许，在治国方略方面，法家的影响要大一些，而在基层治理方面，则似乎没有明确的思想倾向。

在上引岳麓书院藏秦简《狱状》"癸、琐相移谋购案"与"同、显盗杀人案"中，有关长吏评论办案得力的狱史触、彭沮、衷与洋，都说他们"清洁毋害，敦慤守事，心平端礼"，看上去，道德品行的评价还是非常重要的。可是，触等人之所以得到推荐，却并非由于其品德高尚，主要是由于他们侦破了隐微难破的案子。喜明习律令，又在鄢县审理刑狱多年，却并未晋升为卒史，而只是被聘为郡府的属，除了没有侦破审理大案要案的机遇，或者更因为他只是一个普通的小吏罢。

诚然，喜只是秦始皇时代一个非常普通的小吏。

注 释

斯　人

1　《编年记》［后来一些学者认为应当定名为《叶书》。关于此一文献
　　的定名及其性质的讨论，请参阅陈伟主编《秦简牍合集》（壹）上，
　　武汉：武汉大学出版社，2014年，第6—8页］于昭王卌五年下记载：
　　"十二月甲午鸡鸣时，喜产。"［睡虎地秦墓竹简整理小组编：《睡虎
　　地秦墓竹简》（精装本），北京：文物出版社，1990年，《释文 注释》，
　　第5页。］鸡鸣时，即丑时，大致相当于凌晨一时至三时。这条记载，
　　在原简的上栏，编号为四十五壹。同一简在这条材料前面的记事，
　　是"攻大樾王"。据整理者称，二者笔迹不同，关于喜及其家事的记载，
　　与秦王政十二年之后的简文，字迹较粗。无论如何，简文中关于喜
　　及其家事的记载，以喜的出生为起点，又以喜的死亡（秦始皇三十
　　年）为终点（虽然简文中没有载明，但喜死于这一年，向无疑问），
　　显然是以喜的一生为线索。考虑到简文并未记载喜的死亡之事，
　　而于喜出生前的家事亦未着墨，故我们倾向于赞同堀毅的观点，即
　　简文关于喜及其家事的记载，乃喜的"私人年谱"，很可能即出于
　　喜之手。（堀毅：《秦汉法制史论考》，北京：法律出版社，1988年，
　　第130—131页。）换言之，现在被称为《编年记》或《叶书》的这
　　个文献，结构上实由秦的大事记与喜的个人年谱两部分组成，前者
　　的来源且不论，后者则应当是喜自己编纂的。把自己的年谱置入"国
　　家"的大事记中，将二者合编为一种，暗示着喜将自己的生命历程

　　与国家的政治军事进程联系在一起。

2　《编年记》于昭王卅七年下书："十一月，敢产。"[《睡虎地秦墓竹简》
　　（精装本），《释文 注释》，第 6 页。] 敢（以及遬，见下文）的出生
　　日期与时辰均未记载，也说明简文关于喜及其家事的记载，是以喜
　　本人为主线索的。

3　《编年记》于昭王五十六年下书："正月，遬（速）产。"[《睡虎地
　　秦墓竹简》（精装本），《释文 注释》，第 6 页。] 遬（速），应当是
　　喜的另一个弟弟。云梦县城关西南角大坟头一号西汉墓发现阴刻
　　"遬"字的白玉方印，当即遬（速）的墓地。见湖北省博物馆、孝
　　感地区文教局、云梦县文化馆汉墓发掘组：《湖北云梦西汉墓发掘
　　简报》，《文物》1973 年第 9 期。遬与敢相差九岁，很难相信在此九
　　年间他们的父亲没有生育别的孩子，而简文未加记载，其原因或者
　　是诞后夭折，或者是女性，或者是与喜、敢、遬非出自同一母亲。
　　无论属于何种情形，均进一步说明简文关于喜及其家事的记载，乃
　　以喜为主线，反映了喜对于家庭内部关系的看法。

4　《编年记》于"今上"十一年下没有记载国家大事，仅记载了"十一
　　月，获产"。[《睡虎地秦墓竹简》（精装本），《释文 注释》，第 7 页。]
　　由于获与遬相差十五岁，一般认为获应当是喜的儿子，而不是他的
　　弟弟。

5　《编年记》于"今上"十八年下载："正月，恢生。"（《睡虎地秦墓竹简》，
　　《释文 注释》，第 7 页）简文用"生"而不是"产"表示恢的出生，
　　似乎暗示恢在出生时不太顺利，但最终活了下来。关于"生""产"
　　意义的差别，请参见本章第六节。

6　《编年记》于"今上"二十七年下载："八月己亥廷食时，产穿耳。"
　　[《睡虎地秦墓竹简》（精装本），《释文 注释》，第 7 页。] 八月癸酉朔，
　　己亥为二十七日。廷食时，当即辰时，大致相当于上午七时至九时。
　　穿耳，应当是女儿的名字。居延所出永光四年延寿燧长孙时的符中，
　　见有孙时的妹妹（简文称作弟）"小女耳，年九岁"，说明"耳"可
　　用于女子名。同符中见有孙时的女儿，三岁，身份是小女，名叫"王
　　女"；而槀佗吞胡燧长张彭祖符中则见有张彭祖的女儿"小女女足，
　　年九岁"。（谢桂华、李均明、朱国炤：《居延汉简释文合校》，北京：
　　文物出版社，1987 年，第 44 页。）耳、王女、女足都是幼年或少年

女子之名，很可能是后世所谓乳名（小名）。女子在成年后（"大女"），似乎另取了名字。如孙时的妻子就被称作"大女昭武万岁里孙第卿"。在秦简牍所见女性的名字中，一些小女子的名字，如春、苗、巳、不唯、泽若、伤、检、驼、赵、见、姎、若等，与其他大女子的名字（如分、京、憝、晏、瞷、昭等），显然有所不同。当然，也有很多女性的名字，如"婴"，被不同年龄的女子所使用，反映出她们很可能并未在成年后使用另一个名字。中国古代平民百姓家女性的名字，是个饶有趣味的话题，因为它从一个侧面反映了女性的身份界定及其社会地位。关于穿耳，《山海经·中山经》记中次三山有"青要之山"，"其状人面而豹文，小要而白齿，而穿耳以镯，其鸣如鸣玉。是山也，宜女子"。镯，郭璞云："镯，金银器之名，未详也；音渠。"郝懿行说："镯，假借字也。《说文》以为璩或字，其《新附字》引此经，则作璩，云：'璩，环属也。'《后汉书·张奂传》云：'遗金镯八枚。'《魏都赋》云：'镯耳之杰。'李善李贤注并引此注。"（郝懿行：《山海经笺疏》卷五《中山经》，成都：巴蜀书社，1985年，第八页。）所谓"穿耳以镯"，盖以金玉之环穿于耳垂。小要（腰）而白齿，穿耳以镯，是宜女子。刘熙《释名》卷四《释首饰》第十五："穿耳施珠曰珰。此本出于蛮夷所为也。蛮夷妇女轻浮好走，故以此珰锤之也。今中国人效之耳。"（刘熙撰、毕沅疏证、王先谦补：《释名疏证补》，北京：中华书局，2008年，第162页。）则穿耳施珠主要是妇女所为，亦可辅证"穿耳"当为女子之名。简文关于穿耳出生的记载，较之于获与恢皆更为详细，或许只能解释为喜对穿耳的出生非常重视，而且高兴。实际上，这是简文关于喜及其家事的最后一条记载，三年之后，喜就死了。或许，在书写这条记载之时，喜已经病了。

7　《编年记》于"今上"十六年下载："七月丁巳，公终。"［《睡虎地秦墓竹简》（精装本），《释文　注释》，第7页。］七月丁未朔，丁巳为十一日。公，喜的父亲。这一年喜三十一岁，他的父亲应当在五十岁左右或更老一些。

8　《编年记》于"今上"廿年下载："七月甲寅，妪终。"［《睡虎地秦墓竹简》（精装本），《释文　注释》，第7页。］七月甲寅朔，初一日。

9　简文没有记载喜亡之事，同墓所出其他材料中也都没有相关的记事。

简文的最后一个纪年是今上"卅年"，而墓中所出人骨经鉴定系四十至四十五岁男性的遗骨，所以一般认为喜即死于秦始皇三十年。

10　喜的墓位于湖北省云梦县城关镇西部、火车站附近，汉丹铁路西侧一片平缓的坡地上，是一组秦汉墓地（睡虎地秦汉墓地）的组成部分。墓地于1975年11月至1976年1月得到发掘，喜墓的编号M11。相关报告分别见湖北孝感地区第二期亦工亦农文物考古训练班：《湖北云梦睡虎地十一号秦墓发掘简报》，《文物》1976年第6期；《云梦睡虎地秦墓》编写组：《云梦睡虎地秦墓》，北京：文物出版社，1981年；季勋：《云梦睡虎地秦简概述》，《文物》1976年第5期；睡虎地秦墓竹简整理小组：《睡虎地秦墓竹简》（线装本，七册），北京：文物出版社，1977年；睡虎地秦墓竹简整理小组：《睡虎地秦墓竹简》（平装本），北京：文物出版社，1978年；睡虎地秦墓竹简整理小组：《睡虎地秦墓竹简》（精装本），北京：文物出版社，1990年，本书中采用此本，不再特别说明。

11　湖北孝感地区第二期亦工亦农文物考古训练班：《湖北云梦睡虎地十一号秦墓发掘简报》，图四；《云梦睡虎地秦墓》编写组：《云梦睡虎地秦墓》，第13页，图一五。

12　《云梦睡虎地秦墓》编写组：《云梦睡虎地秦墓》，第11页，附表，"墓葬形制登记表"。

13　《云梦睡虎地秦墓》编写组：《云梦睡虎地秦墓》，第6、8页。七号墓的主人，应当就是曲阳士伍邦。邦死于秦昭王五十一年。在七号墓的椁室门楣上，阴刻有"五十一年曲阳士五邦"九字。原报告认为，士伍邦可能是墓主，也可能是工匠。（第69页。）今按：曲阳，当指原属魏国的曲阳。《史记》卷十五《六国年表》记周赧王二十八年（秦昭王二十年，魏昭王九年，前287年）："秦拔我新垣、曲阳之城。"（北京：中华书局，1959年，第740页。）《史记》卷四四《魏世家》："（昭王）九年，秦拔我新垣、曲阳之城。"张守节《正义》引《括地志》曰："曲阳故城在怀州济源县西七十里。"（第1853页。）则魏曲阳在秦昭王二十年时已入于秦。士伍邦当来自原属魏国的曲阳，受征戍守安陆并死葬安陆。曲阳与安陆路途遥远，认为邦是曲阳的工匠，而在安陆为他人营葬，似乎没有说服力。另外，战国时赵国亦有曲阳，见于《史记》卷四三《赵世家》：赵武灵王二十一年，赵分兵三路攻中山，

"合军曲阳"。《集解》引徐广曰："上曲阳在常山，下曲阳在巨鹿。"《正义》引《括地志》云："上曲阳故城在定州曲阳县西五里。"按语云："合军曲阳，即上曲阳也，以在常山郡也。"（第 1811—1812 页。）然当秦昭王时，秦还未能攻取赵曲阳。

14 《史记》卷七《项羽本纪》，第 296 页。

15 关于秦尺的长度，请参阅丘光明编著：《中国历代度量衡考》，北京：科学出版社，1992 年，第 8—11 页；丘光明、邱隆、杨平：《中国科学技术史·度量衡卷》，北京：科学出版社，2001 年，第 163—194 页，特别是第 178—179 页。

16 《史记》卷八《高祖本纪》，第 342—343 页。

17 《史记》卷九三《韩信列传》，第 2631 页。

18 《史记》卷九七《郦生列传》，第 2691—2692 页。

19 《史记》卷九六《张丞相列传》，第 2675、2682 页。

20 杨伯峻：《列子集释》卷二《黄帝篇》，北京：中华书局，1979 年，第 83 页。

21 王先谦：《荀子集解》卷一《劝学》，北京：中华书局，1988 年，第 12—13 页。

22 《史记》卷一二六《滑稽列传》，第 3197 页。

23 孙诒让：《周礼正义》卷二一《地官司徒》，"乡大夫"，北京：中华书局，1987 年，第 840 页。关于此处国人与野人受征应役之身高与年龄的差别，自来有诸多讨论。一般认为，国人七尺，即年二十行役；野人六尺，则年十五行役。见《周礼正义》第 842—844 页。所论颇多迂曲。盖国人应征从军打仗，身高要求较高，故以七尺为起点；而野人应征，主要从事运输之役，身高要求自然降低。不仅如此。这个差别也显示出国人与野人的基本身高可能本就有所不同：较之野人，国人可能普遍高一些。

24 陈奇猷校释：《吕氏春秋校释》卷二六《上农》，上海：学林出版社，1984 年，第 1712 页。

25 徐培根注译：《太公六韬今注今译》，台北：台湾商务印书馆，1972 年，第 228—229 页。

26 关于《封诊式》的定名、性质的讨论，请参见睡虎地秦墓竹简整理小组：《睡虎地秦墓竹简》，《释文 注释》，第 147 页；陈伟主编《秦

简牍合集》（壹）上，第282—283页；陈公柔：《云梦秦墓出土〈封
诊式〉简册研究》，见氏著《先秦两汉考古学论丛》，北京：文物出版社，
2005年，第185—222页。

27 鑿秦綦履，整理组解释为"涂漆的秦綦履"，并将"綦履"解释为"一
种有纹的麻鞋"，而对于其中的"秦"则未加解释。秦綦履，又见于《封
诊式》"穴盗"爰书，其中说到被盗的房屋外面发现四处秦綦履踏
下的足迹，每个足迹长一尺二寸（约合28厘米）。"其前稠綦，袤
四寸，其中央稀者五寸，其踵稠者三寸。"（睡虎地秦墓竹简整理小组：
《睡虎地秦墓竹简》，《释文 注释》，第160页。）则"綦"当是指鞋
底的花纹。秦綦履可以通过鞋底的印迹、花纹辨识出来，应当是一
种较为流行的秦式鞋子。

28 睡虎地秦墓竹简整理小组：《睡虎地秦墓竹简》，《释文 注释》，第
157—158页；陈伟主编《秦简牍合集》（壹）上，第306—309页。
关于此件"贼死"文书的研究，请参阅陈公柔《云梦秦墓出土〈封诊式〉
简册研究》的相关部分，见《先秦两汉考古学论丛》，第207—208页。
这份文书的原文是：

    贼死
    爰书：某亭求盗甲告曰："署中某所有贼死，结发。不智（知）可（何）
男子。一人来告。"即令令史某往诊。令史某爰书：与牢隶臣某即甲诊。
男子死（尸）在某室南首，正偃。某头左角刃痏一所，北（背）二所，
皆从（纵）头北（背），袤各四寸，相耎，广各一寸，皆臽中，类斧，脑
角出（顑）皆血出，被（被）污头北（背）及地，皆不可为广袤；它完。
衣布禅裙、襦各一。其襦北（背）直痏者，以刃夬（决）二所，癒（应）痏。
襦北（背）及中衽□污血。男子西有鑿秦綦履一两，去男子其一奇六步，
一十步；以履履男子，利焉。地坚，不可智（知）贼迹。男子丁壮，析（皙）色，
长七尺一寸，发长二尺，其腹有久故瘢二所。男子死（尸）所到某亭百步，
到某里士五（伍）丙田舍二百步。·令甲以布帬剡貍（埋）男子某所，侍
（待）令。以襦、履诣廷。讯甲、亭人及丙，智（知）男子可（何）日死，
闻号寇者不殹（也）？

据陈公柔先生的分析，此例主要在于教习县中司法官吏如何查勘贼

杀案件，如何填具尸格。爰书可分为六部分：(1)"爰书：某亭求
盗甲告曰"，是县丞接到求盗甲的报告后，转呈上级之文；(2)"署
中某所有贼死……"，乃求盗甲报告的内容；(3)"即令令史某往诊"，
是县丞接到甲的报告后采取的措施；(4)"令史某爰书"，至"到某
里士五（伍）丙田舍二百步"，乃令史到实地查勘的报告；(5)"令
甲以布帬剢貍（埋）男子某所"云云，是令史在实地查勘后采取的
措施；(6)"讯甲、亭人及丙"，是县丞在接到令史的报告后所采取
的进一步措施。关于爰书及其性质，请参阅大庭脩《秦汉法制史
研究》，林剑鸣等译，上海：上海人民出版社，1991 年，第 502—
520 页。

29   陈伟主编：《里耶秦简牍校释》第一卷，武汉：武汉大学出版社，
2012 年，第 149 页。文书原文如下：

> 廿五年九月己丑，将奔命校长周爰书：敦长买、什长嘉皆告曰：徒
> 士五（伍）右里缭可，行到零阳虎谿桥亡，不智（知）□□☑
>
> 缭可年可廿五岁，长可六尺八寸，赤色，多发，未产须。衣络袍一，
> 络单胡衣一，操具弩二，丝弦四，矢二百，钜剑一，米一石☑

《校释》指出："不智（知）"下所缺二字，或疑为"死产"，应可从。
络袍，诸家皆未释。络的本义乃指以十字交叉的方式织成的网，这
里应是指用粗线简单织成的布。络袍，应当是指用粗布做成的袍子。
胡衣，当是指下身穿的裤子。以下引用里耶秦简，如无特别解释，
仅注出简号，不再注出页码。

30   陈伟主编：《里耶秦简牍校释》第一卷，第 244 页。简文如下：

> 故邯郸韩审里大男子吴骚，为人黄晳色，隋（椭）面，长七尺三寸
> ☑
>
> 年至今可六十三、四岁，行到端，毋它疵瑕。不智（知）衣服、死产、
> 在所☑

由于秦王政十九年方设置邯郸郡，故此件文书必晚于秦王政十九年。
其性质，似与上引 8-439+8-519+8-537 相似，也是追查逃亡人口的

文书。

31 陈伟主编：《里耶秦简牍校释》第一卷，第176页。简文为：

> ☐☐言，为人白皙色，隋（椭），恶发须，长可七尺三寸，年可六十四岁。
> ☐燕，今不智（知）死产、存所，毋内孙。

根据上引简8-894，"为人"之前应当是人名，故此简所述亡人当为☐言。

32 陈伟主编：《里耶秦简牍校释》第一卷，第257页。校释者认为，此件文书或与津关令有关，为传一类文书。恐非是。简文中的"舍人令佐冣"当即负责登录谢相关信息的"占"者，与简8-550所见的典和一样。

33 陈伟主编：《里耶秦简牍校释》第二卷，武汉：武汉大学出版社，2018年，第199页；第220页，简9-885。

34 陈伟主编：《里耶秦简牍校释》第二卷，第96页。简文作：

> ☐为人苍色，美发，长可七尺八寸，年可卅九岁，衣褚布☐
> ☐履一两☐

褚，校释者疑读作"纻"，并解为麻纻之属，则褚布就是以纻麻纺的粗线织成的布。然校释者又引《汉书·南粤传》颜师古注，谓："以绵装衣曰褚"，遂形成矛盾。此处的"褚"，当释作"赭"，意为赤褐色。褚布当即赭布，红褐色的布。

35 目前所见秦代普通成年男性的身高记录，仅有此十例。由于案例太少，这里计算的平均身高很值得怀疑。而居延、敦煌马圈湾与肩水金关、长沙五一广场等处出土简牍中有关汉代普通成年男性身高的记载，则要丰富得多。我们主要根据已公布的居延、肩水金关所出汉简资料，整理出117个汉代成年男性的身高材料，其平均身高大约为七尺二寸半。如果考虑到部分简牍在"尺"字之后的残缺，这个平均值可能要大一些；再考虑到部分记录来自东汉初年，其时所用尺度可能要大一些。那么，汉代北方地区成年男性的平均身高，很可能接近西汉尺的七尺三寸。一般认为，西汉时一尺约合23.5厘米，新莽时一尺约合 23.1 厘米，而东汉时一尺也约合 23.5 厘米，而不同地区使用的尺度又有所不同。（丘光明编著：《中国历代度量衡考》，第 12—57 页；丘光明、邱隆、杨平：《中国科学技术史·度量衡卷》，第 198—211 页；参阅白云翔：《汉代尺度的考古发现及相关问题研究》，《东南文化》2014 年第 2 期。）我们忽略汉尺前后变化及其地区差异，大致以西汉、新莽尺相当于 23.1 厘米、东汉尺相当于 23.5 厘米计算。居延、敦煌马圈湾、肩水金关等地所出简牍，大致仍以属于西汉中后期至东汉初期者为主，东汉建武年间在居延、敦煌等地使用怎样的尺度，难以确定。因此，我们仍大致以西汉尺度来计算。因此，概括言之，秦汉时期中国特别是北方地区成年男性的平均身高应当在 1.7 米上下；南方地区成年男性的平均身高可能要小一些，但无法准确评估此种差异。已公布的长沙五一广场东汉简牍中有关成年男性身高的记载，事实上只有伍次（人名）一例（七尺，以汉尺 23.5 厘米计算，约相当于 1.645 米）可以使用，样本太少，无以开展进一步讨论。

36 喜墓中出土彩绘圆奁一件（66 号），置于棺内，而其余漆器则均置于头箱中，这可能反映出墓主对于圆奁的重视。出土时，圆奁里放有铜镜（69 号）、木梳各一件。在头骨下发现竹笄一件（73 号），长 13 厘米，由九根竹签组成，上部有两个圆孔，用丝线缠缚。湖北孝感地区第二期亦工亦农文物考古训练班：《湖北云梦睡虎地十一号秦墓发掘简报》，第 5—6 页；《云梦睡虎地秦墓》编写组：《云梦睡虎地秦墓》，第 32、46、59 页，以及图版第十五、第三〇。

37 睡虎地秦墓竹简整理小组：《睡虎地秦墓竹简》（精装本），《释文注释》，第 151 页；陈伟主编《秦简牍合集》（壹）上，第 294—295 页。简文作：

盗马　爰书：市南街亭求盗才（在）某里，曰：甲缚诣男子丙，及马一匹，骓牝右剽，缇覆（复）衣，帛里莽，缘领襃（袖），及履，告曰："丙盗此马、衣，今日见亭旁，而捕来诣。"

求盗，整理者释为市南街亭的求盗（负责缉捕盗贼的小吏），是某里人，名甲。陈公柔认为"在某里"指案件发生及办案当时的地点，并非其人居于某里，或为某里之吏。（陈公柔：《先秦两汉考古学论丛》，第 200 页。）我们同意陈先生的看法，并进而认为此处的求盗当作"搜捕盗贼"解，并非亭吏职名。莽，整理小组引《小尔雅·广诂》，释作"大"，将"莽缘领袖"释为"领和袖有宽大的缘边"，似并不妥恰。今按：莽的本义乃深草，引申为深远，释为"宽大"，实嫌勉强。颇疑此处的"莽"当与"里"连读，应释为"里幔"，亦即复衣的内里一层。

38　　睡虎地秦墓竹简整理小组：《睡虎地秦墓竹简》，《释文　注释》，第
　　　160—161 页；陈伟主编《秦简牍合集》（壹）上，第 311—312 页。
　　　简文相关的内容是：

> 讯乙、丙，皆言曰："乙以迺二月为此衣，五十尺，帛里，丝絮五斤
> 装，缪缯五尺缘及殿（纯）。不智（知）盗者可（何）人及蚤（早）莫（暮），
> 毋（无）意殿（也）。"·讯丁、乙伍人士五（伍）□，曰："见乙有結复衣，
> 缪缘及殿（纯），新殿（也）。不智（知）其里□可（何）物及亡状。"

缪缯，诸家皆未详究，但称为一种缯的名称。今按：缪的本义是指缠绕在一起的绸帛，缯乃多次使用的帛，即旧帛。缪缯五尺缘、缪缘之"缪"，皆当作动词解，即用缯缠绕，来绕边。殿，整理小组引《尔雅·释器》"缘谓之纯"，将简文中的"殿"解为"纯"。后来诸家多沿用之。然如此解释，"缪缘及纯"，遂十分怪异。今按：殿，本有"后"之意。简文的意思，乃说给衣服的领口、袖口及裾边、下摆等处都绕了边，一直到（"及"）后面的下摆。缘，扬雄《方言》："悬裺谓之缘。衣缝，缘也。"（华学诚：《扬雄方言校释汇证》卷四，北京：中华书局，2006 年，第 302—303 页。）则缘就是衣服边上的缝。为牢固起见，要给衣边上的缝，用布条包住，即绲边。

39　　睡虎地秦墓竹简整理小组：《睡虎地秦墓竹简》，《释文　注释》，第
　　　41—42 页；陈伟主编《秦简牍合集》（壹）上，第 102—103 页。

40　　许慎：《说文解字》，北京：中华书局，1963 年，第 156 页。

41　　睡虎地秦墓竹简整理小组：《睡虎地秦墓竹简》，《释文　注释》，第
　　　247 页；陈伟主编《秦简牍合集》（壹）上，第 554 页。

42　　睡虎地秦墓竹简整理小组：《睡虎地秦墓竹简》，《释文　注释》，第

242 页；陈伟主编《秦简牍合集》（壹）上，第 541 页。简文作："凡初寇（冠），必以五月庚午，吉。"

43　睡虎地秦墓竹简整理小组：《睡虎地秦墓竹简》，《释文 注释》，第 241 页；陈伟主编《秦简牍合集》（壹）上，第 540 页。简文作："甲子、乙丑，可以家（嫁）女、取妇、寇（冠）带、祠。"

44　刘熙撰、毕沅疏证、王先谦补：《释名疏证补》卷四《释首饰》第十五，第 154 页。

45　《说文》巾部释"帩"，谓为"盖衣也，从巾，家声"（许慎：《说文解字》，第 159 页）。扬雄《方言》卷四："帩，巾也。"（华学诚：《扬雄方言校释汇证》卷四，第 312 页。）所以，帩的本义，就是一种头巾。

46　许慎：《说文解字》，第 156 页。

47　华学诚：《扬雄方言校释汇证》卷四，第 314—319 页。

48　刘熙撰、毕沅疏证、王先谦补：《释名疏证补》卷四《释首饰》第十五，第 154 页。

49　睡虎地秦墓竹简整理小组：《睡虎地秦墓竹简》，《释文 注释》，第 224 页；陈伟主编《秦简牍合集》（壹）上，第 493—495 页。

50　睡虎地秦墓竹简整理小组：《睡虎地秦墓竹简》，《释文 注释》，第 186 页；陈伟主编《秦简牍合集》（壹）上，第 375 页。简文作："毋以楚九月己未台（始）被新衣，衣手口必死。"

51　睡虎地秦墓竹简整理小组：《睡虎地秦墓竹简》，《释文 注释》，第 181 页；陈伟主编《秦简牍合集》（壹）上，第 352 页。简文作："秀日，利以起大事。大祭，吉。寇（冠）、寻车、折衣常（裳）、服带吉。"这里的"冠"当即指着冠，并非指举行着冠的仪式。

52　睡虎地秦墓竹简整理小组：《睡虎地秦墓竹简》，《释文 注释》，第 5 页；陈伟主编《秦简牍合集》（壹）上，第 9 页。

53　《史记》卷七三《白起列传》，第 2331 页。

54　睡虎地秦墓竹简整理小组：《睡虎地秦墓竹简》，《释文 注释》，第 6 页；陈伟主编《秦简牍合集》（壹）上，第 10—11 页。

55　睡虎地秦墓竹简整理小组：《睡虎地秦墓竹简》，《释文 注释》，第 7 页；陈伟主编《秦简牍合集》（壹）上，第 11 页。

56　《史记》卷六《秦始皇本纪》，第 242—248 页。

57　湖北孝感地区第二期亦工亦农文物考古训练班：《湖北云梦睡虎地

十一号秦墓发掘简报》；《云梦睡虎地秦墓》编写组：《云梦睡虎地秦墓》，第47—52页。

58　湖北省荆沙铁路考古队：《包山楚简》，北京：文物出版社，1991年，第20—21页，简62。

59　辛德勇：《北京大学藏秦水陆里程简册的性质和拟名问题》，武汉大学简帛研究中心主办《简帛》第八辑，上海：上海古籍出版社，2013年，第17—28页；后收入所著《石室賸言》，北京：中华书局，2014年，第66—80页。辛德勇：《北京大学藏秦水陆里程简册初步研究》，李学勤主编：《出土文献》第四辑，上海：中西书局，2013年，第177—278页；后收入所著《石室賸言》，第81—214页。

60　关于秦置安陆县及其治所即在今云梦县城关镇，请参阅黄盛璋《云梦秦墓出土的两封家信与历史地理问题》，原刊《文物》1980年第8期（题为《云梦秦墓两封家信中有关历史地理的问题》），后收入所著《历史地理论集》，北京：人民出版社，1982年，第545—555页，特别是第549—552页。

61　湖北省文物考古研究所、孝感地区博物馆、云梦县博物馆：《'92云梦楚王城发掘简报》，《文物》1994年第4期；孝感地区博物馆：《湖北孝感地区两处古城遗址调查简报》，《考古》1991年第1期。

62　黄盛璋先生在文章中提到西外城里还有一个内城，在所绘"云梦古城与古墓葬分布示意图"也画出了内城的位置，并说内城可能废弃于元明之际。关于云梦古城的内城，没有其他的材料。黄先生说：内城可能比西外城更早，内城有城壕，所以"可能先有内城，后因过小而加筑西外城的"。由于没有内城的发掘材料，这一认识，并无充分证据，只是一个推论。宜城楚皇城遗址大城内也有一座内城，称为"金城"，其北边依倚外城，东、南、西三面原有城墙。城内面积0.38平方公里。从地层堆积与遗物特征分析，金城有可能是大城颓废后修筑的，与大城并非同时代的遗存。据此推测，云梦古城大城西部的内城，也有可能是大城废弃后修筑的。

63　湖北省博物馆：《楚都纪南城的勘查与发掘》，《考古学报》1982年第3、4期；郭德维：《楚都纪南城复原研究》，北京：文物出版社，1999年，第45—56页。

64　湖北省文物管理委员会：《湖北宜城"楚皇城"遗址调查》，《考古》

1965 年第 8 期；楚皇城考古发掘队：《湖北宜城楚皇城勘查简报》，《考古》1980 年第 2 期；石泉：《古代荆楚地理新探》，武汉：武汉大学出版社，1988 年，第 425—428 页。

65　鄢为秦县，见郦道元著，杨守敬、熊会贞疏《水经注疏》卷二八《沔水》中："城，故鄢郢之旧都，秦以为县。汉惠帝三年，改曰宜城。"南京：江苏古籍出版社，1989 年，第 2396 页。

66　黄盛璋：《江陵凤凰山汉墓简牍及其在历史地理研究上的价值》，《文物》1974 年第 6 期；《关于江陵凤凰山 168 号汉墓的几个问题》，《考古》1977 年第 1 期。二文后收入所著《历史地理与考古论丛》（后文改题为《江陵凤凰山汉墓出土称钱衡、告地策与历史地理问题》），济南：齐鲁书社，1982 年，第 187—188、207—212 页。关于南郡治所由郢县迁至江陵，黄盛璋以为当在秦王政二十四年灭楚全定荆地以后，或至晚在秦始皇二十六年统一全国之后；辛德勇以为不会晚于秦始皇三十四年。（见辛德勇：《北京大学藏秦水陆里程简册初步研究》，《石室賸言》，第 87—92 页。）在喜墓所出简牍文书《语书》中，记有秦王政二十年时"南郡守腾谓县、道啬夫"文告，要求属下各地"以次传，别书江陵布，以邮行"（睡虎地秦墓竹简整理小组：《睡虎地秦墓竹简》，《释文　注释》，第 13 页。），从南郡治所到江陵县的文书，需要"以邮行"，说明其时二者还不在一地，南郡的治所尚未迁至江陵。换言之，在喜生前，南郡治所应当是在郢城。

67　江陵郢城考古队：《江陵县郢城调查发掘简报》，《江汉考古》1991 年第 4 期。

68　石泉：《古邓国、邓县考》，《江汉论坛》1980 年第 3 期，又见所著《古代荆楚地理新探》，第 105—126 页。

69　郦道元著，杨守敬、熊会贞疏：《水经注疏》卷三一《淯水》，第 2620 页。

70　辛德勇：《北京大学藏秦水陆里程简册初步研究》，见《石室賸言》，第 138—139 页。

71　石泉：《古邓国、邓县考》，《江汉论坛》1980 年第 3 期；叶植主编：《襄樊市文物史迹普查实录》，北京：今日中国出版社，1995 年，第 2 页。

72　郦道元著，杨守敬、熊会贞疏：《水经注疏》卷二八《沔水》中，第 2390 页。

73　《史记》卷七八《春申君列传》，第 2391 页。

74   辛德勇：《北京大学藏秦水陆里程简册初步研究》，见《石室賸言》，
        第 151—155 页。

75   朱汉民、陈松长主编：《岳麓书院藏秦简》(壹)，《质日·三十四年质日》
        第 0636 正号简，第 0501 正号简，上海：上海辞书出版社，2010 年，
        第 12、15、73、82 页。

76   《云梦睡虎地秦墓》编写组：《云梦睡虎地秦墓》，第 27—28、30—
        31、34、109 页。

77   《云梦睡虎地秦墓》编写组：《云梦睡虎地秦墓》，第 60—61 页。

78   秦都咸阳遗址及其周围墓地所出陶文中，见有咸亭郦里（咸郦里）、
        咸亭完里（咸亭郶里、咸完里、咸郶里）、咸亭阳安、咸亭□里、□
        亭当□、咸沙里、咸高里、咸新安、咸蒲里、咸直里、咸重里、咸
        □里、咸商里、咸戎里、咸白里、咸亭斄阳（咸斄阳）、咸亭东里、
        咸亭泾里（咸泾里）、咸亭沙里（咸亭沙）、咸亭阳安、咸闉里、咸
        广里、咸高里（咸高□）、咸白里、咸武都、咸安处、咸芮里、咸卜里、
        咸故仓、咸亭右里（咸右里）、咸反里、咸甘里、咸斄里等。(袁仲
        一、刘钰编著：《秦陶文新编》，上编，《考释》，北京：文物出版社，
        2009 年，第 108—141、154—156、159—161、168—171 页。) 俞
        伟超先生认为："咸亭之下作'某里某器'为这种陶文的通例，'某
        里'当为里名，'里'下和'器'前一字，应为作器人名。"俞先生
        进而指出："咸亭沙寿□器"之"沙寿"，"咸亭阳安驿器"之"阳安"，
        "咸亭当柳恚器"之"当柳"，皆当为里名。(俞伟超：《秦汉的"亭"、
        "市"陶文》，初刊《文物》1963 年第 2 期，后收入氏著《先秦两汉
        考古学论集》，北京：文物出版社，1985 年，第 132—145 页，引文
        见第 136 页。)

79   俞伟超认为陶文所见的亭，并非《汉书·百官公卿表》所见"十里一亭"
        之亭，而当是"旗亭"之亭，亦即市楼；而咸阳遗址及其周围墓地
        所出写有"咸亭某里某人"的戳记，"都是咸阳市府所辖某某私人
        陶业制品的标记"。俞先生似乎暗示：咸阳亭乃咸阳市府，亦即咸
        阳城的管理机构。他在谈到郑州商城遗址东北隅所出"亭"字陶文
        时也说："郑州的'亭'字陶文虽然仍保持着六国古文之体，但用
        '亭'来作为市府标记，却是接受了秦国制度后的产物。"显然，俞
        先生是把"亭"看作"市府"的。秦封泥中，见有"咸阳亭印""咸

阳亭丞"两种官印（周晓陆、路东之编著：《秦封泥集》，西安：三
秦出版社，2000年，第364—365页。），也加强了咸阳亭乃咸阳城
市管理机构的证据。

80   《云梦睡虎地秦墓》编写组：《云梦睡虎地秦墓》，第28、130页。

81   喜墓所出漆耳杯（M11:19）外底烙印两个"亭"字，针刻"士五军"
三字，二者形成垂直分布。同墓所出第9、18号耳杯底烙印与针刻
文字，大致与第19号耳杯相同。同墓所出的一件漆盂外底针刻"上
造斩"三字。（《云梦睡虎地秦墓》编写组：《云梦睡虎地秦墓》，第
123、132页。）"士五（伍）军"和"上造斩"显然都不会是这些漆
器的制造者，而只能是所有者或使用者。据此，我们认为睡虎地秦
墓所出漆器上的针刻文字，应当是所有者或使用者刻上的，而烙印
文字则是在制造时印上的。

82   《云梦睡虎地秦墓》编写组：《云梦睡虎地秦墓》，第104—138页。

83   睡虎地秦墓竹简整理小组：《睡虎地秦墓竹简》，《释文 注释》，第
130页。

84   《法律答问》中有一个问题，是问："越里中之与它里界者，垣为'完
（院）'不为？"意思是里的内部以及与相邻的里之间，都有垣，这
样的垣，算是围墙吗？逾越这样的垣，和逾越围墙是同样的过错吗？
这说明有的相邻的里之间是有土垣的。回答是："巷相直为'院'；
宇相直者不为'院'。"（睡虎地秦墓竹简整理小组：《睡虎地秦墓竹
简》，《释文》，《法律答问》，第137页。）意思是说，如果墙的外面
是街巷（即与街巷相接），那这面墙就是"院"；如果一段墙接着屋
檐，那它就不算是"院"。这说明有的里外面与内部都可能有街巷。
岳麓书院藏秦简0466+0944：

> 一诸故同里里门而别为数里者，皆复同以为一里。一里过百而可隔
> 垣益为门者，分以为二里。□☑/☑□出归里中、里夹、里门者，□车马，
> 束为门介（界），更令相近者，近者相同里。[陈松长主编：《岳麓书院藏秦简》
> （肆），上海：上海辞书出版社，2015年，红外线图版，第192—193页。]

显然，里与里之间的垣，是由于分里而形成的。换言之，在正常情
况下，一个里的四周是围以土垣的，并不与他里共用这道土垣。

85　睡虎地秦墓竹简整理小组：《睡虎地秦墓竹简》（精装本），《释文注释》，第53页。简文作："春城旦出徭者，毋敢之市及留舍闾外，当行市中者，回，勿行。"

86　睡虎地秦墓竹简整理小组：《睡虎地秦墓竹简》（精装本），《释文注释》，第149页；陈伟主编：《秦简牍合集》（壹）上，武汉：武汉大学出版社，2014年，第288—291页。

87　陈伟主编：《秦简牍合集》（壹）上，第272、289页。

88　许慎：《说文解字》，第150页。

89　刘文典：《淮南鸿烈集解》卷十三《氾论训》，北京：中华书局，1989年，第422页。

90　王先谦：《诗三家义集疏》卷十三《豳风》，《七月》，北京：中华书局，1987年，第517—518页。

91　陈伟主编：《秦简牍合集》（壹）上，第272页。

92　睡虎地秦墓竹简整理小组：《睡虎地秦墓竹简》（精装本），《释文注释》，第210页；陈伟主编：《秦简牍合集》（壹）上，第437—438页。本段所说的"宇"，整理者释为"居"。《秦简牍合集》编校者释为"建筑群四至所及的整个空间"，均不知所据。《相宅》先相宇，然后相垣、池、圈、井、庑、内、囷、屏等，由宅的核心部分宇依次展开，条理甚为清晰，将宇释为整个居、宅，反而显得紊乱了，而且与所叙宇的诸多现象，多不能相合。兹不从。

93　睡虎地秦墓竹简整理小组：《睡虎地秦墓竹简》，《释文 注释》，第211页；陈伟主编：《秦简牍合集》（壹）上，第438页。

94　睡虎地秦墓竹简整理小组：《睡虎地秦墓竹简》，《释文 注释》，第195—196页；陈伟主编：《秦简牍合集》（壹）上，第398—399页。

95　睡虎地秦墓竹简整理小组：《睡虎地秦墓竹简》，《释文 注释》，第211页；陈伟主编：《秦简牍合集》（壹）上，第438页。

96　睡虎地秦墓竹简整理小组：《睡虎地秦墓竹简》，《释文 注释》，第158—160页；陈伟主编：《秦简牍合集》（壹）上，第309—311页。爰书所说的"权"，整理小组疑为"椽"，释为"房椽"。然报告又说"权大一围，袤三尺"，房椽不当这样粗而短。今按：据《说文》："櫂，黄华木也。从木，蘿声。"（《说文解字》，第117页。）此处简文中的"权（櫂）"，盖用其本义而已，是用黄华木做成的北壁横框。

97 睡虎地秦墓竹简整理小组：《睡虎地秦墓竹简》，《释文 注释》，第 211 页；陈伟主编：《秦简牍合集》（壹）上，第 438 页。关于"大内"与"小内"，《秦简牍合集》编校者引晏昌贵、梅莉的意见，认为妇女的居所为"小内"，男主人的居所为"大内"。今不从。

98 《日书》乙种《祠五祀》列举祠室、祠门、祠户、祠行、祠灶等所谓"祠五祀"的日期，作"祠室中日"。而在《祠》下，则作"祠室"（睡虎地秦墓竹简整理小组：《睡虎地秦墓竹简》，《释文 注释》，第236、244 页。），说明祠室应当是在室的正中间。在室为"一宇二内"的格局下，室中显然是在宇（堂）的正中间。

99 睡虎地秦墓竹简整理小组：《睡虎地秦墓竹简》，《释文 注释》，第240—241 页；陈伟主编：《秦简牍合集》（壹）上，第538 页。

100 范祥雍笺证、范邦谨协校：《战国策笺证》卷三《秦策》一，上海：上海古籍出版社，2006 年，第143、163 页。

101 睡虎地秦墓竹简整理小组：《睡虎地秦墓竹简》，《释文 注释》，第199 页；陈伟主编：《秦简牍合集》（壹）上，第407 页。

102 睡虎地秦墓竹简整理小组：《睡虎地秦墓竹简》，《释文 注释》，第211 页；陈伟主编：《秦简牍合集》（壹）上，第438—439 页。"女子喜宫斸（斗）"的"宫"字，整理小组认为系衍字，今不从。

103 睡虎地秦墓竹简整理小组：《睡虎地秦墓竹简》，《释文 注释》，第226 页；陈伟主编：《秦简牍合集》（壹）上，第501—502 页。

104 睡虎地秦墓竹简整理小组：《睡虎地秦墓竹简》，《释文 注释》，第195 页；陈伟主编：《秦简牍合集》（壹）上，第400 页。

105 睡虎地秦墓竹简整理小组：《睡虎地秦墓竹简》，《释文 注释》，第160—161 页；陈伟主编：《秦简牍合集》（壹）上，第312—314 页。

106 睡虎地秦墓竹简整理小组：《睡虎地秦墓竹简》，《释文 注释》，第198—200 页；陈伟主编：《秦简牍合集》（壹）上，第406—410 页。

107 刘乐贤：《睡虎地秦简日书研究》，台北：文津出版社，1994 年，第151—152 页。

108 睡虎地秦墓竹简整理小组：《睡虎地秦墓竹简》，《释文 注释》，第210 页；陈伟主编：《秦简牍合集》（壹）上，第438—441 页。《日书》甲种中说："圈居宇西北，宜子与。"子与，当释为"孳育"。这里是说把羊圈放在"宇"的西北方向上，比较适宜羊的生育繁殖。或认为"与"乃"兴"字之误，遂将"宜子与（兴）"释为宜于子孙的兴旺。兹不从。"图"（猪圈）常与"屏"（厕）在一起，亦见于《日书》乙种《图忌日》，说己丑、癸丑都不宜"为图厕"，而戊寅、戊辰等日，则宜于"屏图"。"图厕"与"屏图"显然是一回事，而且"屏"（厕）与"图"也联在一起。睡虎地秦墓竹简整理小组：《睡虎地秦墓竹简》，《释文 注释》，第248页；陈伟主编：《秦简牍合集》（壹）上，第555页。

109　睡虎地秦墓竹简整理小组：《睡虎地秦墓竹简》，《释文 注释》，第195—196页；陈伟主编：《秦简牍合集》（壹）上，第398—399页。

110　朱汉民、陈松长主编：《岳麓书院藏秦简》（叁），上海：上海辞书出版社，2013年，第47—49、185—195页。

111　朱汉民、陈松长主编：《岳麓书院藏秦简》（叁），第51—53、196—204页。在简文中，《狱状》录变的供词说："为得之妻而弃。晦逢得之，得之捽偃变，欲与变奸。变弗听，有（又）殴变。"（简173）又详细描述说："晦逢得之，得之欲与变奸。□变弗听，即捽倍（踣）屏（屏）变，欲强与变奸。变与务，殴捞变。变恐，即遝谓得之：'酒（道）之变里门宿。'到里门宿，〔逢颠，弗能〕与变奸，即去。"（简178、179）得之辩称："逢变，和与奸。未巳（已），闻人声。即起，和与偕之室里门宿。得之〔□〕弗能与奸。"（简177、178）颠的证言说："见得之牵变，变谓颠：'救吾！'得之言曰：'我□□□□□殴（也）。'颠弗救，去。不智（知）它。"（简180）

112　《云梦睡虎地秦墓》编写组：《云梦睡虎地秦墓》，第60、122—132页。

113　睡虎地秦墓竹简整理小组：《睡虎地秦墓竹简》，《释文 注释》，第149页；陈伟主编：《秦简牍合集》（壹）上，第288—291页。

114　湖南省文物考古研究所编著：《里耶发掘报告》，长沙：岳麓书社，2007年，第203—208页；邢义田：《从出土资料看秦汉聚落形态和乡里行政》，收入氏著《治国安邦：法制、行政与军事》，北京：中华书局，2011年，第249—355页，尤见第295—305页；黎明钊：《里耶秦简：户籍档案的探讨》，《中国史研究》2009年第2期，第5—23页。

115　简文作"南阳户人荆不更蛮强"。《里耶发掘报告》将"荆不更"连读，释作蛮强在楚国原有的爵位。邢义田先生认为不更是秦爵，"荆"

是标明其原为楚人。今从邢说。下同。

116　《里耶发掘报告》原注："第二栏第一行应是宋午妻名，原有文字削
去。"根据"生者著，死者削"的规定（蒋礼鸿：《商君书锥指》卷五，
北京：中华书局，1986 年，第 114 页。），宋午妻名既然被削，当已
过世。

117　睡虎地秦墓竹简整理小组：《睡虎地秦墓竹简》，《释文　注释》，第
155 页；陈伟主编：《秦简牍合集》（壹）上，第 302 页。

118　《岳麓书院藏秦简》（叁）所收司法文书，整理者根据简 0448-1 背"为
狱卹状"，命名为"为狱等状四种"。可是，在"诬、妦刑杀人等案"中，
简 0494 背作"为气（乞）鞫奏状"；简 0421 背作"为覆奏状"。[朱
汉民、陈松长主编：《岳麓书院藏秦简》（叁），第 43—44、175—
176 页。] 訵（可能是"讯"字或与之同义之字）、乞鞫、覆显然是
治狱的三个环节。结合正文所引睡虎地秦简《封诊式》所述治狱的
四个环节（讯、鞫、封守、覆），可以认为，这组文书主要是治狱
过程中形成的各种文书，形式以"状"为主，所以，可以命名为"狱状"。

119　朱汉民、陈松长主编：《岳麓书院藏秦简》（叁），第 32—36、153—
165 页。

120　睡虎地秦墓竹简整理小组：《睡虎地秦墓竹简》，《释文 注释》，第
94 页；陈伟主编：《秦简牍合集》（壹）上，第 196 页。

121　陈伟主编：《里耶秦简牍校释》第二卷，第 236—237 页。

122　睡虎地秦墓竹简整理小组：《睡虎地秦墓竹简》，《释文 注释》，第
141—142 页；陈伟主编：《秦简牍合集》（壹）上，第 277—278 页。
简文原文："'同居'，独户母之谓殹（也）。'室人'者，一室，
尽当坐罪人之谓殹（也）。"关于这段简文，历来有不同的解释。"独
户母"，冨谷至释作"拥有同一个门闩的居住房屋"。（冨谷至：《木
简竹简述说的古代中国》，刘恒武译，北京：人民出版社，2007 年，
第 155 页。）今从其说。关于"室人"，《法律答问》简 92："小畜生
入人室，室人以投（殳）梃伐杀之，所杀直（值）二百五十钱，可（何）
论？当赀二甲。"[睡虎地秦墓竹简整理小组：《睡虎地秦墓竹简》，《释
文 注释》，第 115 页；陈伟主编：《秦简牍合集》（壹）上，第 232 页。]
这里的"室人"，显指居于室中之人，而不分其是否为臣、隶、妾。
《日书》甲种《诘》有三条述及"一宅中毋（无）故而室人皆疫"[睡

虎地秦墓竹简整理小组：《睡虎地秦墓竹简》(精装本),《释文　注释》,
第212页；陈伟主编：《秦简牍合集》(壹)上，第442页].，则"室
人"就是居于"一宅中"的人。

123　睡虎地秦墓竹简整理小组：《睡虎地秦墓竹简》,《释文　注释》,第
98页；陈伟主编：《秦简牍合集》(壹)上，第203—204。简文
原文是："可(何)谓'同居'？户为'同居'。坐隶，隶不坐，户
谓殹(也)。"关于这段简文，亦有不同理解，特别是"坐隶，隶不坐，
户谓也"。今大致遵从栗劲之说。(栗劲：《秦律通论》，济南：山东
人民出版社，1985年，第208—209页。)

124　刘邦生于秦昭王五十一年，三十二岁时，其本邦魏国亡于秦；秦始
皇二十六年统一六国时，刘邦三十六岁。《史记·高祖本纪》说"及
壮，试为吏，为泗水亭长"。及壮，一般认为是三十岁。刘邦在泗
水亭长任上，方得沛令客吕公的赏识，将女儿嫁给他，则其时刘邦
当已三十岁以上。

125　《汉书》卷三八《刘肥传》称："齐悼惠王肥，其母高祖微时外妇也。"
外妇，颜师古注："谓与旁通者。"(北京：中华书局，1962年，第
1987页。)刘邦与曹夫人之交往，在何时，不能详知。然刘肥较刘
盈为长，则刘邦与曹夫人相交，当在秦二世元年之前。

126　《史记》卷五六《陈丞相世家》，第2051—2052页。

127　《史记》卷八九《张耳陈余列传》，第2571页。

128　《史记》卷九一《黥布列传》，第2597—2598页。

129　睡虎地秦墓竹简整理小组：《睡虎地秦墓竹简》,《释文 注释》,第
206—207页；陈伟主编：《秦简牍合集》(壹)上，第426—427页。
简文称："戊申、己酉，牵牛以取织女，不果，三弃。"对于此句简文，
诸家亦有不同解释，请参阅《秦简牍合集》(壹)上，第427页。《日
书》甲种"取妻出女"则谓："戊申、乙酉，牵牛以取织女而不果，
不出三岁，弃若亡。"[《秦简牍合集》(壹)上，第431页。]与此
不同。

130　睡虎地秦墓竹简整理小组：《睡虎地秦墓竹简》,《释文　注释》,第
208—209页；陈伟主编：《秦简牍合集》(壹)上，第431—435页。

131　睡虎地秦墓竹简整理小组：《睡虎地秦墓竹简》,《释文　注释》,第
191—193页；陈伟主编：《秦简牍合集》(壹)上，第388—393页。

《日书》乙种《官》所述，与此大致相同。睡虎地秦墓竹简整理小组：《睡虎地秦墓竹简》，《释文 注释》，第237—239页；陈伟主编：《秦简牍合集》（壹）上，第530—533页。

132 睡虎地秦墓竹简整理小组：《睡虎地秦墓竹简》，《释文 注释》，第133页；陈伟主编：《秦简牍合集》（壹）上，第264页。

133 睡虎地秦墓竹简整理小组：《睡虎地秦墓竹简》，《释文 注释》，第132页；陈伟主编：《秦简牍合集》（壹）上，第263页。简文是："女子甲为人妻，去亡，得及自出，小，未盈六尺，当论不当？已官，当论；未官，不当论。"去亡，整理小组释为"私逃"，今未从。

134 睡虎地秦墓竹简整理小组：《睡虎地秦墓竹简》，《释文 注释》，第132—133页；陈伟主编：《秦简牍合集》（壹）上，第263页。

135 睡虎地秦墓竹简整理小组：《睡虎地秦墓竹简》，《释文 注释》，第133页；陈伟主编：《秦简牍合集》（壹）上，第263—264页。简文说："甲取（娶）人亡妻以为妻，不智（知）亡，有子焉，今得，问安置其子？当界。或入公，入公异是。"在这个案子里，甲不知道所娶的妻子是别人逃亡的妻子，与正文所引案例大致相同。有人认为应当把他们的孩子没入官中，这个意见被否定了。他们保住了自己的孩子。显然，他们的婚姻也得到了承认，否则，他们无以接受并抚养自己的孩子。

136 睡虎地秦墓竹简整理小组：《睡虎地秦墓竹简》，《释文 注释》，第112页；陈伟主编：《秦简牍合集》（壹）上，第228—229页。

137 睡虎地秦墓竹简整理小组：《睡虎地秦墓竹简》，《释文 注释》，第134页；陈伟主编：《秦简牍合集》（壹）上，第265页。简文说："甲、乙交与女子丙奸，甲、乙以其故相刺伤，丙弗智（知），丙论可（何）殹（也）？毋论。""交"，整理小组释为"俱"，都。不甚妥恰。今未从。

138 睡虎地秦墓竹简整理小组：《睡虎地秦墓竹简》，《释文 注释》，第163页；陈伟主编：《秦简牍合集》（壹）上，第318页。

139 朱汉民、陈松长主编：《岳麓书院藏秦简》（叁），第54—57、205—213页。田的供词说："市，田姑姊子，虽与和奸，与段（假）子□□不奸。毋智捕田，田仁（认）奸，其实未奸。"（简190、191）毋智报告说："狱史相□……捕（？）□□□□□告（？）□□见（？）

任（？）智（？），自（？）内（？）□候（？），且田来，与市卧，上□上。即（？）捕诣田、市，服仁（认）奸。未论，市弟大夫骓亲、走马路后，请货毋智钱四千，曰：'更言吏不捕田、市校上。'毋智［□］受钱，恐吏智（知），不敢自言。环（还）钱。"（简192、193）狱史相的证言说："主治瓣（辨）市。闻田数从市奸嵌（系）所，令毋智捕。弗治（答）谅（掠），田、市仁（认）奸。"（简194）

140 睡虎地秦墓竹简整理小组：《睡虎地秦墓竹简》，《释文 注释》，第133页；陈伟主编：《秦简牍合集》（壹）上，第264页。

141 睡虎地秦墓竹简整理小组：《睡虎地秦墓竹简》，《释文 注释》，第121页；陈伟主编：《秦简牍合集》（壹）上，第243—244页。

142 朱汉民、陈松长主编：《岳麓书院藏秦简》（叁），第27—28、141—144页。

143 谢桂华、李均明、朱国炤：《居延汉简释文合校》，简29·1，简29·2，第44页。

144 谢桂华、李均明、朱国炤：《居延汉简释文合校》，简27·4，第41页。

145 谢桂华、李均明、朱国炤：《居延汉简释文合校》，简55·25，第98页。

146 谢桂华、李均明、朱国炤：《居延汉简释文合校》，第171页。

147 谢桂华、李均明、朱国炤：《居延汉简释文合校》，简161·1，第265页。

148 谢桂华、李均明、朱国炤：《居延汉简释文合校》，简203·3，简203·7，简203·13，简203·19，简203·23，简203·32，第315—317页。

149 谢桂华、李均明、朱国炤：《居延汉简释文合校》，简231·25，第376页。

150 谢桂华、李均明、朱国炤：《居延汉简释文合校》，简133·20，第223页。

151 谢桂华、李均明、朱国炤：《居延汉简释文合校》，简55·20，第97页。

152 谢桂华、李均明、朱国炤：《居延汉简释文合校》，简203·12，第316页。

153 睡虎地秦墓竹简整理小组：《睡虎地秦墓竹简》，《释文 注释》，第
191—193 页；陈伟主编：《秦简牍合集》（壹）上，第388—393页。
《日书》乙种《官》所述，与此大致相同。睡虎地秦墓竹简整理小组：
《睡虎地秦墓竹简》，《释文 注释》，第237—239页；陈伟主编：《秦
简牍合集》（壹）上，第530—533页。

154 睡虎地秦墓竹简整理小组：《睡虎地秦墓竹简》，《释文 注释》，第
202—205页；陈伟主编：《秦简牍合集》（壹）上，第419—424页。《日
书》乙种《生》所述，与此大致相同而略简，可以互校。睡虎地秦
墓竹简整理小组：《睡虎地秦墓竹简》，《释文 注释》，第251—254页；
陈伟主编：《秦简牍合集》（壹）上，第562—566页。简文中的"好
女子""好家室""好言语""好乐""好衣佩""好衣剑""好田野
邑屋""好水"的"好"，或释为动词，作"喜好"解，今不从，仍
作形容词解，释为"美好"。"好乐"，当分开读，作"好、乐"，释
为长得美好，性格乐观。"好水"，亦当分开读，作"好、水"，释
作漂亮而水灵。"穀"，意为"良"，在这里当理解为身体状况良好、
健康，不宜释为品行良好。"善、得"，诸家皆连读为"善得"，并
无释，今分释为"善"与"得"。善，指心地善良，待人和善；得，
释为适宜，指易与人相处，与人合得来。"有身事"，整理小组释为
有兼职，《合集》编校者引王子今之说，释"身"为经历、实践、承担；
"事"，盖仍解作职事、事务。兹细绎文意，"有身事"与"巧"相
连，"有"当作"又"解，"身事"，当释为"亲自实践"。而"有事"，
则表示从役，引申为劳碌、不断劳作。不能将"有身事"与"有事"
作同样的解释。"宠，事君"，整理小组与《合集》编校者均连读，
作"宠事君"，释作以宠事君。兹未从。又，"鬼"，整理小组疑读
作"猥"，释为鄙贱。今按：鬼之本义，即有形象古怪、猥琐之意，
不必训"猥"。

155 睡虎地秦墓竹简整理小组：《睡虎地秦墓竹简》，《释文 注释》，第
109—110页；陈伟主编：《秦简牍合集》（壹）上，第223—224页。

156 睡虎地秦墓竹简整理小组：《睡虎地秦墓竹简》，《释文 注释》，第
110—111页；陈伟主编：《秦简牍合集》（壹）上，第226页。

157 睡虎地秦墓竹简整理小组：《睡虎地秦墓竹简》，《释文 注释》，第
203页；陈伟主编：《秦简牍合集》（壹）上，第420页。

158 睡虎地秦墓竹简整理小组：《睡虎地秦墓竹简》，《释文 注释》，第253页；陈伟主编：《秦简牍合集》（壹）上，第563页。

159 《史记》卷七《项羽本纪》，第316页；卷八《高祖本纪》，第365、380页。

160 湖北省博物馆、孝感地区文教局、云梦县文化馆汉墓发掘组：《湖北云梦西汉墓发掘简报》，《文物》1973年第9期。

161 《史记》卷六八《商君列传》叙述秦孝公三年商鞅主持的第一次变法，规定“民有二男以上不分异者，倍其赋”。（第2230页）这里的“男”，当是指成年男子，而且应当是娶妻成家之后。张守节《正义》说：“民有二男不别为活者，一人出两课。”也是强调二男需要分家，各自生计。如果是两个儿子，一个儿子分家立户之后，另一个儿子应当留在父母家里，即使娶妻成家之后，也未必即与父母分开，单独立户。因此，在这一法律规定之下，秦代的家庭，当以核心家庭（由父母和未婚子女构成的家庭）和主干家庭（父母与一个已婚的儿子、儿媳以及孙子一起，构成一个家庭）为主。

162 华学诚：《扬雄方言校释汇证》卷六，第485页。

163 《史记》卷七《项羽本纪》，第328页。

164 《太平御览》卷三六一《人事部》二，“产”，北京：中华书局，1960年，影印本，第1664页。

165 《史记》卷八《高祖本纪》，第341—342页。

166 华学诚：《扬雄方言校释汇证》卷六，第485页。

167 华学诚：《扬雄方言校释汇证》卷六，第487—488页。

168 睡虎地秦墓竹简整理小组：《睡虎地秦墓竹简》，《释文 注释》，第169页；陈伟主编：《秦简牍合集》（壹）上，第329页。

169 岳麓书院藏秦简《为吏治官及黔首》中的一部分，与睡虎地秦简《为吏之道》此一部分，当同出于一本。兹将岳麓简相关内容，略加缀连，通读如次（这一组简文，自简73第肆列起，至简84第肆列，当连读，然后接简85至简87）：

[戒之戒之，材（财）]不可归。（简73，肆）敃之敃之，某（谋）不可行。（简74，肆）慎之慎之，言不可追。（简75，肆）谨之谨之，某（谋）不可遗。（简76，肆）綦之綦之，食不可赏。（简77，肆）术（怵）狄（惕）之心，

不可长。(简 78，肆) 故曰道无近，弗行不到，(简 79，肆) 望之不往者，万世不到。(简 80，肆) 事无细，弗为不成。(简 81，肆) 盧 (虑) 之弗为，与已钧 (均) 也。(简 82，肆) 故君子日有兹兹 (孜孜) 之志，(简 83，肆) 以去其輸 (偷) 也。(简 84，肆) 为人君则惠，为人臣 [则] 忠，为人父则兹 (慈)，为人子则孝，为人上则明，为人下则圣 (听)，为人友则不争，能行此，终 (简 85) 日视之，篓 (屡) 勿舍，风 (讽) 庸 (诵) 为首，积 (精) 正守事，劝毋失时，攻 (功) 成为保，审用律令，兴利除害，终身无咎。(简 86) 此治官、黔首及身之要也与？它官课有式，令能最。欲毋殿，欲毋罪，皆不可得。欲最之道把此。(简 87)

朱汉民、陈松长主编：《岳麓书院藏秦简》(壹)，第 36—37、142—149 页。将这段简文重新连缀通读之后，即可发现，它与睡虎地喜墓所出《为吏之道》当出自同一源头。

170　朱汉民、陈松长主编：《岳麓书院藏秦简》(壹)，第 34、134—135 页，简 57 正，贰；简 58 正，贰。

171　睡虎地秦墓竹简整理小组：《睡虎地秦墓竹简》，《释文　注释》，第 98 页；陈伟主编：《秦简牍合集》(壹) 上，第 202 页。

172　睡虎地秦墓竹简整理小组：《睡虎地秦墓竹简》，《释文　注释》，第 117—118 页；陈伟主编：《秦简牍合集》(壹) 上，第 236 页。

173　睡虎地秦墓竹简整理小组：《睡虎地秦墓竹简》，《释文　注释》，第 117 页；陈伟主编：《秦简牍合集》(壹) 上，第 235 页。简文谓："免老告人以为不孝，谒杀，当三环之不？不当环，亟执勿失。"关于"环"，整理小组读为"原"，释作"宽宥从轻"，并引死刑有"三宥"之例。然将"环"读作"原"，不知所据，故历来有不同讨论，也有诸多不同解释。张家山汉简《二年律令》："子牧杀父母，殴詈泰父母、父母、段 (假) 大母、主母、后母，及父母告子不孝，皆弃市。其子有罪当城旦舂、鬼薪白粲以上，及为人奴婢者，父母告不孝，勿听。年七十以上告子不孝，必三环之。三环之各不同日而尚告，乃听之。教人不孝，黥为城旦舂。"[张家山二四七号汉墓竹简整理小组编著：《张家山汉墓竹简 (二四七号墓)》(释文修订本)，北京：文物出版社，2006 年，第 13 页。] 整理小组引《说文》，读"环"为"还"，释为"往复"。意为要经过三次陈告，司法部门才予受理。其说大致可通，然仍未能解明"环"（或还）的内涵。今按：环，当即圜，这里当解作"调解"。简文的意思是：兔老某控告儿子不孝，要求处以死刑，对此，要进行多次调解吗？回答是：不要调解了，把被告抓起来就是。

174　睡虎地秦墓竹简整理小组：《睡虎地秦墓竹简》，《释文　注释》，第156 页；陈伟主编：《秦简牍合集》（壹）上，第 304 页。

175　睡虎地秦墓竹简整理小组：《睡虎地秦墓竹简》，《释文　注释》，第155—156 页；陈伟主编：《秦简牍合集》（壹）上，第 302—303 页。

176　《史记》卷八七《李斯列传》，第 2551 页。

177　岑仲勉：《墨子城守各篇简注》，北京：中华书局，1958 年，第 99、103 页。

178　张家山二四七号汉墓竹简整理小组编著：《张家山汉墓竹简（二四七号墓）》（释文修订本），第 7 页；彭浩、陈伟、工藤元男主编：《二年律令与奏谳书——张家山二四七号汉墓出土法律文献释读》，上海：上海古籍出版社，2007 年，第 88—90 页。

179　陈松长主编：《岳麓书院藏秦简》（肆），第 40 页，简 006。

180　睡虎地秦墓竹简整理小组：《睡虎地秦墓竹简》，《释文　注释》，第54—55 页；陈伟主编：《秦简牍合集》（壹）上，第 131 页。简文作："百姓有母及同牲（生）为隶妾，非適（谪）罪殹（也），而欲为冗边五岁，毋赏（偿）兴日，以免一人为庶人，许之。"这里的"同生"，整理小组均认为当指亲姐妹，盖以上文言及"母"，而未及于"父"之故。然就律文本义而言，"隶妾"包括男、女，故此处之"同生"，大概不仅是指姐妹，也应当包括兄弟。

181　张家山二四七号汉墓竹简整理小组编著：《张家山汉墓竹简（二四七号墓）》（释文修订本），第 60 页；彭浩、陈伟、工藤元男主编：《二年律令与奏谳书——张家山二四七号汉墓出土法律文献释读》，第238 页。简文作："同产相为后，先以同居，毋同居，乃以不同居，皆先以长者。其或异母，虽长，先以同母者。"

182　扬州博物馆：《江苏仪征胥浦 101 号西汉墓》，《文物》1987 年第 1 期；陈平、王勤金：《仪征胥浦 101 号西汉墓〈先令券书〉初考》，《文物》1987 年第 1 期。

183　M4 也是长方形竖穴土坑墓，东西向（与 M11 相同），棺内骨架已朽，只存数颗牙齿。两件木牍，均存于头箱中部，与石砚、研墨石、墨相邻。砚、石、墨均有使用过的痕迹。头箱中另置有漆圆奁两件（M4：1，M4：16）、漆耳杯4件（M4：3）和一件漆扁壶，墓中另出土陶钵一件，铜鼎一件，铜镜一件，陶瓮两件，等等。其时间可能比喜墓略早，但也必在秦王政二十四年之后。换言之，他死于秦王政二十四年至秦始皇三十年之间。墓主的社会地位，应当比喜低一些。《云梦睡虎地秦墓》编写组：《云梦睡虎地秦墓》，第3、5、11、25—26、39—40、51、63—66、69—70页。

184　这封信（11号木牍）的原文是：

　　　　二月辛巳，黑夫、惊敢再拜问中、母毋恙也？黑夫、惊毋恙也。前日黑夫与惊别，今复会矣。黑夫寄益就书曰：遗黑夫钱，毋操夏衣来。今书节（即）到，母视安陆丝布贱可以为禅裙、襦者，母为之，令与钱偕来。其丝布贵，徒操钱来，黑夫自以布此。黑夫等直佐淮阳，攻反城，久伤未可智（知）也。愿母遗黑夫用勿少。书到，皆为报。报必言相家爵来未来，告黑夫其未来状。闻王得苟得毋恙也，辞相家爵不也？书衣之南军毋……王得不也？

　　　　为黑夫、惊多问姑姊康乐，季须故术，长姑外内……毋恙也？

　　　　为黑夫、惊多问东室季须，苟毋恙也？

　　　　为黑夫、惊多问婴、汜、季事可（何）如？定不定？

　　　　为黑夫、惊多问夕阳吕婴、匾里阎诤丈人得毋恙也？婴、诤皆毋恙也。毋钱用衣矣。

　　　　惊多问新负（妇）、妴得毋恙也？新负（妇）勉力视瞻丈人，毋与□□□。垣柏未智（知）归时，新负（妇）勉力也。

释文据陈伟主编《秦简牍合集》（壹）上，第629页。文中的"直佐"，《合集》编校者释为"充任佐一职"。然在本句中，"直佐"的主语是"黑夫等"，非为一人。故今仍从汤余惠，作"服兵役""参战"解。相家爵，黄盛璋、汤余惠均看作为人名。据下文"夕阳吕婴、匾里阎诤"之例，"相家"当为里名，爵为人名，指相家里名为"爵"的人。他（她）也许和黑夫有特别的关系，所以要求回信时特别说明爵为什么不来（怀疑爵是黑夫的未婚妻，或未婚妻家里的人）。"毋钱用衣矣"，承上句文意，当解作"毋用钱衣矣"，即不需要送钱和衣服过

来。"惊多问姑姊康乐，季须故术，长姑外内……毋恙也"，诸家句读、
解释各有不同，未成定说。今将"康乐"从上读，释作问候姑姊的
吉祥语，意为安康快乐；"故术"从"季须"读，释为问候季须之语，
意为一如故往。季须，用黄盛璋先生之说，这里解为"小姑"。无
论是大姑（姑姊）还是小姑（季须），都是惊与黑夫的长辈，故称
为"长姑"。"外内"，指全家。"东室季须"，释为住在东厢房的小妹，
特别言明其为"东室"者，盖与上一句中的"季须"相分别。"婴、
氾、季事可（何）如"，句读、解释亦不一，据下文"吕婴"之例，
我们将婴、氾、季均释为人名。关于这两封书信的考证分析，请参
阅黄盛璋：《云梦秦墓出土的两封家信与历史地理问题》，原刊《文
物》1980 年第 2 期，后收入所著《历史地理论集》，第 545—555
页；汤余惠：《战国铭文选》，长春：吉林大学出版社，1993 年，第
173—177 页；杨芬：《出土秦汉书信汇校集注》，武汉：武汉大学博
士学位论文，2010 年，第 22—35 页。

185 这封信的原文是：

> 惊敢大心问衷（中）、母得毋恙也？家室外内同⊠
> 以衷（中）、母力毋恙也？与从军，与黑夫居，皆毋恙也。⊠
> 钱衣，原母幸遗钱五、六百，絺布谨善者毋下二丈五尺。⊠
> 用垣柏钱矣，室弗遗，即死矣。急急急。⊠
> 惊多问新负（妇）、婴皆得无恙也？新负（妇）勉力视瞻两老⊡⊠
> 惊远家故，衷（中）教诏婴，令毋敢远就若取新（薪）。衷（中）令
> ⊠
> 闻新地城多空不实者，且令故民有为不如令者实⊠
> 为惊⊡⊡，若大发毁，以惊居反城中故。
> 惊敢大心问姑秭（姊）、姑秭（姊）子产得毋恙？
> 新地多盗，衷（中）唯毋方行新地，急急急。

释文据陈伟主编《秦简牍合集》（壹）上，第 637 页。"为惊⊡⊡，
若大发毁，以惊居反城中故。"诸家皆无通解。"惊"下二字，或释为"视
祠"，或释为"祠祀"，不能确定，然涉及祭祀，当无疑问。"发毁"，
黄盛璋释为"废毁"，应可从。第二封信，似乎充满着疑惧。此句

的意思，似乎是说，以后如果有什么灾难发生，那一定是因为我曾经居住在反城中的缘故。若然，则"为惊视（祠）祀"（似仍以释为"视"字为妥），可理解为"请代我去神位前祭祀"。

186 睡虎地秦墓竹简整理小组：《睡虎地秦墓竹简》，《释文 注释》，第51、54—55页；陈伟主编：《秦简牍合集》（壹）上，第131页。

187 睡虎地秦墓竹简整理小组：《睡虎地秦墓竹简》，《释文 注释》，第42页；陈伟主编：《秦简牍合集》（壹）上，第103页。

188 睡虎地秦墓竹简整理小组：《睡虎地秦墓竹简》，《释文 注释》，第9页，注38；陈伟主编：《秦简牍合集》（壹）上，第21页，注41。

189 《史记》卷五《秦本纪》，第219页。《编年纪》（《叶书》）于孝文王元年下书："立，即，死。"对此，前人亦有不同解释。《合集》编校者引杨宽说，认为"立"当读如"位"，"即"指即位。即位三日而死，故云"即死"，非谓秦孝文王继昭王而立之后即死，指逾年行改元即位之礼后即死。（陈伟主编：《秦简牍合集》（壹）上，第22页。）今按：《史记》卷五《秦本纪》载：昭王五十六年秋，"昭襄王卒，子孝文王立"。至翌年，"孝文王除丧，十月己亥即位，三日辛丑卒，子庄襄王立"。（第218—219页。）则立、即、死实指三事，即孝文王立为秦王，即位，以及死亡，故此句于三字之间，当各自断开。

190 秦昭王稷十九岁即位，在位五十六年，年已七十四，当是高寿而终，然《编年记》（《叶书》）仍书曰"死"，似与正文所论之例不合。然正因为此，昭王之死，或别有故。

191 《史记》卷二《夏本纪》，第50页。

192 《史记》卷二《夏本纪》，第88页。

193 《史记》卷二八《封禅书》，第1385页。

194 《汉书》卷八六《何武传》，第3482页。

195 以"不死"当长生不老、永生不死，盖源于秦汉时对于所谓"黄帝不死"的误解。《史记》卷二六《历书》载武帝诏书说："盖闻昔者黄帝合而不死，名察度验，定清浊，起五部，建气物分数。"关于这里的"黄帝不死"，孟康解释说："合，作也。黄帝作历，历终复始无穷已，故曰不死。清浊，律声之清浊也。五部，五行也。天有四时，分为五行也。气，二十四气；物，万物也。分，历数之分也。"其意甚明，是说黄帝所造之历法，循环反复，没有中断，而没有终结，称为"不死"，盖谓黄帝所作的历法没有中断。应昭、臣瓒等人则将"不死"归于黄帝本人，谓黄帝"造历得仙""升龙登仙于天"。（第1260—1261页。）秦汉时人大概颇为信从此种说法。

196　银雀山汉墓竹简整理小组编：《银雀山汉墓竹简》（壹），北京：文物出版社，1985年，第107页。

197　银雀山汉墓竹简整理小组编：《银雀山汉墓竹简》（壹），第3页。

198　王先谦：《荀子集解》卷二〇《子道篇》，第533页。

199　刘熙撰、毕沅疏证、王先谦补证：《释名疏证补》，第287页。

200　睡虎地秦墓竹简整理小组：《睡虎地秦墓竹简》，《释文　注释》，第185页；陈伟主编：《秦简牍合集》（壹）上，第368页。

201　这种区分，并不严格。"终"当然是一种"死"，而无论以何种原因、何种方式"死"，既死，其生命自然也就"终"了。所以，"死"与"终"，也是可以通用的，但在行文中，语意上的差别还是存在的。同样，"生"与"产"亦可通用。里耶简8-894说吴骚"年至今可六十三、四岁，行到端，毋它疵瑕，不智（知）衣服、死产、在所。（陈伟主编：《里耶秦简牍校释》第一卷，第244页。）"死产"当即"死生"，即死活。

202　刘向撰、向宗鲁校证：《说苑校证》卷十六《谈丛》，北京：中华书局，1987年，第403页。

203　睡虎地秦墓竹简整理小组：《睡虎地秦墓竹简》，《释文　注释》，第157—158页；陈伟主编：《秦简牍合集》（壹）上，第306—309页。

204　朱汉民、陈松长主编：《岳麓书院藏秦简》（叁），第43—44、175—178页。按：本案简文的连缀，在整理者提供的释文基础上，可能需要做一些调整，即简137背＋简137正＋简139背＋简139正＋简138＋简140背＋简140正，简141所记，则不当属于本案。调整编缀之后的简文虽然仍残缺较甚，然其意则大致可通：

为狱訮状。（137背）
●十月癸酉，佐竟曰："十五（伍）譙刑人（？）市舍□□□"（137正）
为气（乞）鞫奏状。（139背）
□□嗃不可起，怒，以刀刑（？），弃刀□（139正）
□□□定（？）曰：譙钦（饮）宗姈，亡□（138）

为覆奏状。（140 背）

不（？）得。诊、问。鞫：譺刑审，妘杀疑●九月丙寅，丞相、史
如论令妘赎舂。仓人☐（140 正）

这样，本案文书当即由为狱訽状、为气（乞）鞫奏状、为覆奏状三
个部分组成，今见简 137、139、138、140 仅是残存的几支简，然
其案情仍可据之大致揣知。

205 朱汉民、陈松长主编：《岳麓书院藏秦简》（叁），第 45—46、179—
184 页。

206 朱汉民、陈松长主编：《岳麓书院藏秦简》（叁），第 47—50、185—
195 页。

207 睡虎地秦简《秦律杂抄》："寇降，以为隶臣。"睡虎地秦墓竹简整理
小组：《睡虎地秦墓竹简》（精装本），《释文 注释》，第 89 页；陈
伟主编：《秦简牍合集》（壹）上，第 188 页。据此，譺当是降秦的
魏兵。

208 睡虎地秦墓竹简整理小组：《睡虎地秦墓竹简》，《释文 注释》，第
249、254 页；陈伟主编《秦简牍合集》（壹）上，第 558—559、
566—567 页。

209 刘熙撰、毕沅疏证、王先谦补：《释名疏证补》，第 285 页。

210 睡虎地秦墓竹简整理小组：《睡虎地秦墓竹简》，《释文 注释》，第
88 页；陈伟主编：《秦简牍合集》（壹）上，第 187 页。简文作："战死、
事不出，论其后。有（又）后察不死，夺后爵，除伍人；不死者归，
以为隶臣。""事不出"之"出"，整理小组释为"屈"，应可从。然
既已战死，即不存在"屈"与"不屈"。《合集》编校者仍释为"出"，
解作"出现"，亦非妥恰。这里的"事"，当解作被敌方俘虏。"事不出"，
就是指被敌方俘虏后，不屈而死，即在战后被敌方杀死。

211 《史记》卷八一《廉颇蔺相如列传》，第 2442、2447 页。

212 《史记》卷六《秦始皇本纪》，第 232 页。

213 《史记》卷七三《白起列传》，第 2331 页；卷四四《魏世家》，第 1854 页。

214 《史记》卷六九《苏秦列传》附《苏代传》，第 2276 页。

215 《史记》卷七三《白起列传》，第 2336—2337 页。

216 《史记》卷七三《王翦列传》，第 2339 页。

217 何宁：《淮南子集释》卷十八《人间训》，北京：中华书局，1998年，
     第1289—1290页。

218 《史记》卷一一二《主父偃传》，第2954页。

219 陈伟主编：《里耶秦简牍校释》第二卷，第453页。简文称："士五
     （伍），居新武陵軠上。往岁八月殹（击）反寇迁陵，属邦候显、候
     丞[不]智（知）名。与反寇战，丞死。它狱迁陵，论耐它，为候
     （候），遣它归。复令令史畸追环（还）它，更论它，殹（系）狱府，
     去亡。""邦候"应当是它所属部队的名称，大概是地方侦缉部队，
     负责侦察、缉拿盗贼。迁陵县拘捕它之后，先处以"耐"刑，仍让
     它作"候"，故让他回到部队去。后一个"候"，整理者与校释者所
     解不相同。我们认为仍当作"邦候"之"候"解，未从前人之说。

220 朱汉民、陈松长主编：《岳麓书院藏秦简》（叁），第73—74、239—
     242页。简文说：在战斗中，先逃跑的有十二人，后逃跑的有十四
     人，分别处以"完"和"耐"刑，前者被罚作城旦、鬼薪，后者不
     详。加上至少有三个人战死（被射死的忌和被短兵杀死的卒、喜等），
     这支部队应当有三十人上下。

221 睡虎地秦墓竹简整理小组：《睡虎地秦墓竹简》，《释文 注释》，第
     152页；陈伟主编：《秦简牍合集》（壹）上，第296—297页。这份
     爰书起首说："某亭校长甲求盗才（在）某里，曰：乙、丙缚诣男子丁，
     斩首一，具弩二、矢廿，告曰……"整理小组于"校长甲"下断句，"某
     里"下则不断，遂将"求盗"解释为某里乙、丙担任的职务，而将
     某里释为乙、丙的籍属，不甚妥恰，特别是无法解释"才（在）某
     里曰乙丙"。兹未从。盖乙、丙属于校长甲所领之亭卒，未必即属
     于某里之人。我们将"求盗"理解为动词，释为校长甲在盗案发生
     之后，带领乙、丙等前往盗案发生的某里去追捕盗贼。

222 陈松长主编：《岳麓书院藏秦简》（肆），第205页，简332正。简文是：
     "内史言：麜卒从破赵军，长輓粟徒壹夫，身贫毋（无）粮，貣县官者，
     死军，为长（下缺）"。"长輓粟徒"，整理者：拉运粮车之徒，即文
     献所见"长輓者"。今从之。

223 《史记》卷一一二《主父偃传》，第2954页。

224 《汉书》卷六四下《严安传》，第2811—2812页。

225 睡虎地秦墓竹简整理小组：《睡虎地秦墓竹简》，《释文 注释》，第

24 页；陈伟主编：《秦简牍合集》（壹）上，第 55—56 页。

226　睡虎地秦墓竹简整理小组：《睡虎地秦墓竹简》，《释文　注释》，第 183 页；陈伟主编《秦简牍合集》（壹）上，第 361 页。

227　睡虎地秦墓竹简整理小组：《睡虎地秦墓竹简》，《释文　注释》，第 193—194 页；陈伟主编《秦简牍合集》（壹）上，第 393—395 页。简文作："甲乙有疾，父母为祟，得之于肉，从东方来，裹以桼（漆）器。戊己病，庚有闲，辛酢。若不酢，烦居东方，岁在东方，青色，死。"关于此段简文，诸家有不同解释，请参阅《合集》注释。本文的解释，既在诸家解释基础之上，又与诸家或有所不同，不一一说明。

228　睡虎地秦墓竹简整理小组：《睡虎地秦墓竹简》，《释文　注释》，第 193—194 页；陈伟主编《秦简牍合集》（壹）上，第 393—395 页。

229　睡虎地秦墓竹简整理小组：《睡虎地秦墓竹简》，《释文　注释》，第 212—219 页；陈伟主编：《秦简牍合集》（壹）上，第 441—476 页。简文作："一宅中毋（无）故而室人皆疫，或死或病，是是棘鬼在焉，正立而貍（埋），其上旱则淳，水则干。屈（掘）而去之，则止矣。""人恒亡赤子，是水亡伤（殇）取之。乃为灰室而牢之，县（悬）以蕉，则得矣；刊之以蕉，则死矣；享（烹）而食之，不害矣。"

230　蒋礼鸿：《商君书锥指》卷四《赏刑》，第 100 页。

231　关于秦代执行死刑的方式，特别是戮、枭首、磔、"具五刑"的具体内涵及其相互间的关系，历来有不同的看法；斩与戮、枭首与弃市、磔与车裂之间的关系，亦颇多讨论。关于"戮"，睡虎地秦简《法律答问》："翏（戮）者可（何）如？""生翏（戮），翏（戮）之已乃斩之之谓殹（也）。"[睡虎地秦墓竹简整理小组：《睡虎地秦墓竹简》，《释文　注释》，第 105 页；陈伟主编：《秦简牍合集》（壹）上，第 215 页。]整理小组与《合集》编校者皆释"戮"为辱，然对于以何种方式侮辱罪人，皆未加详说。今按：戮、剹，本义盖皆为割掉鸟的长羽。所以，"戮"是指把罪人的衣服剥除，然后杀掉。关于"枭首"与"弃市"，张家山汉简《二年律令》："子贼杀伤父母，奴婢贼杀伤主、主父母妻子，皆枭其首市。"[张家山二四七号汉墓竹简整理小组编著：《张家山汉墓竹简（二四七号墓）》（释文修订本），第 13 页。]则知"枭首"一般在"市"上进行，除将首级悬挂公示以外，其余的骨肉即弃之于市。然"弃市"者不仅包括被枭首者，也有一些被戮、斩及车裂于市的罪人。张家山汉简《二年律令》："女子当磔若要（腰）斩者，弃市。"[张家山二四七号汉墓竹简整理小组编著：《张家山汉墓竹简（二四七号墓）》（释文修订本），第 21 页。] 则知"腰斩"亦或在"市"中进行，腰斩之后，即"弃市"。车裂（磔刑的主要施行方式）亦多在市中进行，行刑之后，亦或多"弃市"。如《史记》卷七〇《张仪列传》录张仪之言，说："齐王大怒，车裂苏秦于市。"（第 2292 页。）质言之，斩、磔乃两种主要的死刑执行方式，戮（剥除衣服）、枭首（悬首级示众）、弃市（将骨肉丢弃在市场上）乃三种附加的侮辱刑。

232　陈伟主编：《里耶秦简牍校释》第一卷，第 282 页。

233　睡虎地秦墓竹简整理小组：《睡虎地秦墓竹简》，《释文　注释》，第 111 页；陈伟主编：《秦简牍合集》（壹）上，第 227—228 页。

234　睡虎地秦墓竹简整理小组：《睡虎地秦墓竹简》，《释文　注释》，第 158—160 页；陈伟主编：《秦简牍合集》（壹）上，第 309—311 页。

235　《史记》卷六《秦始皇本纪》，第 224、227、231—233 页。

236　睡虎地秦墓竹简整理小组：《睡虎地秦墓竹简》，《释文　注释》，第 187 页；陈伟主编：《秦简牍合集》（壹）上，第 377 页。在《取妻出女》下，"男日"被称为"牡日"，所列日中多出"寅"，故据之以补；"女日"被称为"牝日"。见陈伟主编：《秦简牍合集》（壹）上，第 432 页。

237　陈伟主编：《里耶秦简牍校释》第一卷，第 190 页。

238　黎翔凤撰：《管子校注》卷二三《揆度》，北京：中华书局，2004 年，第 1386 页。

239　陈松长主编：《岳麓书院藏秦简》（肆），第 215—216 页，简 364、365。简文中的"敦"，整理者释为"檄"，并引《玉篇·木部》，解为"棺材上的覆盖物"。（第 230 页。）睡虎地十一号墓（喜墓）棺盖板近两端处有缠缚木棺的麻绳两道（每道八股）与绞棍四根，应当就是岳麓简所说的"两敦"桌。所以，"两敦"，当作"两道"解。

240　《云梦睡虎地秦墓》编写组：《云梦睡虎地秦墓》，第 11 页，附表，"墓葬形制登记表"。十二座墓中，五号墓与八号墓所出棺木的高度不详，故统计的平均高度数，是余下的十座墓所出棺木的平均高度。

241　湖北孝感地区第二期亦工亦农文物考古训练班：《湖北云梦睡虎地十一号秦墓发掘简报》；《云梦睡虎地秦墓》编写组：《云梦睡虎地

秦墓》，第 27—67 页。

242　湖北孝感地区第二期亦工亦农文物考古训练班：《湖北云梦睡虎地十一号秦墓发掘简报》；《云梦睡虎地秦墓》编写组：《云梦睡虎地秦墓》，第 12—25 页。

黔　首

1　睡虎地秦墓竹简整理小组编：《睡虎地秦墓竹简》，北京：文物出版社，1990 年，《释文　注释》，第 6 页；陈伟主编：《秦简牍合集》（壹）上，武汉：武汉大学出版社，2014 年，第 10 页。

2　睡虎地秦墓竹简整理小组编：《睡虎地秦墓竹简》，《释文　注释》，第 9 页，注 45；陈伟主编：《秦简牍合集》（壹）上，第 22 页，注 50。

3　高亨注译：《商君书注译》，北京：中华书局，1974 年，第 146 页。

4　陈伟主编：《里耶秦简牍校释》第一卷，武汉：武汉大学出版社，2012 年，第 178 页。以下引用里耶秦简，如无必要，即只注明简牍编号。

5　陈伟主编：《里耶秦简牍校释》第一卷，第 120 页。

6　杨联陞：《汉代丁中、廪给、米粟、大小石之制——劳榦〈居延汉简考释〉钱谷类跋》，见《中国语文札记——杨联陞论文集》，北京：中国人民大学出版社，2006 年，第 6—7 页。

7　睡虎地秦墓竹简整理小组编：《睡虎地秦墓竹简》，《释文　注释》，第 87 页；陈伟主编：《秦简牍合集》（壹）上，第 183—185 页。"典、老赎耐"的"老"，整理组解释为"伍老"。今按：岳麓书院藏秦简《尉卒律》规定："里自卅户以上置典、老各一人。"［陈松长主编：《岳麓书院藏秦简》（肆），上海：上海辞书出版社，2015 年，第 115 页。］则知与里典并列的"老"，当是指里老。

8　陈松长主编：《岳麓书院藏秦简》（肆），第 64 页，简 078。

9　睡虎地秦墓竹简整理小组编：《睡虎地秦墓竹简》，《释文　注释》，第 132 页；陈伟主编：《秦简牍合集》（壹）上，第 262—263 页。

10　睡虎地秦墓竹简整理小组编：《睡虎地秦墓竹简》，《释文　注释》，第 33 页；陈伟主编：《秦简牍合集》（壹）上，第 84 页。

11 睡虎地秦墓竹简整理小组编：《睡虎地秦墓竹简》，《释文 注释》，第32页；陈伟主编：《秦简牍合集》（壹）上，第77页。

12 张家山二四七号汉墓竹简整理小组编著：《张家山汉墓竹简（二四七号墓）》（释文修订本），北京：文物出版社，2006年，第57—58页。

13 张家山二四七号汉墓竹简整理小组编著：《张家山汉墓竹简（二四七号墓）》（释文修订本），第58页。简365谓："不更以下子年廿岁，大夫以上至五大夫子，及小爵不更以下至上造年廿二岁，卿以上子及小爵大夫以上年廿四岁，皆傅之。"

14 睡虎地秦墓竹简整理小组编：《睡虎地秦墓竹简》，《释文 注释》，第62页；陈伟主编：《秦简牍合集》（壹）上，第146页。

15 睡虎地秦墓竹简整理小组编：《睡虎地秦墓竹简》，《释文 注释》，第13页；陈伟主编：《秦简牍合集》（壹）上，第30页。

16 陈伟主编：《秦简牍合集》（壹）上，第629、637页。

17 陈直：《秦陶券与秦陵文物》，《西北大学学报》1957年第1期；郭子直：《战国秦封宗邑瓦书铭文新释》，中国古文字研究会等编：《古文字研究》第14辑，北京：中华书局，1986年，第177—196页；尚志儒：《秦封宗邑瓦书的几个问题》，《文博》1986年第6期。

18 陈伟主编：《里耶秦简牍校释》第二卷，武汉：武汉大学出版社，2018年，第447—448页，简9-2283。陈伟主编：《里耶秦简牍校释》第一卷，第46页，简8-61+8-293+8-2012；第193页，简8-657；第217页，简8-759。

19 陈伟主编：《里耶秦简牍校释》第一卷，第120页，简8-237；第234页，简8-834+8-1609；第238页，简8-863+8-1504；第264页，简8-1027；第370页，简8-1623；第388页，简8-1765；第395页，简8-1813；第409页，简8-1946。陈伟主编：《里耶秦简牍校释》第二卷，第157页，简9-567；第316页，简9-1474；第408页，简9-2037+9-2059；第409页，简9-2045+9-2237；第465页，简9-2295；

20 郑樵：《通志二十略》，王树民点校，北京：中华书局，1995年，第1—2页。

21 郑樵：《通志二十略》，第5页。

22 顾炎武：《原姓篇》，见顾炎武著，黄汝城集释：《日知录集释》卷二三《氏族》下《集释》所引，上海：上海古籍出版社，2006年，第 1279 页。

23 李学勤：《考古发现与古代姓氏制度》，《考古》1987 年第 3 期；李学勤：《先秦人名的几个问题》，《历史研究》1991 年第 5 期。二文收入氏著《古文献丛论》，上海：上海远东出版社，1996 年，第 116—136 页。

24 张淑一：《先秦姓氏制度考索》，福州：福建人民出版社，2008 年，第 92—106 页，引文见第 106 页。

25 庞怀清等：《陕西省岐山县董家村西周铜器窖穴发掘简报》，《文物》1976 年第 5 期；唐兰：《陕西省岐山县董家村新出西周重要铜器铭辞的译文和注释》，《文物》1976 年第 5 期，又见故宫博物院编：《唐兰先生金文论集》，北京：紫禁城出版社，1995 年，第 194—204 页；龚军：《九年卫鼎新析》，《华夏考古》2014 年第 2 期；叶达雄：《西周土地制度探研》，《台湾大学历史学系学报》第 14 期（1988 年 7 月），第 75—78 页。

26 陈梦家：《西周铜器断代》，上册，北京：中华书局，2004 年，第 345—346 页。

27 张政烺：《"平陵陻立事岁"陶考证》，见氏著《张政烺文史论集》，北京：中华书局，2004 年，第 46—54 页。

28 王恩田：《陶文图录》卷二《齐国》上，济南：齐鲁书社，2006 年，第 91 页，

29 王恩田：《陶文图录》卷二《齐国》上，第 96、99 页。

30 王恩田：《陶文图录》卷二《齐国》下，第 500、525 页。

31 徐在国：《新出齐陶文图录》，北京：学苑出版社，2015 年，第 1178 页。

32 徐在国：《新出齐陶文图录》，第 475 页。

33 鲁西奇：《中国古代早期庶人的"名"与"姓名"》，《陕西师范大学学报》（哲学社会科学版）2021 年第 6 期。

34 陈伟主编：《里耶秦简牍校释》第二卷，第 81 页，简 9-170；第 266 页，简 9-1130；第 274 页，简 9-1186；第 337 页，简 9-1623；第 342 页，简 9-1644+9-3389；第 343 页，简 9-1650；第 345 页，简 9-1668；第 442 页，简 9-2273；第 567 页，简 9-3292。

35 湖南省文物考古研究所编著：《里耶发掘报告》，长沙：岳麓书社，2007 年，第 203—208 页；郑曙斌、张春龙、宋少华、黄朴华：《湖南出土简牍选编》，长沙：岳麓书社，2013 年，第 224—225 页；邢

义田：《从出土资料看秦汉聚落形态和乡里行政》，收入所著《治国安邦：法制、行政与军事》，北京：中华书局，2011年，第249—355页，尤见第295—305页。

36　陈伟主编：《里耶秦简牍校释》第二卷，第220页。第106页，简9-311是一支残简，残存文字作："☑五寸，年廿九，族苏☑"其所记之人名残，然很可能与简9-885所记为同一人，即"贺"。

37　陈伟主编：《里耶秦简牍校释》第二卷，第199页。

38　简9-1029所记的一个人，卅八岁，"族"字下也恰残；简9-1257所记的一位，名字也缺，卅一岁，"族黄氏"。分别见陈伟主编：《里耶秦简牍校释》第二卷，第244、282页。

39　陈伟主编：《里耶秦简牍校释》第一卷，第237、256、345页；陈伟主编：《里耶秦简牍校释》第二卷，第433页。

40　湖北省荆沙铁路考古队：《包山楚简》，北京：文物出版社，1991年，第22页；陈伟等：《楚地出土战国简册［十四种］》，北京：经济科学出版社，2009年，第37页。

41　湖北省荆沙铁路考古队：《包山楚简》，第25页；陈伟等：《楚地出土战国简册［十四种］》，第53页。

42　湖北省荆沙铁路考古队：《包山楚简》，第26页；陈伟等：《楚地出土战国简册［十四种］》，第54页。

43　湖北省荆沙铁路考古队：《包山楚简》，第23页；陈伟等：《楚地出土战国简册［十四种］》，第37页。

44　湖北省荆沙铁路考古队：《包山楚简》，第28页；陈伟等：《楚地出土战国简册［十四种］》，第56页。

45　湖北省荆沙铁路考古队：《包山楚简》，第17页；陈伟等：《楚地出土战国简册［十四种］》，第3页。

46　湖北省荆沙铁路考古队：《包山楚简》，第17页；陈伟等：《楚地出土战国简册［十四种］》，第3页。

47　湖北省荆沙铁路考古队：《包山楚简》，第19页；陈伟等：《楚地出土战国简册［十四种］》，第16页。

48　朱汉民、陈松长主编：《岳麓书院藏秦简》（叁），上海：上海辞书出版社，2013年，第11—18、95—118页。

49　朱汉民、陈松长主编：《岳麓书院藏秦简》（叁），第22—26、129—

140 页。

50 商庆夫：《睡虎地秦简〈编年记〉的作者及其思想倾向》，《文史哲》1980 年第 4 期；马雍：《读云梦秦简〈编年记〉书后》，见中华书局编辑部编：《云梦秦简研究》，北京：中华书局，1981 年，第 14—37 页；杨剑虹：《睡虎地秦简〈编年记〉作者及其政治态度——兼与陈直、商庆夫同志商榷》，《江汉考古》1984 年第 3 期；杨剑虹：《秦简〈语书〉窥测——兼论〈编年记〉作者不是楚人》，《江汉考古》1992 年第 4 期；刘信芳：《关于云梦秦简编年记的补书、续编和削改等问题》，《江汉考古》1991 年第 3 期。

51 《春秋左传集解》，僖公二十八年，上海：上海人民出版社，1977 年，第 369 页。

52 《春秋左传集解》，桓公十年，第 102 页。

53 《史记》卷五《秦本纪》，北京：中华书局，1959 年，第 181 页。

54 《春秋左传集解》，僖公二十五年，第 356—357 页。

55 《春秋左传集解》，僖公三十三年，第 405 页。

56 刘向集录、范祥雍笺证：《战国策笺证》卷三《秦策一》，上海：上海古籍出版社，2006 年，第 136 页。断句略有不同。

57 刘向集录、范祥雍笺证：《战国策笺证》卷三三《中山策》，第 1878 页。

58 刘向集录、范祥雍笺证：《战国策笺证》卷五《秦策三》，第 346 页。

59 《史记》卷五《秦本纪》，第 194、205 页。

60 刘向集录、范祥雍笺证：《战国策笺证》卷四《秦策二》，第 239 页。

61 高亨注译：《商君书注译》，第 116—125 页，特别是第 121 页。

62 秦人将新拓疆土称为"新秦"，虽未见于秦时材料，然颇见于汉人称述。《盐铁论·诛秦》："文学曰：'……秦任战胜以并天下，小海内而贪胡、越之地，使蒙恬击胡，取河南以为新秦，而忘其故秦；筑长城以守胡，而亡其所守。'"即以河南地为"新秦"，而以关中为"故秦"。见王利器校注：《盐铁论校注》卷八，北京：中华书局，1992 年，第 489 页。

63 睡虎地秦墓竹简整理小组：《睡虎地秦墓竹简》，《释文　注释》，第 80 页；陈伟主编：《秦简牍合集》（壹）上，第 169 页。

64 朱汉民、陈松长主编：《岳麓书院藏秦简》（叁），第 27—28、141—

143 页。

65　朱汉民、陈松长主编：《岳麓书院藏秦简》（叁），第 11—15、95—104 页。

66　朱汉民、陈松长主编：《岳麓书院藏秦简》（叁），第 16—18、113—117 页。

67　陈伟主编：《里耶秦简牍校释》第二卷，第 302—303 页，简 9-1411。

68　陈松长主编：《岳麓书院藏秦简》（伍），上海：上海辞书出版社，2017 年，第 63 页。

69　张家山二四七号汉墓竹简整理小组编著：《张家山汉墓竹简（二四七号墓）》，北京：文物出版社，2001 年，第 223—225 页。

70　陈松长主编：《岳麓书院藏秦简》（伍），第 51—53 页。

71　陈松长主编：《岳麓书院藏秦简》（伍），第 43—48 页。

72　陈松长主编：《岳麓书院藏秦简》（伍），第 48 页。

73　《史记》卷七《项羽本纪》，第 310 页。

74　《史记》卷九八《傅靳蒯成列传》，第 2709—2710 页。

75　睡虎地秦墓竹简整理小组编：《睡虎地秦墓竹简》，《释文 注释》，第 56 页。句读、解释有所不同。

76　陈松长主编：《岳麓书院藏秦简》（肆），第 136—139、141 页。

77　《汉书》卷十九上《百官公卿表》上，北京：中华书局，1962 年，第 742 页。句读、理解有所不同。

78　张家山二四七号汉墓竹简整理小组编著：《张家山汉墓竹简（二四七号墓）》（释文修订本），第 15 页。

79　陈松长主编：《岳麓书院藏秦简》（肆），第 193—194 页。

80　睡虎地秦墓竹简整理小组编：《睡虎地秦墓竹简》，《释文 注释》，第 25 页。

81　睡虎地秦墓竹简整理小组编：《睡虎地秦墓竹简》，《释文 注释》，第 27 页。

82　睡虎地秦墓竹简整理小组编：《睡虎地秦墓竹简》，《释文 注释》，第 37—38 页。

83　睡虎地秦墓竹简整理小组编：《睡虎地秦墓竹简》，《释文 注释》，第 31 页。

84　睡虎地秦墓竹简整理小组编：《睡虎地秦墓竹简》，《释文 注释》，

第 39—41 页。

85　睡虎地秦墓竹简整理小组编：《睡虎地秦墓竹简》，《释文　注释》，第 88 页。

86　睡虎地秦墓竹简整理小组编：《睡虎地秦墓竹简》，《释文　注释》，第 82 页。

87　陈松长主编：《岳麓书院藏秦简》（肆），第 114 页。

88　陈松长主编：《岳麓书院藏秦简》（肆），第 221 页。

89　《汉书》卷十九上《百官公卿表》上，第 739—740 页。

90　西嶋定生：《中国古代帝国的形成与结构——二十等爵制研究》，武尚清译，北京：中华书局，2004 年，特别是 84—103 页。

91　朱汉民、陈松长主编：《岳麓书院藏秦简》（叁），第 32—36、153—165 页。

92　高亨注译：《商君书注译》，第 149 页。

93　高亨注译：《商君书注译》，第 149 页。

94　《史记》卷八八《蒙恬列传》，第 2566 页。

95　睡虎地秦墓竹简整理小组编：《睡虎地秦墓竹简》，《释文　注释》，第 139 页。

96　《史记》卷六《秦始皇本纪》，第 289 页。

97　高亨注译：《商君书注译》，《境内》，第 146 页。

98　高亨注译：《商君书注译》，《徕民》，第 121 页。

99　《史记》卷六《秦始皇本纪》，第 239 页；卷十五《六国年表》，第 757 页。

100　许慎：《说文解字》，"黑"部，北京：中华书局，1963 年，第 211 页。

101　陈奇猷校释：《吕氏春秋校释》卷五《仲夏纪》，"古乐"，上海：学林出版社，1984 年，第 286 页。

102　陈奇猷校释：《吕氏春秋校释》卷二二《慎行论》，"求人"，第 1514—1515 页。

103　孙星衍：《尚书今古文注疏》卷二《皋陶谟》，北京：中华书局，1986 年，第 79 页。

104　参阅于振波：《秦律令中的"新黔首"与"新地吏"》，《中国史研究》2009 年第 3 期。

105　陈松长主编：《岳麓书院藏秦简》（伍），第 63 页。

106　张家山二四七号汉墓竹简整理小组编著：《张家山汉墓竹简（二四七

号墓)》（释文修订本），第103—105页。

107 《史记》卷四八《陈涉世家》，第1950页。

108 《商君书·境内》："能得甲首一者，赏爵一级，益田一顷，益宅九亩。"
（高亨注译：《商君书注译》，第152页。）一顷田（一百亩）、九亩宅，
大概是秦国授与庶人（一户）田宅的基数。在此标准上，爵位每增
加一级，即增授一个基数的田宅。但这是可授田之数，并非每户人
家都可以得到其应得的田宅数。

109 睡虎地秦墓竹简整理小组编：《睡虎地秦墓竹简》，《释文 注释》，
第21页。秦在商鞅变法之后，实行授田制，此点得到学界的认同，
分歧在于对授田制内涵、性质的判断。相关讨论请参阅晋文：《睡
虎地秦简与授田制研究的若干问题》，《历史研究》2018年第1期。

110 陈伟主编：《秦简牍合集》（贰），武汉：武汉大学出版社，2014年，
第65页。关于"行田"的讨论，请参阅于振波：《简牍所见秦名田
制蠡测》，《湖南大学学报》（社会科学版）2004年第2期；臧知非：《龙
岗秦简"行田"解——兼谈龙岗秦简所反映的田制问题》，见雷依群、
徐卫民主编：《秦汉研究》第一辑，西安：三秦出版社，2007，第
71—76页；杨振红：《龙岗秦简诸"田"、"租"简释义补正》，见氏
著《出土简牍与秦汉社会》，桂林：广西师范大学出版社，2009年，
第164—186页，特别是第165—168页；晋文：《龙岗秦简中的"行
田""假田"等问题》，《文史》2020年第2期。

111 陈伟主编：《秦简牍合集》（贰），第88页。

112 陈伟主编：《里耶秦简牍校释》第一卷，第345—346页。

113 关于这段简文，论者解说颇有分歧，关键在于对"舆"与"税田"
的理解。请参阅臧知非：《说"税田"：秦汉田税征收方式的历史考
察》，《历史研究》2015年第3期。按：张家山汉简《算数书》"误
券"说：租禾误券有两种情况：一是"毋升者，直税田数以为实"，
当以券所记的"斗"作为一，以券所记的"石"为十，"并以为法，
如法得一步"（简文"其券有斗者"以下句，系"毋升者"句的复文，
整理者已予指出）。盖有斗无升，本为同一种情况；二是"有斗者，
直舆田步数以为实"，"而以券之升为一，以斗为十，并为法，如法
得一步"。（整理者将"直"释为"置"，"舆"释作"与"，兹不从。）
又"税田"条说："税田廿四步，八步一斗，租三斗。今误券三斗一升，

问几何步一斗？得曰：七步卅七分步廿三而一斗。术（術）曰：三斗一升者为法，税田为实，令如法一步。"[张家山二四七号汉墓竹简整理小组编著：《张家山汉墓竹简（二四七号墓）》（释文修订本），第145、141页。]则舆田与税田分别是两种计算田亩的方法。彭浩指出："舆田"之"舆"与"舆地"之"舆"用法、字义相当。（彭浩：《谈秦汉数书中的"舆田"及相关问题》，《简帛》第六辑，上海：上海古籍出版社，2011年，第21—28页。）据此，"舆田"当是实地打量的田亩数，相当于后世所说的"实亩"（"实田"）。然则，"税田"即征纳租税的田亩数，即后世所谓"册亩"。在简8-1519中，新垦田、旧有田中舆田与税田之比，均为11：1左右，即约11亩实亩折合税亩1亩。关于中国历史上实际田亩数（实亩）与赋税田亩（册亩，纳税单位）的关系，请参阅何炳棣：《中国历代土地数字考实》，北京：中华书局，2017年，特别是84—134页。

114 当然，在六国故地部分地区，可能也实行了授田。里耶秦简8-161+8-307应当是某一种《叶书》（或《编年记》）的残简，其中简8-161存有"颖阴繁阳东乡"字样，简8-307有"庚申，颖阴相来行田宇"。颖阴，即颖阴，当为魏国故地。"行田宇"，一般即理解为授田宅。那么，秦在魏国故地的一些地方，应当是实行过授田的。

115 陈松长主编：《岳麓书院藏秦简》（肆），第103页。

116 张家山二四七号汉墓竹简整理小组编著：《张家山汉墓竹简（二四七号墓）》（释文修订本），第52页。

117 陈松长主编：《岳麓书院藏秦简》（肆），第107页。

118 张家山二四七号汉墓竹简整理小组编著：《张家山汉墓竹简（二四七号墓）》（释文修订本），第43页。

119 关于"入顷刍稾"及"户赋"，学界有诸多讨论，请参阅晋文：《睡虎地秦简与授田制研究的若干问题》，《历史研究》2018年第1期。按：有关讨论，颇多分歧，核心的问题在于对"顷"的理解，以及对"户刍"与"田刍"关系的认识。自商鞅变法以来，按照法律，庶人每户授田一顷（百亩），故一顷田实际上就对应于一户编户（虽然并非每个编户皆有一顷田），故"顷"与"户"是对应的（若一户有两顷田，则其在纳税赋时，即按二顷亦即二户计算），所以，户赋与"顷刍稾"实际上是一回事。

120 论者或将"户刍"与"田刍"视为两种"刍稾"，前者按户缴纳，后者"以其受田之数"缴纳。据里耶秦简 9-743，则知"田刍"乃是田官所管公田缴纳的"刍稾"，"户刍"是编户所纳的户赋，并非编户既要纳"户刍"，也要纳"田刍"。

121 睡虎地秦墓竹简整理小组编：《睡虎地秦墓竹简》，《释文 注释》，第47—48 页。

122 陈松长主编：《岳麓书院藏秦简》（肆），第 116—120、149—153 页。整理者将简 1420+1424 置于简 1305 正之前，然其内容实关于徭戍，宜置于简 0913 背后。

123 睡虎地秦墓竹简整理小组编：《睡虎地秦墓竹简》，《释文 注释》，第 89 页。

124 睡虎地秦墓竹简整理小组编：《睡虎地秦墓竹简》，《释文 注释》，第 79 页。

125 陈松长主编：《岳麓书院藏秦简》（肆），第 152—153 页。

126 马非百：《管子轻重篇新诠》，"轻重乙"，北京：中华书局，1979 年，第 573 页。

127 参见李学勤：《初读里耶秦简》，《文物》2003 年第 1 期；孙闻博：《秦及汉初的司寇与徒隶》，《中国史研究》2015 年第 3 期。

128 参阅王彦辉：《论秦及汉初身份秩序中的"庶人"》，《历史研究》2018 年第 4 期。

129 郑曙斌、张春龙、宋少华、黄朴华：《湖南出土简牍选编》，第 174 页。

130 睡虎地秦墓竹简整理小组编：《睡虎地秦墓竹简》，《释文 注释》，第 51—52、53 页。句读有所不同。

131 睡虎地秦墓竹简整理小组编：《睡虎地秦墓竹简》，《释文 注释》，第 52—53 页。

132 陈松长主编：《岳麓书院藏秦简》（伍），第 111 页。

133 陈松长主编：《岳麓书院藏秦简》（肆），第 204 页。句读有所不同。

134 陈松长主编：《岳麓书院藏秦简》（肆），第 154 页。句读有所不同。

135 陈松长主编：《岳麓书院藏秦简》（肆），第 49—50 页。

136 张家山二四七号汉墓竹简整理小组编著：《张家山汉墓竹简（二四七号墓）》（释文修订本），第 52 页。

137 马非百将"隐官"理解为后世的劳动教养，黄展岳、苏家寅解释为凡受肉刑而获赦免、平反或私属而得放免者，皆入隐官，为贱民。参见马非百：《云梦秦简中所见的历史新证举例》，《郑州大学学报》（哲学社会科学版）1978年第2期；黄展岳：《释"隐官"》，《湖南省博物馆馆刊》总第七辑，长沙：岳麓书社，2011年，第289—291页；苏家寅：《释"隐官"》，《史学月刊》2020年第2期。睡虎地简《秦律十八种》"军爵律"谓："工隶臣斩首及人为斩首以免者，皆令为工。其不完者，以为隐官工。"《法律答问》又见有"处隐官"，谓："群盗赦为庶人，将盗戒（械）囚刑罪以上，亡，以故罪论，斩左止为城旦，后自捕所亡，是谓'处隐官'。"（睡虎地秦墓竹简整理小组编：《睡虎地秦墓竹简》，《释文　注释》，第55、123页。）"隐官工"，大致即相当于"匠户"；而"处隐官"，当即"没为官户"。

138　孙星衍等辑，周天游点校：《汉官六种》，北京：中华书局，1990年，第53页。

139　睡虎地秦墓竹简整理小组编：《睡虎地秦墓竹简》，《释文　注释》，第93—94页。

140　张家山二四七号汉墓竹简整理小组编著：《张家山汉墓竹简（二四七号墓）》（释文修订本），第16页。

141　据《汉书·刑法志》，汉时隶臣妾地位在鬼薪、白粲之上，仅次于司寇或庶人。（《汉书》卷二三《刑法志》，第1099页。）据上引张家山汉简《二年律令》"盗律"，耐为隶臣妾的惩罚亦轻于城旦舂。论者多据此推论秦时隶臣妾地位亦在城旦舂、鬼薪白粲之上。此种认识，盖以汉制推论秦制而得，兹未从。关于隶臣妾的地位、性质及其与城旦舂、鬼薪白粲的关系，请参阅陈伟主编：《秦简牍合集》（壹）上，第77—80页；李力：《"隶臣妾"身份再研究》，北京：中国法制出版社，2007年。

142　睡虎地秦墓竹简整理小组编：《睡虎地秦墓竹简》，《释文　注释》，第88—89页。

143　陈松长主编：《岳麓书院藏秦简》（肆），第69页。

144　陈松长主编：《岳麓书院藏秦简》（肆），第49—50页。

145　陈松长主编：《岳麓书院藏秦简》（肆），第68页。

146　睡虎地秦墓竹简整理小组编：《睡虎地秦墓竹简》，《释文　注释》，第52—53页。

147 睡虎地秦墓竹简整理小组编：《睡虎地秦墓竹简》，《释文 注释》，
    第 121 页。

148 陈松长主编：《岳麓书院藏秦简》（肆），第 51 页。

149 陈松长主编：《岳麓书院藏秦简》（肆），第 72 页。

150 陈松长主编：《岳麓书院藏秦简》（肆），第 60—61 页。

151 睡虎地秦墓竹简整理小组编：《睡虎地秦墓竹简》，《释文 注释》，
    第 32 页。

152 睡虎地秦墓竹简整理小组编：《睡虎地秦墓竹简》，《释文 注释》，
    第 33—34 页。简文"城旦舂、舂司寇、白粲"的第二个"舂"，当
    是衍文。

153 睡虎地秦墓竹简整理小组编：《睡虎地秦墓竹简》，《释文 注释》，
    第 41 页。

154 睡虎地秦墓竹简整理小组编：《睡虎地秦墓竹简》，《释文 注释》，
    第 42 页。

155 黎民钊：《里耶秦简：户籍档案的探讨》，《中国史研究》2009 年第 2 期。

156 高亨注译：《商君书注译》，第 147 页。

157 睡虎地秦墓竹简整理小组编：《睡虎地秦墓竹简》，《释文 注释》，
    第 116 页；陈伟主编：《秦简牍合集》（壹）上，第 234 页。

158 《史记》卷六八《商君列传》，第 2230 页。

159 刘仲平注译：《尉缭子今注今译》，台北：台湾商务印书馆，1975 年，
    第 186 页。

160 睡虎地秦墓竹简整理小组编：《睡虎地秦墓竹简》，《释文 注释》，
    第 116 页；陈伟主编：《秦简牍合集》（壹）上，第 234 页。

161 陈松长主编：《岳麓书院藏秦简》（肆），第 111—112 页，简
    1404+1290+1292。简文中的"缘故徼县"，当指原秦国与六国间边
    境上的县（属秦国一方），而"郡县"与"缘故徼县"并列，显然
    不包括本属秦国的郡县，只能是指征服六国后在其故地设置的郡县。
    "尉听，可许者，为期日、所之它县"，整理者在"为期日"后断为句号，
    "所之它县"从下文读。今未从，盖尉所要审查之事项，既包括时间，
    也包括将要去的地点。

162 陈松长主编：《岳麓书院藏秦简》（肆），第 112—113 页，简 1234+
    1259+1258。

163 陈松长主编：《岳麓书院藏秦简》（肆），第 114 页，简 1397+1372。

164 陈松长主编：《岳麓书院藏秦简》（肆），第 115—116 页，简 1373+
1405+1291+1293+1235。

165 陈松长主编：《岳麓书院藏秦简》（肆），第 53 页。

166 陈松长主编：《岳麓书院藏秦简》（肆），第 39 页，简 1966+2042。

167 陈松长主编：《岳麓书院藏秦简》（肆），第 39—40 页，简 1965+
2150-1+2150-2。

168 陈松长主编：《岳麓书院藏秦简》（肆），第 40 页，简 1930。

169 陈松长主编：《岳麓书院藏秦简》（肆），第 56—57 页。

170 陈松长主编：《岳麓书院藏秦简》（伍），第 45—46 页，简 1019+
1016+1122。

为 吏

1 陈侃理：《睡虎地秦简〈编年记〉中"喜"的宦历》，《国学学刊》
2015 年第 4 期。睡虎地秦简《编年记》（《叶书》）于秦王政四年下
书："十一月，喜除安陆□史。""史"前之字，整理者疑为"御"字，
未予确定；《秦简牍合集》编校者疑为"邸"字，亦未能确定（睡
虎地秦墓竹简整理小组编：《睡虎地秦墓竹简》，北京：文物出版社，
1990 年，《释文 注释》，第 10 页；陈伟主编：《秦简牍合集》（壹）上，
武汉：武汉大学出版社，2014 年，第 23 页）。笔者尝疑为"佐"字。
陈侃理据里耶秦简 8-269 所见资中令史钿的阀阅，并结合简文字形，
推测此字或为"卿"字，释为"乡"（乡），颇可信，今信从其说。《编
年记》（《叶书》）于秦王政二十一年下书："韩王死。昌平君居其处，
有死。□属。"[睡虎地秦墓竹简整理小组编：《睡虎地秦墓竹简》，《释
文 注释》，第 7 页；陈伟主编：《秦简牍合集》（壹）上，第 11 页。]
"属"前之字，整理者未释，《合集》编校者疑为"为"字而未加确定，
并将"□属"从上读，作"有死□属"。陈侃理沿着《合集》编校
者的思路，将此字释为"为"字。检视喜的宦历，谓其于任令史十
数年之后，得任为南郡的"属"，确有可能。且《编年记》（《叶书》）
在此前两年（秦王政十九年）就有"南郡备敬（警）"的记录。"南
郡备警"显然与喜个人有关联，或者就因为此故，喜被南郡从鄢县

以令史身份调往郡府，后来方被辟为郡"属"。据此，我们采用了陈侃理的说法。

2　　睡虎地秦墓竹简整理小组编：《睡虎地秦墓竹简》，《释文　注释》，
　　　第44页；陈伟主编：《秦简牍合集》（壹）上，第107页。

3　　睡虎地秦墓竹简整理小组编：《睡虎地秦墓竹简》，《释文　注释》，
　　　第75页；陈伟主编：《秦简牍合集》（壹）上，第162页。按：整
　　　理者将"掾"与"令史"连读，释为"令史掾"，认为是令史的掾。
　　　前人已指出其非，然又以"掾"作动词解，亦恐非是。

4　　睡虎地秦墓竹简整理小组编：《睡虎地秦墓竹简》，《释文　注释》，
　　　第76页；陈伟主编：《秦简牍合集》（壹）上，第164页。

5　　陈伟主编：《里耶秦简牍校释》第二卷，武汉：武汉大学出版社，
　　　2018年，第447—448页。

6　　睡虎地秦墓竹简整理小组编：《睡虎地秦墓竹简》，《释文　注释》，
　　　第13页；陈伟主编：《秦简牍合集》（壹）上，第30页。

7　　睡虎地秦墓竹简整理小组编：《睡虎地秦墓竹简》，《释文　注释》，
　　　第39页；陈伟主编：《秦简牍合集》（壹）上，第97页。

8　　陈松长主编：《岳麓书院藏秦简》（肆），上海：上海辞书出版社，
　　　2015年，第136—137页，简1272+1245+1247。

9　　陈松长主编：《岳麓书院藏秦简》（肆），第42页，简0797+
　　　2037+2090。这条简文中的"数"，当指"吏数"，应当是具备做"吏"
　　　资格的一种名单。"莫占吏数者"，承其上文之意，当释为"默认自
　　　己被登记入吏数的未满十八岁的小男子及女子"。整理者释为"不
　　　去吏处如实登记年龄超过十八岁的黔首"，恐未必恰，兹未从。

10　睡虎地秦墓竹简整理小组编：《睡虎地秦墓竹简》，《释文　注释》，
　　　第72页；陈伟主编：《秦简牍合集》（壹）上，第156—157页。

11　睡虎地秦墓竹简整理小组编：《睡虎地秦墓竹简》，《释文　注释》，
　　　第75页；陈伟主编：《秦简牍合集》（壹）上，第162页。

12　陈松长主编：《岳麓书院藏秦简》（肆），第122页，简1251+1254。

13　陈松长主编：《岳麓书院藏秦简》（肆），第153—154页，简0350+
　　　0993+0793。

14　陈松长主编：《岳麓书院藏秦简》（肆），第103页，简1278+
　　　1282+1283。

15   陈松长主编:《岳麓书院藏秦简》(肆),第56—57页,简2106+
      1990+1940+2057+2111。

16   陈伟主编:《里耶秦简牍校释》第二卷,第167页。以下凡引用里
      耶秦简,除非必要,一般仅注明简号。

17   裘锡圭:《啬夫初探》,《云梦秦简研究》,北京:中华书局,1981年,
      第226—301页,后收入氏著《古代文史研究新探》,南京:江苏古
      籍出版社,1992年,第430—523页。钱剑夫:《秦汉啬夫考》,《中
      国史研究》1980年第1期。

18   睡虎地秦墓竹简《秦律杂抄·除吏律》见有"发弩啬夫",简文说:"除
      士吏、发弩啬夫不如律,及发弩射不中,尉赀二甲。发弩啬夫射不中,
      赀二甲,免。"睡虎地秦墓竹简整理小组:《睡虎地秦墓竹简》,《释
      文 注释》,第79页;陈伟主编:《秦简牍合集》(壹)上,第166页。

19   于振波:《说"县令"确为秦制——读里耶秦简札记》,《中国历史文物》
      2006年第3期;孙闻博:《商鞅县制的推行与秦县、乡关系的确立——
      以称谓、禄秩与吏员规模为中心》,武汉大学简帛研究中心编:《简帛》
      第十五辑,上海:上海古籍出版社,2017年,第117—131页。据《史
      记》卷五《秦本纪》、卷十五《六国年表》,其时秦以"令"为县的
      长官。(北京:中华书局,1959年,第203、723页。)同书卷六八《商
      君列传》则称"置令、丞"。(第2232页。)一般以为,丞为令之佐贰,
      然细绎其意,令、丞实当并列,盖其时有的县置令,有的县置丞(或
      者大县置令,普通县置丞),令、丞皆为县的长官,或并不于同一
      县之中同时置令、丞,以丞为令之副。

20   睡虎地秦墓竹简整理小组:《睡虎地秦墓竹简》,《释文 注释》,
      第13页;陈伟主编:《秦简牍合集》(壹)上,第30页。

21   睡虎地秦墓竹简整理小组:《睡虎地秦墓竹简》,《释文 注释》,
      第15页;陈伟主编:《秦简牍合集》(壹)上,第34—35页。"志
      千里使,有(又)籍书之,以为恶吏",诸家句读、解释各有不同。
      今按:千里,当指郡;千里使,当指郡守;则"志"当释为"致",
      解为报告。籍,当指吏籍,亦即"吏数"。

22   睡虎地秦墓竹简整理小组:《睡虎地秦墓竹简》,《释文 注释》,
      第25页;陈伟主编:《秦简牍合集》(壹)上,第59—60页。"县
      啬夫若丞"中的"若",诸家大抵解为"或",以将"丞"解释为县

嗇夫之佐贰。今据《说文解字》与段注，结合《尚书·盘庚》"若网在纲，有条而不紊"句，将此处的"若"解作"如"。

23　睡虎地秦墓竹简整理小组编：《睡虎地秦墓竹简》，《释文　注释》，第 35 页；陈伟主编：《秦简牍合集》（壹）上，第 90 页。

24　在岳麓书院藏秦简《秦律令》（一）所录律令中，"丞"经常置于"令"之前。如《田律》规定：如果黔首居田舍者卖酒，"田嗇夫、吏、吏部弗得"，要罚赀二甲，"丞、令、令史各一甲"。[陈松长主编：《岳麓书院藏秦简》（肆），第 106 页，简 1400。]《尉卒律》规定："黔首失令，尉、尉史、士吏主者，赀各一甲；丞、令、令史各一盾。"[陈松长主编：《岳麓书院藏秦简》（肆），第 112 页，简 1292。] 在这里，"丞"之所以置于"令"前，盖因为丞的设置比令普遍。

25　睡虎地秦墓竹简整理小组编：《睡虎地秦墓竹简》，《释文　注释》，第 106 页；陈伟主编：《秦简牍合集》（壹）上，第 216 页。"侨（矫）丞令"一句，诸说多解为假造丞的命令。然如此解释，下句的回答实为答非所问，不能通解。"侨（矫）丞令"，当释为"矫丞为令"，即丞假托为令。丞与令都有秩吏，答句中的"有秩"，即指丞。

26　陈伟主编：《里耶秦简牍校释》第一卷，武汉：武汉大学出版社，2012 年，第 343 页，简 8-1516。在这件文书中，另见有沮县守瘳。迁陵于秦始皇二十五年立县，禄似乎为首任长官（守）。

27　《商君书·境内》说："爵大夫而为国治，就为官大夫。"意思是：如果爵已至大夫，且被委任管理一方政务，则晋升为官大夫。（蒋礼鸿：《商君书锥指》卷五《境内》，北京：中华书局，1986 年，第 116—117 页；高亨注译：《商君书注译》，北京：中华书局，1974 年，第 149 页。）那么，秦时任为县长官的资格要求，应当是最低具有大夫的爵位（第五级）；任为县令、丞之后，则当授予官大夫的爵位（第六级）。

28　里耶简 9-1112 记：秦始皇二十六年二月二十四日，唐亭假校长壮报告说：唐亭附近有一支大约三十人的盗贼，唐亭兵卒少，无力追击，请增派兵力搜捕。二月二十九日，迁陵守丞敦狐致书县尉和贰春乡（唐亭在贰春乡）主，要求各以律令从事，"尉下亭鄣、署士吏，谨备。贰卿（乡）上司马丞"。守丞敦狐显然是代表县廷（守拔）致书于尉的，说明守对于尉有节制权。

29　简 8-209：秦始皇二十七年八月丙戌，但称"迁陵拔"，未言其为守。

简 8-406：秦始皇二十六年六月癸亥，"迁陵拔、守丞敦狐、史畸治"男子皇椯狱，拔位置在守丞敦狐之上；简 8-918：秦始皇二十六年六月丙辰，"迁陵拔"的爰书。简 8-985：称为"迁陵拔"。简 8-1743+8-2015：秦始皇二十六年八月丙子，"迁陵拔"与"守丞敦狐"一起讯治般刍等。简 9-482：作"迁陵拔"。简 9-705+9-1111+9-1426："迁陵拔"报告说"迁陵兴、尉暵"、丞阴等，均在鄣中死，应为之置后。背面有"迁陵守丞敦狐"的报告，以及"迁陵拔"的续报告。简 9-706：秦始皇二十七年八月辛丑，作"迁陵拔"，与丞欧共同征讯启。简 9-986：秦始皇二十八年八月甲午，"迁陵拔"指令都乡啬夫，"以律令从事"。在上引文书中，拔并未称为"守"，然其地位明显在丞、尉及守丞之上，当是迁陵县的长官。简 7-304 所记是秦始皇二十八年迁陵县隶臣妾及黔首居赀赎责作官府课，牍背署有"令拔、丞昌、守丞膳之、仓武、令史上。上逐除，仓佐尚，司空长、史郈，当坐。"（郑曙斌、张春龙、宋少华、黄朴华编著：《湖南出土简牍选编》，长沙：岳麓书社，2013 年，第 174 页。）则拔后来亦或称为"令"。据上引简文，拔在秦始皇二十六年至二十八年间担任迁陵县的长官（守）。

30　里耶秦简 8-673+8-2002+9-1848+8-1897，秦始皇三十五年七月丙申，"迁陵守建下仓、司空"。

31　里耶秦简 9-728。根据杨智宇的意见，这份文书应当是秦二世元年迁陵县守、佐、守丞、令佐的视事情况的记录。（杨智宇：《里耶秦简牍所见"迁陵守丞"补正》，武汉大学简帛研究中心编：《简帛》第十三辑，上海：上海古籍出版社，2016 年，第 119—130 页。）其中，守加、佐集、令佐获的视事时间均为四十四日，守顾、佐苏的视事时间均为三百一十日，令佐贺与章二人的视事时间，合计为三百一十日。显然，加、集、获三人是一组，一起视事四十四日；顾、苏与贺、章是另一组，一起视事三百一十日。这一年中，迁陵县的守正好发生了交接，加与顾是前后任的两个守（孰前孰后不能确定）。

32　里耶秦简 8-62：秦始皇三十二年三月丁丑朔日，"迁陵丞昌"回复"泰守府"命令的报告。简 8-71：秦始皇三十一年二月四日，"迁陵丞昌"给上级的报告。简 8-140，当是"迁陵丞昌"给洞庭郡的尉守（尉守是尉府的长官，亦即尉主）僃的报告。简 8-157，秦始皇三十二年正月，是"迁陵丞昌"对启陵乡要求增设里典和邮人的批复。简

8-198+8-213+8-2013，是"迁陵丞昌下乡官"的指令。简 8-60 背
+8-656 背 +8-665 背 +8-748 背，中有"迁陵丞昌"给少内主的"告"。
简 8-754+8-1007，是"迁陵丞昌"接受"狱史堪"的讯问，昌并有
辩辞，讯问的内容是关于对乡渠、史获二人失期之罪的处理不当。
简 8-1246，是秦始皇二十九年正月，"迁陵丞昌"讯问某事的残简。
简 8-1511，秦始皇二十九年九月，是"迁陵丞昌"令令史感给上级
致送牒文的报告。简 8-1345+8-2245，秦始皇三十一年五月，"迁陵
丞昌"领取当年三、四月份的禀食。简 8-1560，秦始皇三十一年后
九月，"迁陵丞昌"给仓啬夫的指令。简 9-30，秦始皇三十二年十
月，"迁陵丞昌"给仓啬夫以指令。简 9-33，"迁陵丞昌"讯治某人。
简 9-48，秦始皇三十二年十月，"迁陵丞昌""下仓，以律令从事"。
简 9-450，秦始皇三十一年二月，"迁陵丞昌"令启唐乡尚独行。简
9-710 背，秦始皇三十一年十二月，"迁陵丞昌下仓、司空"。简 9-885，
秦始皇三十四年六月，见有"迁陵守丞昌"。简 9-991，仍作"迁陵
守丞"。据上可知，大约从秦始皇二十九年正月始，昌任迁陵县丞，
其时未置守，故昌以丞主持迁陵县政务，为实际上的长官。至秦始
皇三十四年，任命了迁陵守（可能就是建），所以，昌又回到丞任（可
能因为处理乡渠、史获二人失期案不当而降了级，故成为"守丞"）。

33　　　陈松长先生较早指出此点，认为"守"就是掌管、主管之意；秦代
所设郡守的"守"字，其字义也就是掌管、主管的意思；秦简中反
复出现的"守"字，除"郡守"的"守"是固定的官名之外，其他
如"司空守""少内守""田官守""都乡守"等中的"守"字均应
是表示一种掌管、主管的泛称。[陈松长：《〈湘西里耶秦代简牍选
释〉校读（八则）》，《简牍学研究》第四辑，兰州：甘肃人民出版
社，2004 年，第 21—26 页，特别是第 23—24 页。]睡虎地秦简《秦
律十八种》"置吏律"："官啬夫节（即）不存，令君子毋（无）害
者若令史守官，毋令官佐、史守。"（睡虎地秦墓竹简整理小组编：
《睡虎地秦墓竹简》，《释文 注释》，第 56 页；陈伟主编：《秦简牍
合集》（壹）上，第 136 页。）这里的"守"，亦当解作"负责""掌管"，
而不能解作"代理"。

34　　　里耶简 9-50："卅四年二月丙申朔己亥，贰春乡守平敢言之：廷令
平代乡兹守贰春乡。"即迁陵县廷让平接替兹掌管贰春乡，可见乡

守平就是正式的贰春乡长官。

35 里耶秦简中颇见有"守府"之称，论者颇多讨论，认识并不一致。实际上，无论何种官衙的负责人（守），其官邸均可称为"守府"。如简 8-663 见有"廷守府"，显然是指县廷"守"的府，亦即县守的官邸；在简 8-60 背 +8-656 背 +8-665 背 +8-748 背中，"六月庚辰，迁陵丞昌告少内主，以律令□☒手。六月庚辰水十一刻刻下六，守府快行少内"。这里的"守府"显然是指迁陵丞昌的官邸。其时迁陵县没有任命令，昌就是迁陵县的守。

36 李学勤：《初读里耶秦简》，《文物》2003 年第 1 期；湖南省文物考古研究所：《湘西里耶秦代简牍选释》，《中国历史文物》2003 年第 1 期；杨宗兵：《里耶秦简县"守"、"丞"、"守丞"同义说》，《北方论丛》2004 年第 6 期；陈治国：《里耶秦简"守"和"守丞"释义及其他》，《中国历史文物》2006 年第 3 期；孙闻博：《里耶秦简"守"、"守丞"新考——兼谈秦汉的守官制度》，卜宪群、杨振红主编：《简帛研究二〇一〇》，桂林：广西师范大学出版社，2012 年，第 66—75 页。

37 里耶秦简 9-2283，秦始皇二十七年三月；简 9-706，秦始皇二十七年八月，其时拔任迁陵守；简 2318，秦始皇二十七年八月。

38 里耶秦简 8-60+8-656+8-665+8-748。此简共包括三份文书，一是十二月戊寅都府守胥的报告，在报告中，胥引用"迁陵丞膣"的报告，其中提到二十八年"计"的情况；二是十二月己卯，僰道守郤致"迁陵丞主"的函，说明将上件文书"写"，"移"给迁陵县丞主；三是六月庚辰，迁陵丞昌给少内守的指令。昌至迟于秦始皇二十九年正月任迁陵丞，此处的"六月"，当是指秦始皇二十九年六月；"十二月"，也应当是二十九年的十二月。那么，膣任迁陵丞，当在秦始皇二十八年间。这个膣，应当就是久任迁陵县守丞的膣之（见下文），他应当是由守丞升任丞的。

39 孙闻博注意到丞与守丞同时并存的情况，并试图给出解释，认为守丞的任命并不是在县丞出缺、上级尚未正式任命之时，而是多在县丞在职但不在署之时，丞归即罢，但并未能给出充分的证据。见孙闻博：《里耶秦简"守"、"守丞"新考——兼谈秦汉的守官制度》，《简帛研究二〇一〇》，第 73 页。

40　陈松长主编：《岳麓书院藏秦简》（肆），第 190 页。

41　睡虎地秦墓竹简整理小组编：《睡虎地秦墓竹简》，《释文　注释》，第 83 页；陈伟主编：《秦简牍合集》（壹）上，第 177 页。

42　《汉书》卷三一《陈胜传》记陈胜起兵，攻陈，"陈守令皆不在，独守丞与战谯门中"。颜师古曰："守丞，谓郡丞之居守者。一曰，郡守之丞，故曰守丞。"（北京：中华书局，1962 年，第 1787—1788 页。）这里的"守丞"，盖当解作"守之丞"为妥恰。同书卷六四上《朱买臣传》说朱买臣被任为会稽太守，步归郡邸，守邸"白守丞"。服虔曰："守邸丞也。"（第 2792—2793 页。）这里的"守丞"，显然是太守府邸的丞。汉时太守府邸多置丞，称为"太守丞"或"守丞"，其职责亦大抵就是太守府的办公室主任。

43　土口史記指出令史是按曹分配其职事的，但同时认为在秦代地方行政机构中，"曹"尚未臻成熟，法律条文与地方官吏籍簿均未见有分曹；"曹"只是一种文书分类的方式，并在整理文书时表现为"表题"，故仅可视为一种文书处理单位，直到西汉中期以后，"曹"才逐步演化为具有内在机能的、明确的行政组织。土口史記：《秦代の令史と曹》，《東方学報　京都》，90 册，2015 年，第 1—47 页（中译文《秦代的令史与曹》，刊《中国中古史研究》第六卷，上海：中西书局，2018 年，第 3—35 页）。然在正文所引里耶秦简 8-138＋8-174＋8-522＋8-523 中，行庙的顺序是以各曹令史的"坐次相属"的，说明各曹令史各有其座次。又下注所引简 8-945，知"史"也是按曹分配的。因此，我们认为秦代县廷中的诸曹，不仅仅是文书处理单位，已经明确表现为行政部门。另请参阅邹水杰：《简牍所见秦代县廷令史与诸曹关系考》，杨振红、邬文玲主编：《简帛研究二〇一六》春夏卷，桂林：广西师范大学出版社，2016 年，第 132—146 页。

44　孙闻博据里耶秦简，列出户曹、仓曹、司空曹、吏曹、尉曹、金布曹、令曹、狱曹、覆曹等九个曹。孙闻博：《秦县的列曹与诸官——从〈洪范五行传〉一则佚文说起》，《简帛》第十一辑，上海：上海古籍出版社，2015 年，第 75—87 页。其中，覆曹明显是狱曹之下的曹，而狱曹当即狱史之官署，尉曹则当即尉官，说详正文。

45　睡虎地秦墓竹简整理小组编：《睡虎地秦墓竹简》，《释文　注释》，

第 64 页；陈伟主编：《秦简牍合集》（壹）上，第 150 页。

46 关于《法律答问》的意义与性质，有很多的讨论。请参阅张平辙：《读秦简牍发微》，《兰州大学学报》（社会科学版）1985 年第 2 期；陈公柔：《云梦秦墓出土〈法律答问〉简册考述》，见氏著《先秦两汉考古学论丛》，北京：文物出版社，2005 年，第 146—184 页；夏利亚：《秦简文字集释》，上海：华东师范大学博士学位论文，2011 年，第 489 页。

47 《史记》卷八《高祖本纪》，第 344 页。

48 "金布曹"之名，见于里耶秦简 9-741，作"廷金布曹"。

49 里耶秦简 9-1118 见有"廷司空曹"，说明司空曹属于县廷，并不与司空官合署。

50 孙闻博在前揭《秦县的列曹与诸官——从〈洪范五行传〉一则佚文说起》中，列举了秦简牍所见的诸官，有田官、畜官、仓、库、厩、司空、船官、狱、少内、尉、发弩、司马、乡官等十三种，而对其职掌与相互间关系，未加深究，故颇有值得商讨之处，如厩（官）实即畜官，船官当属司空（详正文），发弩应属尉官（已见上文）。其所论"司马"官，见于里耶简 8-135。简文说：秦始皇二十六年八月二十七日，迁陵县司空守樛讯：前已报告竟陵县汉阴里的狼借用迁陵县的"公船"一只，长三丈三尺，说是去寻找"故荆积瓦"，迄今未见归还。"狼属司马昌官"，请"谒告昌官，令狼归船"。"昌"是人名。此言"谒"，则知司马昌的地位在司空樛之上。下文的"报"称：狼已被逮捕，"在覆狱己卒史衰、义所。今写校券一牒上，谒言己卒史衰、义所，问狼船存所"。卒史，是郡府负责司法刑狱的官吏，狼由郡中卒史，而非由迁陵县的狱史逮捕、羁押，说明其所属之司马昌的官不是迁陵县的官，而是郡府的官。故司马当是郡府之官，而非县廷之官。

51 关于秦县的少内，最新研究是王四维：《秦县少内财政职能及其管理制度》，《史学月刊》2020 年第 11 期，请参阅。

52 睡虎地秦墓竹简整理小组编：《睡虎地秦墓竹简》，《释文 注释》，第 101 页；陈伟主编：《秦简牍合集》（壹）上，第 208 页。

53 简 8-479 中，第二行"田"与"课"字之间二字，均看不清，故整理者与校释者均未释。然简 8-488"户曹记录"中见有"田提封计"与"蔾计"。据此，简 8-479 田官课的一课，当是"田提封课"。

54 田官应当主要管理官田（公田，由徒隶耕种），并不管理编户齐民
    耕种的民田。或认为，田官（田啬夫）主管全县土地，或不甚妥恰。
    请参阅陈伟：《里耶秦简所见的"田"与"田官"》，《中国典籍与文化》
    2013 年第 4 期。

55 "船官"之称，见于里耶秦简 6-4。或以为船官是县直属机构之一，
    与司空官、田官等诸官并列，恐非是。

56 睡虎地秦墓竹简整理小组编：《睡虎地秦墓竹简》，《释文　注释》，
    第 25—35 页；陈伟主编：《秦简牍合集》（壹）上，第 59—89 页。

57 睡虎地秦墓竹简整理小组编：《睡虎地秦墓竹简》，《释文　注释》，
    第 86—87 页；陈伟主编：《秦简牍合集》（壹）上，第 182—183 页。

58 里耶秦简 8-1563 记载说：秦始皇二十八年七月六日，尉守窃报告说：
    洞庭尉派巫县安成里的居赀公卒徐到迁陵来办事（"署迁陵"），因
    昨日发生的一件事，需要延长时日，移书尉官，要求县仓贷给禀食。
    显然，洞庭郡尉派人到迁陵县来，是直接与迁陵尉联系的。

59 孙闻博先生认为，县廷列曹中有尉曹，与尉官相对应，是县廷中处
    理与县尉有关事务的相应机构。请见上引孙先生文。孙先生所引证
    的关键性材料，是里耶秦简 9-2313 所记，"迁陵廷尉曹卅一年、卅
    二年期会已事筭"（孙先生所引略有误），或者当断为"迁陵廷、尉
    曹卅一年、卅二年期会已，事筭"，即释为迁陵县廷列曹与尉官列
    曹三十一年、三十二年的"期会"已结束，可以归档。这样，所谓"廷
    尉曹"就不是县廷的尉曹，而是县廷与尉官的列曹。至于尉官对外
    行文用令、丞印，则易于理解。而县廷列曹与诸官对外行文，一般
    由守丞转行，列曹直接用令、丞印对县外行文，似非律令所许可。
    孙先生所引用的简 8-453，"尉曹书三封，令印"，分别送往销、丹
    阳和□陵；简 8-1225，"尉曹书二封，迁陵印。一封诣洞庭泰（太）
    守府，一封诣洞庭尉府"；以及孙先生未引的简 8-1616，"尉曹书一
    封，诣洞庭主司空"，都不可能是县廷的曹吏送往郡外诸县或上级
    洞庭郡守、尉或郡司空的。这里的尉曹只能是尉官的另一种称法。

60 尉守，见于里耶秦简 8-67+8-652，简文说秦始皇二十六年十二月
    二十九日，尉守蜀报告说：泰守有令：秦人及［候］（侯）中秦吏
    若有"自捕取"，每年要于九月望上其物数于泰守府，"毋有亦言"。
    蜀说："问之，尉毋当令者。"（校释此句断为："问之尉，毋当令者。"）

意思是：作了调查了解，尉官所辖，没有符合上述情况的。这里的尉守，就是尉官的守，也就是尉（机构）的负责人。校释者释为尉的属吏，并不妥恰。简8-132+8-334所记"尉守狐课"的"尉守狐"，当然也是尉的长官。在简8-140中，"尉守偏"致书迁陵丞昌，昌在回书中称："迁陵丞昌告尉主，以律令从事。"尉守偏显然就是"尉主"。

61　里耶秦简8-565见尉广、佐犴和校长各被罚赀四甲。陈伟主编：《里耶秦简牍校释》第一卷，第180页。简9-249+9-455记载，有一匹马病股痈："尉守平、令佐履、尉史过杂诊迁陵守丞就前，病马不可行。"尉守平、尉史过当然是尉官的守、史，令佐履则可能是县廷派到尉官中、职司监察的，未必就是尉佐。

62　陈松长主编：《岳麓书院藏秦简》（肆），第114页，简1409。

63　岳麓书院藏秦简《秦律令》抄录了五条《尉卒律》，其第二条规定：黔首处游荡或者逃亡，无论其是否有"奔书"，只要满了三个月，就要削去他的爵，降为士伍；有爵寡要改为无爵寡；小爵及公士以上年满十八岁的儿子，也都要削去其小爵或继承爵位的资格，已经继承了爵位并且拥有相应权利的公士以上的儿子，则都要登记为士伍。这一条规定列入《尉卒律》中，说明黔首爵位的授予与削夺是由尉负责的。陈松长主编：《岳麓书院藏秦简》（肆），第112—113页，简1234+1259+1258。

64　里耶秦简9-706。简文中"史"的名字，校释者释为"有"，今细辨图版，改释为"角"。

65　陈松长主编：《岳麓书院藏秦简》（肆），第205页，简0559。

66　朱汉民、陈松长主编：《岳麓书院藏秦简》（叁），上海：上海辞书出版社，2013年，第47—50、185—195页。

67　朱汉民、陈松长主编：《岳麓书院藏秦简》（叁），第45—46、179—184页。

68　张家山二四七号汉墓竹简整理小组编著：《张家山汉墓竹简（二四七号墓）》（释文修订本），北京：文物出版社，2006年，第103—105页；彭浩、陈伟、工藤元男主编：《二年律令与奏谳书——张家山二四七号汉墓出土法律文献释读》，上海：上海古籍出版社，2007年，第363—365页。

69　简8-1470："欲令[史]（蚩）华治狱，可不可？报图□"。"华"前的字，整理者与校释者均释为"虽"。细辨图版，很可能是"史"字涂改所致，仍当释为"史"。令史华又见于简 8-811+8-1572、简 8-984、简 9-913。在简 9-1141 中，则见有"狱史华断狱廿九"。显然，华是由令史升任为狱史的，亦即由令史转任为狱史。

70　陈松长主编：《岳麓书院藏秦简》（肆），第 113 页，简 1258+1270。

71　简 8-61+8-293+8-2012 见有"署中曹发"。或以此中曹为狱官的中曹，当非是。盖此件文书的后半部分，乃是六月丙午，洞庭守礼给迁陵啬夫的指令，让他立即做出判决，尽快报告（"亟论言事"），报告要以中曹的名义签发。这里的中曹，当是指县廷的中曹，应是县廷诸曹的某一曹。

72　睡虎地秦墓竹简整理小组编：《睡虎地秦墓竹简》，《释文　注释》，第 63 页；陈伟主编：《秦简牍合集》（壹）上，第 148 页。

73　许慎：《说文解字》，北京：中华书局，1963 年，第 315 页。

74　陈松长主编：《岳麓书院藏秦简》（肆），第 119—120 页，简 1295+1294+1236+1231。

75　陈松长主编：《岳麓书院藏秦简》（伍），上海：上海辞书出版社，2017 年，第 105—108 页。"取其急辞令约，具别白"，整理者作"取其急辞，令约具别白"，并释"别白"作"辨别明白"。今按："白"当作"报告"解，"别白"当是单独的报告。"令约"当从上读。"急辞令约"，当指文书中的关键语句（"急辞"）以及重要的规定（"令"）和总结、结论（"约"）。

76　陈松长主编：《岳麓书院藏秦简》（伍），第 106 页，简 1729。

77　陈松长主编：《岳麓书院藏秦简》（伍），第 104 页，简 1141。

78　里耶秦简 8-1575 见有"从史"。校释者引《汉书·兒宽传》，谓从史"不署曹"；又引颜师古注，谓从史"但只随官僚，不主文书"。

79　里耶秦简 8-197 见有"史佐"。

80　里耶秦简 8-1275 见有"史冗公士旬阳陁陵竭"，竭是旬阳县陁陵里人，军功爵为公士，职任是史冗。

81　陈松长主编：《岳麓书院藏秦简》（肆），第 103 页，简 1278+1282+1283。

82　睡虎地秦墓竹简整理小组编：《睡虎地秦墓竹简》，《释文　注释》，第 56 页；陈伟主编：《秦简牍合集》（壹）上，第 136 页。

83   陈松长主编：《岳麓书院藏秦简》（肆），第122页，简1251+1254。
84   陈松长主编：《岳麓书院藏秦简》（肆），第148页，简1265。
85   睡虎地秦墓竹简整理小组编：《睡虎地秦墓竹简》，《释文 注释》，
      第147页；陈伟主编：《秦简牍合集》（壹）上，第283页。此段简文，
      整理者与合集编校者均断作："能以书从迹其言，毋治（笞）谅（掠）
      而得人请（情）为上；治（笞）谅（掠）为下；有恐为败。"我们
      的理解有所不同，句读作："能以书，从迹其言；毋治（笞）谅（掠）
      而得人请（情）为上，治（笞）谅（掠）为下，有恐为败。"这样，
      本段简文即显示了治狱的基本原则。
86   睡虎地秦墓竹简整理小组编：《睡虎地秦墓竹简》，《释文 注释》，
      第148页；陈伟主编：《秦简牍合集》（壹）上，第284页。
87   睡虎地秦墓竹简整理小组编：《睡虎地秦墓竹简》，《释文 注释》，
      第148页；陈伟主编：《秦简牍合集》（壹）上，第286页。关于本
      段简文的句读、解释，诸家各有不同。我们认为，这是狱史（或主
      持审理案件的令史）在案件基本审理完结后，向本县长吏的报告。
      基于此种认识，对简文的理解也与诸家有所不同。兹不一一陈述。
88   睡虎地秦墓竹简整理小组编：《睡虎地秦墓竹简》，《释文 注释》，
      第149页；陈伟主编：《秦简牍合集》（壹）上，第288页。
89   睡虎地秦墓竹简整理小组编：《睡虎地秦墓竹简》，《释文 注释》，
      第150页；陈伟主编：《秦简牍合集》（壹）上，第291页。简文作：

          覆   敢告某县主：男子某辞曰："士五（伍），居某县某里，去，亡。"
      可定名事里，所坐，论云可（何），可（何）罪赦，或覆问毋（无）有；
      几籍亡，亡及逋事各几可（何）日；遣识者[以律封守]；当腾，腾皆为报。
      敢告主。

      覆书的内容，与有鞫书大致相同，故"遣识者"下，当有脱文，应
      可补出"以律封守"四字，而不能直接接"当腾"。这样，与有鞫
      书相比，覆书只是增加了"几籍亡，亡及逋事各几可（何）日"一句。
      而对于此句，解释各有不同。今按：这个案子之所以得到复查，是
      由于当事人离开了所居乡里，处于逃亡状态（"去，亡"），故所谓"几
      籍亡"，当是指检查籍簿，确定其何时脱籍而逃亡，"逋事"则指脱

漏应当承担的徭役（"事"）。

90　睡虎地秦墓竹简整理小组编：《睡虎地秦墓竹简》，《释文 注释》，第150—164页；陈伟主编：《秦简牍合集》（壹）上，第291—319页。本节下文所引《封诊式》各案例，如无必要，不再分别注明出处页码。

91　朱汉民、陈松长主编：《岳麓书院藏秦简》（叁），第47—50、185—195页。

92　朱汉民、陈松长主编：《岳麓书院藏秦简》（叁），第45—46、179—184页。

93　朱汉民、陈松长主编：《岳麓书院藏秦简》（叁），第19—21、119—128页。

94　朱汉民、陈松长主编：《岳麓书院藏秦简》（叁），第22—26、129—140页。

95　朱汉民、陈松长主编：《岳麓书院藏秦简》（叁），第54—56、205—213页。

96　朱汉民、陈松长主编：《岳麓书院藏秦简》（叁），第11—15、95—112页。

97　朱汉民、陈松长主编：《岳麓书院藏秦简》（叁），第16—18、113—118页。

98　北京大学藏秦简《水陆里程简册》，简04-064+04-065+04-077+04-078，见辛德勇：《北京大学藏水陆里程简册初步研究》，初刊于李学勤主编《出土文献》第四辑，上海：中西书局，2013年，第176—278页，后收入所著《石室滕言》，北京：中华书局，2014年，第81—214页，上引简文见第151页。在周家台秦墓出土秦简《三十四年质日》中，其主人"二月丙申，宿竟陵；丁酉，宿井韩乡；戊戌，宿江陵"。从竟陵到江陵，路上走了丁酉与戊戌两天（初二、初三）。当月丁未（十二日），他又从江陵出发，第二天（戊申）宿于黄邮，第三天（己酉）宿竟陵，也走了两天。[陈伟主编：《秦简牍合集》（叁），武汉：武汉大学出版社，2014年，第8页。]

99　据辛德勇先生所整理的北大藏秦简《水陆里程简册》（第110页），这条水路沿途所经及其里程如次：

江沮会，循沮水以上到长利渠口廿里二百卝（七十）步。（04-077）

长利渠口到势渚十二里。（04-078）

势渚到都船十六里。（04-079）

都船到东宅十一里。（04-080）

东宅到渠里十七里。（04-070）

渠里到橘津十一里。（04-082）

橘津到爐台八里。（04-086）

爐台到郊十九里。（04-230）

郊到羸卅里。（04-207）

羸到下造卅三里。（04-197）

下造到平阳五十里。（04-196）

平阳到杨口六十二里。（04-057）

这条水路，先由沮口（沮水入江之口）溯沮水而上二十里余，到长利渠口，通过长利渠（长利渠当是引沮水东北流，经过江陵城北到长湖一带，应当就是联络沮水与势渚的一条人工渠道。渠并不长，据上引简文，只有十二里）进入势渚（当是江陵城北一带的湖泊，应即《水经注》所记"赤湖"，亦即今长湖之前身）。越过势渚，到都船(这一段水路经行于渚中。辛先生已指出，简 4-205+4-206+4-204 所记，由势渚又可十里到羊题，再十六里到都船。里数不同，盖经行于渚中之故，第 112 页)。这条水路，实际上就是杨水（扬水、阳水）。《汉书》卷二八上《地理志上》南郡"临沮"县下原注云："《禹贡》南条荆山在东北，漳水所出，东至江陵入阳水，阳水入沔，行六百里。"（北京：中华书局，1962 年，第 1566 页。）《太平寰宇记》卷一四六荆州江陵县"故郢城"条引盛弘之《荆州记》云："昭王十年，吴通漳水，灌纪南，入赤湖，进灌郢城，遂破楚。"（北京：中华书局，2007 年，第 2836 页）则漳水与阳水相当始自春秋晚期吴师入郢之役或其前，而联通漳水与阳水的这条水道（即平利渠）由沮漳水东南流，经过纪南城，联通赤湖。那么，北京大学藏秦简《水陆里程简册》所记的势渚，就是赤湖。《水经注》卷二八《沔水》中"阳水"条云：

沔水又东南与阳口合，水上承江陵县赤湖。江陵西北有纪南城，……城西南有赤坂岗，岗下有渎水，东北流入城，名曰子胥渎，盖吴师入郢所开也，谓之西赤湖。又东北出城，西南注于龙陂。陂，古天井水也，广圆二百余步，在灵溪东、江堤内。……陂水又迳郢城南，东北流谓之杨水。又东北，路白湖水注之。湖在大港北，港南曰中湖，南堤下曰船官湖，三湖合为一水。(杨守敬、熊会贞：《水经注疏》卷二八《沔水》中，南京：江苏古籍出版社，1989年，第2404—2406页。)

这里的子胥渎，也就是长利渠；船官湖的"船官"，也就是上引《水陆里程简册》所见的"都船"。所以，《水陆里程简册》所记的这条水路，就是漳水联通阳水的水道；而联系沮漳水与阳水的，实际上是平利渠（子胥渎，只有十余里长）与赤湖。都船（船官）就在赤湖边上。

100 北京大学藏秦简《水陆里程简册》简 04-207："汉内（沔）上到杨口，二百卅（七十）四里。"（见辛德勇：《石室滕言》，第 137 页。案：辛著中另有一条简，编号亦为 04-207，所录简文是："郊到赢卅里。"见辛著第 110 页。因未见简文图版，无法判断，姑从之。）如果汉沔是汉水尾闾，那么，涢口必在其上，杨口与涢口间的距离，当在二百里左右。

101 北京大学藏秦简《水陆里程简册》简 04-079+04-080+04-070："安陆到武阳百廿四里。武阳到夏内（沔）百一十三里。夏内（沔）度江到沙羡（羨）三里。"（见辛德勇：《石室滕言》，第 151 页。）这是一条陆路，武阳当在今孝感市境内。又简 4-208："安陆到涢湔亭六十里。"（见辛德勇：《石室滕言》，第 164 页。）涢湔亭，或者就在涢口附近。无论如何，由云梦到涢口（秦汉时涢水入汉之口，当在今涢口西北），或不足百里。

102 张家山二四七号汉墓竹简整理小组编著：《张家山汉墓竹简（二四七号墓）》（释文修订本），第 103—105 页；彭浩、陈伟、工藤元男主编：《二年律令与奏谳书——张家山二四七号汉墓出土法律文献释读》，第 363—365 页。

103 陈松长主编：《岳麓书院藏秦简》(肆)，第 213 页，简 0640。引文句读、解释与整理者略有异。

104 陈松长主编：《岳麓书院藏秦简》(肆)，第 205 页，简 0559。

105　朱汉民、陈松长主编：《岳麓书院藏秦简》（壹），上海：上海辞书
　　出版社，2010 年，第 3—9、47—65 页。

106　朱汉民、陈松长主编：《岳麓书院藏秦简》（壹），第 10—18、67—89 页。

107　朱汉民、陈松长主编：《岳麓书院藏秦简》（壹），第 19—24、91—
　　106 页。

108　陈伟主编：《秦简牍合集》（叁），武汉：武汉大学出版社，2014 年，
　　第 8—11 页。

109　《史记》卷六《秦始皇本纪》，第 242—248 页。

110　睡虎地秦墓竹简整理小组编：《睡虎地秦墓竹简》，《释文　注释》，
　　第 7 页；陈伟主编：《秦简牍合集》（壹）上，第 11 页。

111　《史记》卷六《秦始皇本纪》，第 245 页。

112　睡虎地秦墓竹简整理小组编：《睡虎地秦墓竹简》，《释文　注释》，
　　第 15 页；陈伟主编：《秦简牍合集》（壹）上，第 34—35 页。句读
　　与理解，或与诸家有所不同。

113　邢义田：《秦汉的律令学——兼论曹魏律博士的出现》，见氏著《治
　　国安邦：法制、行政与军事》，北京：中华书局，2011 年，第 1—61 页，
　　特别是第 15—16 页。

114　睡虎地秦墓竹简整理小组编：《睡虎地秦墓竹简》，《释文　注释》，
　　第 167—174 页；陈伟主编：《秦简牍合集》（壹）上，第 320—344 页。
　　简文第五栏末尾所抄录的《魏户律》与《魏奔命律》，内容、行文
　　均与其上的各段没有关联，不应当列入"为吏之道"的范畴。

115　岳麓书院藏秦简《为吏治官及黔首》中，有一段文字，意义、行文
　　与此相似。今整理本简 44—58 之第二列：

　　　精絜（洁）正直，慎谨擎（坚）固，审悉毋私，征（微）密咸祭（察），
　　安倩（静）毋苛，审当赏罚。厰（严）刚毋暴，廉而毋俗。复悔其（期）胜，
　　毋忿怒以夬（决）。宽俗（裕）忠信，禾（和）平毋怨，悔过毋重。兹（慈）
　　下勿凌（陵），敬士（上）勿犯。

下当接简 1—6 第三列 + 简 40 第二列：

　　　听闲（谏）勿塞，审智（知）民能，善度黔首力。劳以衛（率）之，

正以挢之。反若其身，厭忿止欲。

又简 59—62 第四列：

　　临财见利，不取笱（苟）富；临难见死，不取笱（苟）免。正而行，
修而身。祸与畐（福）邻。

见朱汉民、陈松长主编：《岳麓书院藏秦简》（壹），第 27、33—34 页。

图书在版编目 (CIP) 数据

　　喜：一个秦吏和他的世界 / 鲁西奇著 . -- 北京：
北京日报出版社，2022.7（2022.9 重印）
　　ISBN 978-7-5477-4308-9

　　Ⅰ . ①喜… Ⅱ . ①鲁… Ⅲ . ①中国历史－研究－战国
时代－秦代 Ⅳ . ① K231.09 ② K233.09

　　中国版本图书馆 CIP 数据核字 (2022) 第 078490 号

责任编辑：卢丹丹
特约编辑：黄旭东
装帧设计：陆智昌
内文制作：陈基胜

出版发行：北京日报出版社
地　　址：北京市东城区东单三条 8-16 号东方广场东配楼四层
邮　　编：100005
电　　话：发行部：（010）65255876
　　　　　总编室：（010）65252135
印　　刷：山东韵杰文化科技有限公司
经　　销：各地新华书店
版　　次：2022 年 7 月第 1 版
　　　　　2022 年 9 月第 3 次印刷
开　　本：787 毫米 ×1092 毫米　1/32
印　　张：11.25
字　　数：242 千字
定　　价：68.00 元